23. 9. 2016

D1721145

Brita Steinwendtner
Jeder Ort hat seinen Traum

Brita Steinwendtner

Jeder Ort hat seinen Traum
Dichterlandschaften

Haymon

Die Arbeit an diesem Buch wurde gefördert durch das Bundesministerium für Unterricht, Kunst und Kultur, Abt. VI/5 Literatur und Verlagswesen sowie die Literar-Mechana, Wahrnehmungsgesellschaft für Urheberrechte Ges.m.b.H.

Bibliografische Information:
Die Deutsche Bibliothek verzeichnet diese Publikation in der Deutschen Nationalbibliografie; detaillierte bibliografische Daten sind im Internet über http://dnb.ddb.de abrufbar.

ISBN 978-3-85218-540-8

2., durchgesehene Auflage 2008
© Haymon Verlag, Innsbruck-Wien 2007

Satz und Umschlaggestaltung: Haymon Verlag/Thomas Auer
Umschlagbild: Wolf Steinwendtner

Inhalt

Für alle dreizehn dieses Buches

Bruce Chatwin

Die Songlines der Mani

Ich bitte dich, leg meinen linken Jungen über den rechten.
Der andere tat es behutsam.
Ich muß wieder auf Reisen gehen. Reisen, gehen, gehen, verstehst du?
Ich werde mit dir gehen.
Aber mein Rucksack ist so schwer.
Ich werde ihn dir tragen.

Er lag in einem dunklen Zimmer zu ebener Erde, er nannte es sein
„Mönchszimmer". Draußen kreiste keine van Gogh'sche Sonne um ihre
Himmel, es war kühl, denn es war Januar.

Ich werde nie wieder gehen.
Ich weiß.
Werner, ich sterbe.
Ja, das weiß ich.

Bruce Chatwin konnte sich nicht mehr bewegen. Sein Gesicht war ein
kleines Dreieck des Schmerzes. Er hatte Aids und einen seltenen Pilz, der
das Knochenmark zerstörte und weiter den ganzen Körper. „Seine Jungen"
nannte er seine Beine, sie waren lahm, und er wußte, daß es sein Ende war.
Daß er nie wieder gehen konnte in den braunen, hohen Wanderstiefeln,
die ihn Tausende Kilometer durch Afrika getragen hatten, durch Afgha-
nistan, Indien und Yunnan, durch Sibirien, Patagonien und die Wüsten
Australiens. Auf der Suche nach dem immer Neuen, den Ursprüngen,
dem Geheimnis des Lebens. Nach den Songlines seiner selbst.
Er lag in seinem Zimmer in Seillans bei Nizza, im Haus einer Freun-
din, der Mutter seiner letzten großen Leidenschaft, des 22jährigen Jas-
per Conran, der sich weigerte, ihn zu besuchen. Lag da und träumte

von Aufbruch. Er hatte Werner Herzog, den Regisseur, der auch seinen Roman *Der Vizekönig von Ouidah* verfilmte und mit dem ihn die Passion für das Gehen und die Nomaden verband, herbeigerufen. Er traute ihm Heilkräfte zu. Hoffnungssplitter schwindender Sinne. Chatwins Frau Elisabeth, spät im Elend wiedergefunden, nahm den Sterbenden in ihre Arme, wiegte ihn aus der Zeit.

Chatwin starb am 18. Januar 1989. Zwei Tage später wurde er in Nizza eingeäschert, zwei Wochen darauf fand in der Kathedrale Saint Sophia in Bayswater ein griechisch-orthodoxer Gedenkgottesdienst statt. Salman Rushdie, Freund und Reisegefährte in Australien, war dabei. Als Rushdie die Kirche verließ, wurde ihm von einer amerikanischen Journalistin berichtet, daß Ayatollah Khomeini ihn auf die Todesliste gesetzt hatte.

Ein Rußkörnchen dreht sich in der Mittelvertiefung eines schwarzverschmierten Plastiktisches. Dreht sich langsam im Rhythmus der schaukelnden Bewegung des Schiffes, die kaum spürbar, aber in diesem Kreisen sichtbar wird. Wir sind auf einer Fähre der Minoan Lines, auf dem Weg nach Patras an der griechischen Westküste. Venedig liegt hinter uns. W. und ich sind im Heck des Schiffes gesessen, es war früher Abend. Mestre stand im Orange, kerzengerade Rauchfähnchen als Muster darin gezeichnet. Im Gleiten durch den Guidecca-Kanal öffnete sich Venedig wie das Schauspiel fernen Glücks, Palazzo um Palazzo zog vorüber, Campanile um Campanile, alles klein unter uns, die Menschen winzig, Glockengeläut von irgendwo, dann die Pfähle der Schiffahrtswege, der Lido, das schwindende Land, der schwindende Tag. Nachtlichter der Inseln und der Küste, Blinken der ersten Sterne.

Ich beobachte das Rußkörnchen und lese Bruce Chatwin. Wir haben viel Zeit. Zwei Nächte und einen Tag. Das Wummern der Maschinen dröhnt leise im Kopf. Hämmert die Stunden ins Gleiche. Diese Gegensätzlichkeit der Bücher! *In Patagonien*, *Der Vizekönig von Ouidah* und *Auf dem schwarzen Berg*, *Traumpfade* und *Utz* und die Sammlungen der Geschichten, Reportagen und Reiseskizzen. Ich arbeite mich durch Nicholas Shakespeares monumentale Biographie. Die verwirrenden Szenen dieses abenteuerlichen, glamourösen wie tragischen Lebens versinken im fast geräuschlosen Schäumen der Bugwellen.

Dieses Leben. Mit knapp über zwanzig bereits Leiter der Impressionisten-Abteilung bei Sotheby's in London. Mann mit dem besonderen, dem unfehlbaren Auge. Mit fünfundzwanzig bereits Direktor und als einer der Chairmen im Gespräch. Kündigt, weil er zu erblinden glaubt und ihm die Kunst zuwider wird. Geht nach Edinburgh, um Archäologie zu studieren. Bricht ab, bricht auf in die Welt. Beginnt zu schreiben, zunächst für die *Sunday Times*. Wird später mit *In Patagonien* zum Kult- und mit den *Traumpfaden* zum Bestsellerautor. Eine ganze Generation von jungen Menschen pilgert mit den zerfledderten Exemplaren der beiden Bücher in die unwirtlichen Landschaften Südargentiniens, macht sich auf die Suche nach den Aborigines in Australien. Chatwins Lebensstil wird zum Idol, rastlos wie die Zeit. Lebenshungrig, wißbegierig, extrem. Egomanisch und vorurteilsfrei, ein perfekter Selbstinszenator. Nimbus des Ewig-Jungen.

Bruce Chatwin starb mit 48 Jahren. Seine Asche wurde seinem Wunsch gemäß beim Kirchlein von Chora, das dem Aghios Nikolaos geweiht ist, in der Erde vergraben. Es liegt in der Äußeren Mani auf dem Peloponnes, in den Berghängen über Kardamyli. Wir sind unterwegs dorthin. Ein Land, das wir lieben seit Jahren.

In der Antike verglich man den Peloponnes mit einem fünfspitzigen Ahornblatt. Heute ist das Bild einer Hand vertraut, deren mittlerer Finger die Mani genannt wird. Die Äußere beginnt südöstlich von Kalamata, ist berühmt für ihre Oliven, deren Geschmack durch Sonne, Stein und die Kargheit des Bodens geprägt ist. Südlich von Areopolis, dem Städtchen, das den Kriegsgott Ares im Namen trägt, liegt die Innere Mani. Steiniges Land, dunkle Menschen, Wohntürme in aufragenden Dörfern, zur Fehde und Blutrache gebaut. Felsenbuchten, blaues Meer und im Frühling die Blütenteppiche des Cap Matapan, das Odysseus den Weg wies und später den Römern, Kreuzrittern, Händlern, Seeräubern und Invasoren aller Jahrhunderte.

In der Mitte der Halbinsel beherrscht der langgezogene, bis zu 2400 Meter hohe Gebirgsstock des Taygetos das Land, trennt es in Ost und West und schneidet es von Sparta und den fruchtbaren Ebenen Lakoniens ab. Jahrtausendealte Übergänge verbanden Spartas Reich mit dem Messenischen Golf, mühsame Wege über kantigen Fels und endloses Geröll, im unteren Teil der Strecke oft den tief eingeschnittenen Schluchten folgend. Eine davon mündet in Kardamyli.

Kardamyli war mein erstes Griechenland, das mir W. schenkte.

Mittagshitze, gleißendes Meer. Schwimmen in der Felsbucht der Nymphen. Wenn ich die Augen schließe, bilden sich kleine Regenbogen unter den Lidern. Zypressen rahmen die Bucht, Seeschwalben nisten in den ockerfarbenen Abbrüchen. Türkis und himmelblau laufen die Wellen an die Ufer.

Eine eiserne Wendeltreppe führt von der Bucht auf ein halbkreisförmiges Plateau. Nur vom Meer oder von der Küstenstraße ist die Villa zu sehen, die hier steht. Geht man an den Grenzen ihres Parks entlang, ist sie hinter einer hohen Mauer verborgen. Hier lebt Patrick Leigh Fermor, über neunzig und einer der gebildetsten Reiseschriftsteller Englands. Als junger Soldat war er auf Kreta stationiert gewesen, hatte engen Kontakt zu den Partisanen und wurde berühmt durch die Entführung des nationalsozialistischen Befehlshabers Heinrich Kreipe. Fermor blieb in Griechenland und wurde zum großen Apologeten der Mani.

Für Bruce Chatwin war er Anreger, Gesprächspartner und Vaterfigur, der dem Getriebenen immer wieder Asyl gab. Im Haus der Fermors und im nahen Hotel Kalamitsi entstand der Großteil von Chatwins berühmtestem Buch, den *Songlines*. Sie wurden zum Testament dieses horizontsüchtigen Suchers, der ein Leben lang dem nomadisierenden Hang des Menschen nachging, so auch im

… Labyrinth unsichtbarer Wege, die sich durch ganz Australien schlängeln und die Europäern als „Traumpfade" oder „Songlines" und den Aborigines als „Fußspuren der Ahnen" oder „Wege des Gesetzes" bekannt sind. Schöpfungsmythen der Aborigines berichten von den legendären totemistischen Wesen, die einst in der Traumzeit über den Kontinent wanderten und singend alles benannten, was ihre Wege kreuzte – Vögel, Tiere, Pflanzen, Felsen, Wasserlöcher –, und so die Welt ins Dasein sangen.[1]

Die Niederschrift der *Traumpfade*, die 1987 erschienen, war im letzten Drittel ein Wettlauf mit der Zeit. Die Krankheit verschlimmerte sich und wurde schließlich, damals noch ohne große Erfahrungswerte, als HIV positiv diagnostiziert. Niemand in Chatwins Umgebung durfte das Wort „Aids" aussprechen. Er flüchtete sich in die Zusatzdiagnose des rätselhaften Penicillium marneffei, eines Pilzes, der nur an einem gestrandeten Wal, im Höhlenkot von Fledermäusen und bei sieben oder acht Bauern aus Yunnan festgestellt worden war: alles Ansteckungsmöglichkeiten für den Globetrotter. Das Exotische daran war ihm recht, lenkte von der Grausamkeit der Fakten und der Tabuisierung der Homosexualität im puritanischen England ab.

Von Chatwins Zeit in Kardamyli gibt es Fotografien. Sie zeigen eine heile Welt. Blühende Frühlingspracht, Mohn, Nelken, Kamille und wilde Geranien. Ein seltsam helles Maultier grast zwischen knorrigen Olivenbäumen. Chatwin geht an verfallenden Steinmäuerchen entlang, deren Weiß den Kontrast zum Grün der Wiesen gibt. Steinwege, versinkend im Staub der Zeit. Am liebsten ging er hinauf, weit hinauf nach Chora.

Jetzt ist Herbst. Auch früher war es September, Oktober, wenn wir nach Kardamyli kamen. Es ist dann stiller, das Land reift, das Licht ist golden und das Meer noch warm. Vormittags ist es erträglich zum Wandern, und selbst in der Hitze des Mittags bleiben die Gipfel und Wälder des Taygetos und die Wege in den Schluchten kühl.

Diesmal wohnen wir in Ano Riglia, eine Viertelstunde von Kardamyli entfernt und in den zum Meer hin abfallenden Hügelausläufern des Gebirges gelegen. Freunde haben uns weitherzig ihr Haus geöffnet. Es ist ein kleines Steinhaus, eingebettet in das zusammengeduckte Dorf von Olivenbauern, die die Landwirtschaft meist nur mehr als Nebenerwerb betreiben. Viele Ortschaften sind verlassen, verfallen langsam oder ihre Häuser werden von Ausländern aufgekauft. Mitunter kommen Landflüchtige und Emigranten, die in Kalamata, Athen oder Amerika Karriere machten, in ihre Heimatdörfer zurück und renovieren das Haus ihrer Jugend als Feriendomizil oder als Rückzugsort für die letzten Jahre.

Das Haus der Freunde steht am Rand des Dorfes. Von der Terrasse geht der Blick weithin über die Olivenhaine und die kleinen Häfen von Aghios Dimitrios und Aghios Nikolaos. Der Messenische Golf breitet sich blau und scheinbar unbewegt bis zur fernen Küstenlinie von Koroni. Wenn das Morgenboot in Aghios Nikolaos anlegt, bleibt seine Spur noch lange als dunkler Bogen im Wasser stehen. Eine Pergola, von der dunkellila Trauben hängen, gibt der Terrasse Schatten. Im Garten blühen die letzten Rosen, duften Rosmarin und Salbei. Die blauen Feigen sind sonnenwarm, weich und köstlich schmelzen sie zwischen Gaumen und Zunge. Den Boden bedeckt ein Teppich verfaulender Früchte. Schwärme von Wespen stieben auf. Hinter dem Dorf steigen die Oliventerrassen an, gehen über in Macchia, Eichen- und Kiefernwälder und in die Geröllhalden des Taygetos. Der Kirchturm von Pyrgos ragt weithin sichtbar in den Himmel und noch ein Stück bergwärts sind die Dörfer Exochori und Chora zu ahnen.

Es war der 15. Februar 1989, als Elisabeth Chatwin von London nach Griechenland flog. Sie hatte die Urne bei sich. Mit Patrick Leigh Fermor und dessen Frau wanderte sie zum Nikolaus-Kirchlein von Chora. Da der Boden zu steinig war, um den Eichenbehälter zu vergraben, hoben sie dicht bei der Kirche unter einem Olivenbaum eine Grube aus und schütteten die Asche hinein. Sie gossen Retsina als Trankopfer hinzu und sprachen ein griechisches Gebet. Dann hielten sie ein Picknick.

Muß man solche Details kennen? W. findet sie überflüssig. Ich möchte alles wissen, stelle es in zuneigende Distanz, weise den Vorwurf des Voyeurismus zurück und bin dennoch unsicher, wo die Grenze verläuft. Aber hier ist kein Ort für Streit. Es ist ein verzauberter Flecken Erde.

Die kleine byzantinische Kirche ist nur über einen verborgenen Weg zu finden. Sie stammt aus dem 12. Jahrhundert. Niedrig und erdfarben liegt sie wie mit dem Grund verwachsen da, sich aufrecht haltend vor der Welt. Ihr Geheimnis ist noch lange nicht verbraucht. Sie steht auf einem Felsvorsprung, das Land wie ein Fächer zu Füßen gelegt. Das Gotteshaus ist versperrt, der Besitzer lebt in Athen. Besitzen kann man hier nichts. Alles Begehren fällt ab. Alles Haben verkümmert. Machtlos ist der Tod in den Stein geflochten. Ein Wort drängt sich auf, das ich lange schon nicht mehr dachte: immerdar.

Der Ort ist Mittelpunkt zwischen Berg und Meer. Vielleicht stand hier einst eine Opferstatt für Artemis. Unter dem Felsvorsprung ist das Reich der Oliven. Der Sonne hingegeben, stehen sie in der rotbraunen Erde. Sie dulden nur da und dort eine Eiche, einen Nuß- oder Maulbeerbaum, eine Manna-Esche, eine Reihe von Zypressen. Silbergrün bis hinunter zur blauflimmernden Küste. Hinter dem Dorf steigt das Gebirge auf, das eine Halde in die andere wirft, grauweiß und kahl, sich auftürmt in emporgeschleuderten Schichten bis zum höchsten Gipfel, benannt nach dem Propheten Elias, der aufgefahren sein soll auf mehrspännigem, feurigem Wagen. Reglos steht ein Esel im Schatten, sein Maul ist ergraut. Rhythmisch schrillen die Zikaden. Wilder Hafer wiegt sich gelb zu unseren Füßen. Im Frühjahr sollen hier die herrlichsten Blumen blühen: Anemonen, wilder Knoblauch, Blaustern, Asphodill, Schöllkraut und Milchstern. Chatwin kannte sie alle und ihre lateinischen Bezeichnungen, wie er überall, wo er war, die Pflanzen studierte. Am liebsten hätte er, sagte er einmal, daß „Botaniker" in seinem Paß stünde.

Mild ist die Luft. Ein Nußhäher schreit und flattert in die Schlucht. Vom Dorf wehen Stimmen von Frauen her. Die eigenen verstummen. Das Glöcklein des Esels bimmelt von Zeit zu Zeit ein Zeichen. Arglos scheint alles. Früchte reifen. Nüsse fallen. Die Sehnsucht des Steins ist das Meer.

Erst als die Wärme der hölzernen Kirchentür in unserem Rücken erkaltet, merken wir, daß Zeit vergangen ist. Über dem Taygetos haben sich schwarze Wolken geballt, die raffgierig die Geröllfelder herunterziehen. Im Cafeneion von Exochori, wo wir vor dem drohenden Gewitter Schutz suchen, sitzt Zeus in der Gestalt eines Bauarbeiters. Er raucht und palavert mit seinen Freunden. Regen kam keiner. Nur ein paar Tropfen irrten durch die Luft wie versprengte Insekten.

In Ano Riglia atmen die Gassen noch die Hitze des Tages. Aus offenen Fenstern dringen die Abendnachrichten. Dunkelbraune Tausendfüßler kriechen die Wände entlang. Die Betonrüttler für die neuen Appartmenthäuser Richtung Stoupa haben ihre Arbeit eingestellt. Als wir auf der Terrasse ein Glas Wein trinken, liegt das Meer wieder unter wolkenlosem Himmel.

Ein Silbersee breitet sich über den Golf. Er gleißt und lockt, und ich möchte ihn betreten, hineingehen in die Blendung. Vor den Moskitos schließen wir die Tür. W. legt Musik auf. Wir sind süchtig nach Agnes Baltsas griechischen Liedern, den Melodien der Schwermut von Mikis Theodorakis und Manos Hadjidakis. Und dann hören wir sie für eine Weile nicht mehr und später hören wir sie wieder.

Die Landschaft um Kardamyli ist von Steinwegen durchzogen. Sie sind jahrhunderte-, manche jahrtausendealt. Kunstvoll dem Gelände ein- und angepaßt, nützen sie natürlichen Fels als Untergrund, sind oft meterhoch aufgemauert, um Abbrüche auszugleichen, suchen Schattenstellen und Quellen, sind von Oliven- und Nußbäumen gesäumt, von Edelkastanien, Hopfenbuchen und Aleppokiefern. Im freien Gelände sind sie mit niederen Steinmauern eingefaßt. Die Wege schlängeln sich in Serpentinen bergan, durch Gräben und Schluchten, von Dorf zu Dorf, Feld zu Feld, Weide zu Weide, von Mensch zu Mensch. Manche waren früher breit genug für Maultier, Esel und Karren, manche schmal nur für einen, der geht, eine, die schleppt: Monopati.

Chatwin-Land: wild und vielfach unzerstört. Zwischen Stein und Wasser, Poseidon und Profetis Elias. Zwischen den Göttern der Griechen und dem Gott der Christen. Beseelte Natur.

Viele gingen vor uns schon die Wege. Über die Berge, über die Dörfer.
Ein Hund bellt, ein Hirte ruft, ferne weiße Flecken von Schafen.
Irgendwo singt jemand ein Lied. Schildkröten tappen ins Dickicht.
Quellen tropfen im Schatten, die Hitze ist satt vom Duft wilder Kräu-
ter. Überwucherte Dreschplätze, Oliventerrassen weithin. Ginster,
Brandkraut und Klettenkrapp, Stein- und Kirmeseichen, Judasbäume.
Glänzende Johannisbrotschoten liegen auf den Wegen. Wir kauen sie
lange und spucken sie aus, wenn wir mittagswarme Feigen finden: das
Süßinnere der blauen Früchte ist karmesinrot, das der grünen rosa-
gelb und unvergleichlich. Kirchlein und Kapellen sind wie lose von
der Hand Gottes in die Landschaft gestreut und von der Farbe der
steinigen Erde. Die Hauptkirchen sind auf markante Felsen gesetzt.
Tief unten liegt das Meer. Er liebe dieses Land deshalb so, sagte Chat-
win einmal, weil die Griechen ihren Göttern die schönsten Plätze
geschenkt hätten.
Die Landschaft ist voll von Gesängen und Geschichten. Von Castor
und Pollux hat man uns erzählt und vom umtriebigen Zeus, der überall
seine Leidenschaften lebte. Von Telemach, der hier an Land ging, von
fränkischen Burgherren, slawischen Raubüberfällen und venezianischen

Kaufleuten, von türkischen Beys und Schachspielen mit lebenden Figuren. Zwischen Stoupa und Kardamyli plante Nikos Kazantzakis sein sozialpolitisches Projekt der Belebung eines Braunkohlebergwerkes – ein gescheitertes Experiment, das dem Roman *Alexis Sorbas* den historischen Hintergrund gibt. Dort, wo einer der Eingänge in die Unterwelt sein soll, lagen wir auf den schwarzen Felsen von Trachila, das Christoph Ransmayr in den imaginären End-Ort seiner *Letzten Welt* transformierte. In Pigi hatte Peter Turrini Zuflucht gesucht. In den Küstenorten herrscht der Tratsch des Tourismus. Die Lieder der Dörfler geraten in Vergessenheit. Kein Chatwin da, der sie wie die Songlines Australiens aufgezeichnet hat.

Der Weg durch die tiefste der Schluchten, die Kambos-Schlucht, ist in seinem Mittelabschnitt an ihrer engsten Stelle von einer jahrhundertealten Steinbrücke überwölbt. Mit weit zurückgebogenem Nacken schauen wir die glattgeschliffenen Felswände empor wie zu einem Licht-Blick. Bauwerk, das Schönheit und Zweckmäßigkeit verbindet: dies war es, was Bruce Chatwin am meisten liebte. Kunst allein schien ihm nach seinen Jahren bei Sotheby's dekadent, pure Funktion zu wenig ästhetisch. Sehenswürdigkeiten und Monumente waren ihm Prahlerei. Er suchte, beschrieb und fotografierte das Unprätentiöse, die flüchtige Impression, die von anonymer Hand geschaffene Kostbarkeit. Selbst Ende 1988, als er in London in einen krankhaften Kaufrausch für eine eigene, spirituell ausgerichtete Kunstsammlung geriet, in jenen Wochen, in denen er nicht mehr Herr seiner Sinne war, über eine Million Pfund ausgab, die er nicht hatte, und Schecks ausstellte, die er nicht decken konnte, kaufte er nicht Zelebritäten der internationalen Szene, sondern kleine Preziosen: einen Armreif aus der Bronzezeit, einen tragbaren Altar aus dem 12. Jahrhundert, eine Ikone des heiligen Paraskewi, der ein glänzendes tomatenrotes Gewand trug. Ein unbekannteres Cezanne-Aquarell: das letzte, fast völlig weiße.

Aus einem „Europa des grenzenlosen Materialismus" wollte Bruce Chatwin entfliehen. Er wußte, daß Zivilisation zum Überdruß führen kann und die Sehnsucht nach archaischen Landschaften und Lebensformen weckt. Solange er körperlich dazu fähig war, war er im Aufbruch. Wollte forschen, entdecken, finden: prähistorische Feuerstellen, ausgestorbene Tiere, Riten von Urvölkern, Kunstwerke früher Kulturen oder Strukturen untergegangener Reiche, ob von Alexander dem Großen in Afghanistan oder einem brasilianischen Sklavenhändler an der afrikanischen Küste von Dahomey. Er war in unterschiedlichsten Fachgebieten beschlagen, hochgebildet und belesen, beschäftigte sich mit Kunstgeschichte, Anthropologie, Paläontologie, Ethnologie und Botanik, mit vergleichender Sprachwissenschaft, Philosophie und Literatur, kannte Chomsky und Lévi-Strauss, liebte Dostojewski, Pascal, Racine und Rimbaud, Heidegger, Wittgenstein oder Thomas Bernhard, den er gegen eine schlechte Rezension von *Beton* verteidigte.

Auf die Frage eines australischen Polizisten, ob er Science-fiction schreibe, antwortete Chatwin mit einem entsetzten „Nein!" Er schreibe Geschichten, sagte er.

Chatwins Wahrnehmung der Wirklichkeit ist von seinem visuellen Hunger geprägt. Als Mann mit dem besonderen Blick, der ihm schon als Kunstexperte Ruhm eingetragen hatte, ließ er seine Sprache und seine außergewöhnlichen Fotografien vor allem von Farben leben: ocker, ockerrot, scharlach-, orange- und purpurrot, malvenfarben, blasses Mandelgrün, Arsengrün und glänzendes Graugrün, zinnfarben, weiß … Seine Reisenotizen aus Afrika sind Farborgien:

> Wunderschöne Haussa in Wasserblau auf schwarzen Pferden, in ihren schwarzen Gesichtern spiegelt sich das Blau ihrer Gewänder und das Blau des Himmels, so daß sie die Farbe des Nachthimmels annehmen, ohne eine Spur Braun darin … Kornblumenblau, Tagblau, Wasserblau, Vergißmeinnichtblau, Sommerseenblau … Die Wüste schimmert wie grünes Wasser.[2]

Chatwins Themen waren mitunter wahllos, sie mußten nur ausgefallen und möglichst weit weg von England sein. Er war von großer Spontaneität, die für seine Umgebung schwer erträglich war, und interessierte sich für alles – für die Witwe Ossip Mandelstams gleichermaßen wie für Indira Gandhis Wahlreise, für die Spuren des Yeti im Himalaja oder für seltene Stämme wie die Imragnen, Boroso, Tjilpa oder Carisi-Indianer. Er hatte ein Faible für klingende Orte und Namen wie Timbuktu, Persepolis, Punta Arenas … Alle Orte, an denen er war, schienen nachher begehrenswerter. Er hatte ein untrügliches Gespür für das Außerordentliche und für intellektuelle und emotionale Verbindungslinien. Chatwin war ein kultureller Global Player. Er war kein Wissenschaftler, vielmehr ein in all seiner Zerfahrenheit kreatives Genie. Erschloß sich ihm ein Geheimnis nicht nach kurzer Zeit, scheute er sich nicht, das Wissen anderer auszupressen und mit größter Ungeduld seine Schlüsse zu ziehen – einer der Gründe für Kritik und Ablehnung seiner Methoden und Erkenntnisse, die er ebenso erfuhr wie große Bewunderung.

Die Frage aller Fragen blieb ihm jedoch, die Natur der menschlichen Ruhelosigkeit zu enträtseln. Ein Leben lang suchte er nach der „nomadischen Alternative", die sowohl seine eigene manische Rastlosigkeit erklären wie eine Typologie des Nomadentums geben sollte. Unbehaustheit. Zersetzende Kraft gegen das Festgefügte. Verzicht, Bedürfnislosigkeit. Güter schienen ihm potentiell schädlich. „Wenn die Welt noch Zukunft hat", schreibt er in den *Traumpfaden*, „dann ist es eine asketische Zukunft."

Chatwins über fünfzig Notizbücher sind voll von Materialien zu seinem geplanten *Nomadenbuch*, das er in seiner ursprünglichen Form nie beendete und dessen Skizzen er später partiell in sein Australienbuch einarbeitete. Erst sechs Jahre vor seinem Tod fand er in der Urbevölkerung der Aborigines alles, was ihn bewegte: ein besitzloses Wandervolk, Traditionslinien zu den Anfängen der Menschheit und den unvergleichlich einprägsamen Mythos vom Labyrinth der Songlines, der Traumpfade, auf denen die Vorfahren dahinzogen, um mit ihrem Gesang die Welt zu erschaffen.

… ich spürte, daß die Songlines nicht unbedingt ein australisches, sondern ein universales Phänomen waren: ein Mittel, mit dessen Hilfe der Mensch sein Territorium absteckte und sein gesellschaftliches Leben organisierte. Alle nachfolgenden Systeme waren Varianten – oder Perversionen – dieses Urmodells … Ich habe eine Vision von den Songlines, die sich über Kontinente und Zeitalter erstrecken; daß, wo immer Menschen gegangen sind, sie die Spur eines Liedes hinterließen (von dem wir hin und wieder ein Echo auffangen können) und daß diese Spuren in Zeit und Raum zu isolierten Inseln in der afrikanischen Savanne zurückführen, wo der erste Mensch den Mund öffnete, den ihn umgebenden Schrecken zum Trotz, und die erste Strophe des Weltenlieds sang: „ICH BIN!"[3]

Wo immer Menschen gegangen sind …

Die Steinwege um Kardamyli sind uns zu den Songlines der Mani geworden.

Ihr jahrtausendealtes Netz ist von den Häfen des Messenischen Golfs bis zu den wolkenverhangenen Schründen des Taygetos geknüpft, sie erstrecken sich über Tal und Schlucht und Hügel, gehen über Brücken und Pässe und waren Pfade für Arbeit und Handel, Krieg und Flucht, Wege zum Gespräch von Haus zu Haus und von Mensch zu Gott.

Unweit des Aghios-Nikolaos-Kirchleins von Chora beginnt oder endet der Steinweg in die Taygetos-Schlucht, die in Kardamyli mündet oder ihren Ausgang hat. Bruce Chatwin ist diesen Weg gegangen, wenn er von der Niederschrift der *Traumpfade* in Patrick Leigh Fermors Haus zu jenem Ort unterwegs war, den er sich als letzte Ruhestätte erdachte.

Der Pfad ist gut erhalten. Wir gehen ihn von Chora abwärts. Dick verknorrte Olivenbäume stehen da – wurden sie gepflanzt, als Martin Luther seine Thesen anschlug, die Pest Mitteleuropa entvölkerte oder Michelangelo seine Pietà schuf, fragt W. und biegt die früchteschweren Zweige zur Seite. Rote Erde unter dem Schuh. Zikadenmelodie.

Entlang des Weges sind in den Steilhängen immer noch Terrassen angelegt, viele verwildert. Frauen haben sie angelegt, lese ich W. abends im stillen Haus von Ano Riglia vor, es war vor allem Frauenarbeit, sie zu bestellen: zunächst mit Getreide, später erst mit Oliven.

Die Menschen sind die Helden. Die Ungenannten und Namenlosen, die durch die Jahrhunderte hindurch jenen zu Macht und Reichtum verhalfen, deren Taten in den Geschichtsbüchern stehen. In die fast senkrechten Abhänge gehauen, der steinigen Erde abgerungen, sprechen diese Zeugnisse unfaßbaren Fleißes von Ausdauer, Trotz und mühsamem Überleben. Diesen, ja, diesen Menschen müßte man Hymnen schreiben.

Im Weitergehen erzähle ich W. von Chatwins Roman *Auf dem schwarzen Berg*, in dem das entbehrungsreiche Leben der Zwillingsbrüder Lewis und Benjamin auf einem walisischen Bergbauernhof beschrieben wird: der Wechsel der Jahreszeiten, die Arbeitsvorgänge und die Gerätschaften, die Plackerei und die Armut, die Sorgen, Feste und die Einsamkeit der Menschen, die in Sprachlosigkeit mündet. Chatwins Roman, 1982 erschienen, ist eines seiner schönsten Bücher, leiser als das Getöse seiner Erfolgsschriften und von großer Liebe zu jenen Menschen getragen, die man gemeinhin als einfach bezeichnet.

Die Geschichte über die begrenzte Welt armer Leute war Antwort und Gegenstück zum vorhergegangenen, vielfach kritisierten Roman über den *Vizekönig von Ouidah*, in dem Luxus, Exotik und Grausamkeit der afrikanischen Sklavenküste das Kolorit gaben. Chatwin betrachtete Wales als einen der emotionalen Mittelpunkte seines Lebens, als „Art Zauberkreis". Es war die Landschaft seiner Kindheitsferien, und hier hatte er einst um Elisabeth geworben. Hierher zog er sich zurück nach den Exzessen seiner New Yorker Jahre, in denen er, mitunter geschminkt und in gelben Stiefeletten, eine der schillernden Figuren in der Szene homosexueller Künstler um Jasper Johns, Bill Katz und Robert Wilson war, in den intellektuellen Kreisen um Susan Sontag und Robert Hughes verkehrte und sich in der Jet-set-Welt der Superreichen und Aristokraten hervortat. „Bruce hatte so viel *èclat*", sagt Hans Magnus Enzensberger, der damals am Hudson lebte, „er war sehr brillant, sehr gut aussehend, sehr elegant, aber auch etwas fremdartig."

Wo war sein Patagonien, dessen Leere Chatwin so liebte, weil es ihn auf sich selbst konzentrierte? Wo die zerklüfteten Wüsten Afghanistans, durch die er auf Kamelen geritten war, dem Horizont zu und weiter, immer weiter? Die New Yorker Dandyzeit mutet wie das Kontrastprogramm zum einsamen Wanderer an, der nur mit Rucksack und Zelt asketische Landschaften durchstreifte und oft monatelang verschollen war, den Rätseln des Daseins hingegeben und selbst eines darstellend. Es war die Ambivalenz eines charismatischen Mannes, der das Schmucklose, Strenge liebte und sein Leben als aufregende Performance inszenierte. „Geboren werden hat seine Zeit, sterben hat seine Zeit; suchen hat seine Zeit, verlieren hat seine Zeit; behalten hat seine Zeit, wegwerfen hat seine Zeit ..." – nicht zufällig zieht sich diese Botschaft des Predigers Salomo wie ein roter Faden durch Chatwins Bücher.

Sein brauner, maßgeschneiderter Leder-Rucksack wurde von der Nachwelt zur Ikone stilisiert. Er vermachte ihn in jenem Januar 1989, schon gelähmt und im Sterben, einem Gleichgesinnten, dessen Buch *Vom Gehen im Eis* er liebte: Werner Herzog. Mit ihm konnte er, wie er im Kurzprosaband *Was mache ich hier* schreibt, die schönsten Gespräche führen „über den heiligen Aspekt des Gehens", über den Glauben, daß Gehen „eine poetische Handlung ist, die die Welt von ihren Übeln heilen kann".

„Es gibt eine Zeit für die Stille und es gibt eine Zeit für Lärm …"

Hier ist die Zeit der Stille. Wir sind auf einem der Steinpfade durch die Taygetos-Schlucht im Hinterland von Kardamyli unterwegs. Hier soll Artemis die scheue Taygete, die ohnmächtig wurde, als Zeus sie umarmte, in eine Hirschkuh verwandelt haben, um sie vor den Nachstellungen des Unersättlichen zu schützen.

Wellen von warmer Luft. Der begrenzte Himmel dunkelt ein. Zyklamen blühen, kleine lila Diademe wie zu Hause, an den Wegen der Kindheit. Am Gegenhang sind unter Abbrüchen rätselhafte Ruinen verborgen. Von einer weit vorgelagerten Felsnase aus, auf der eine verlassene Einsiedelei erbaut ist, ersteht das Triptychon eines Blicks: unter uns die Schlucht, zur Rechten die gespenstisch-kahlen Verwerfungen des Profetis Elias und zur Linken im schmalen Ausschnitt das Meer.

Im Talgrund liegt das Kloster Likakiou. Es ist dem Verfall preisgegeben. Die Fresken blättern ab, das Gewölbe hat Risse, das Dach Löcher. Die Heiligenscheine verblassen. Sankt Georgs Pferd seht starr. Der Prophet Elias hat keinen Wagen. Aus dem niedergebrochenen Schafstall huscht ein Wiesel. Hier ist schon Schatten, weiter oben noch letztes Licht. Ein Vogelruf, Insektengesumm. In der Zisterne strampelt ein Wasserläufer konzentrische Kreise. Gibt es eine Kammer im Herzen, die Stille-Steinchen sammelt, sie bewahrt und sie nicht wieder verliert mit dem ersten Schritt aus der Aura?

Der Weg mündet auf einem Felsplateau, auf dem die antike Stadt Kardamyli stand. Sie war wohlbefestigt und von einer Quelle genährt, die heute nur mehr spärlich Wasser gibt. Eine alte Frau führt uns in die kleine Kirche der Aghia Sophia. Sie entzündet Kerzen und küßt die Ikonen. Sie erzählt uns lebhaft eine Geschichte, deren Worte wir nicht verstehen, deren begleitende Gesten aber von Schmerz und Tod sprechen. Ans Ende setzt sie zweimal ein Wort, das wir kennen: Nazis.

In den nächsten Tagen werden wir viele Menschen befragen im neuen, touristischen Kardamyli. Werden nach Racheaktionen gegen die Partisanen fragen, wie sie von Kalavrita bekannt sind, wo ein ganzes Dorf mit Kindern, Frauen und Greisen von Hitlers Wehrmacht ausgerottet wurde. Niemand weiß etwas, niemand sagt etwas. Patrick Leigh Fermor ist unerreichbar hinter der hohen Mauer. „Tyrannei", schreibt Bruce Chatwin in *Utz*, seinem letzten Roman, „schafft sich ihre eigenen Echokammern."

Das letzte Stück des Steinpfades von Chora ans Meer gab alles, was die Sehnsucht erschafft: Blicke, Blüten, Duft, Wärme, Blau.

Als wir in Kardamyli ankommen, ist die Welt benannt: Schönheit und Tod.

Über Ano Riglia liegt die Nacht. Aus dem Graben unter dem Dorf, wo noch die alten, steinernen Waschtröge am Bach stehen, steigt das gleichförmige Sirren der Grillen auf, als ob sie die Erde an der Flucht in die Finsternis hindern wollten. Kerzen flackern auf dem Friedhof von Kato Riglia. Ferne Stimmen von da und dort. Ein Lachen. Die Milchstraße ist auf die Erde gefallen: jenseits des Messenischen Golfs blinken ihre Lichter an der Küstenlinie von Koroni. Eine Brise streicht über die Terrasse. Das Weinlaub raschelt. An einer der Sprossen hängt ein Glöckchen. Hier und da bimmelt es leise, wie ein Erinnern an etwas Vergessenes.

Das Glück, gemeinsam zu sein.

Wir frühstücken auf der Terrasse. Warten auf das Morgenboot und verfolgen seine Route Richtung Trachila. Suchen die Schiffe weit draußen mit dem Fernglas und beobachten die Schattierungen und Strömungen des Meeres. Schwalben durchstoßen die verblassende Scheibe des Mondes.

Als Chatwin noch ein Kind war und er in den Kriegsjahren in „phantastischer Heimatlosigkeit" lebte, brachte ihm eine Tante nach zu viel William Shakespeare eines Tages einen eigens für Reisende zusammengestellten Gedichtband mit dem Titel *The Open Road* mit. In den *Traumpfaden* beschreibt er ihn genau: „Er hatte einen grünen Leineneinband und auf dem Deckel war ein Schwarm goldener Schwalben abgebildet."

Seither zogen Vögel durch seinen Kopf, ziehen Vögel durch seine Bücher: Schwalben und Stare über abgeernteten Feldern, Eisvögel über erdunkelndem Meer, ein Rußiger Albatros an der Südostküste Feuerlands, ein Kuckuck in den Tälern des Mount Everest, Entenschwärme, die nach Süden fliegen. Zugvögel waren die Tiere, denen sich Chatwin verwandt fühlte: Nomaden. Zu seinem Symbol erhob er die weiße Seeschwalbe: sie fliegt vom Nordpol zum Südpol und wieder zurück. Auf und davon.

Sonntag früh läuten die Glocken Sturm. Nach einer Stunde wieder. Jetzt ist Messe in Ano Riglia. Verstreut sitzen die Menschen auf Sesseln im Kirchenraum. Zwei alte Männer lesen im Singsang die Liturgie. Einer von ihnen öffnet kaum den Mund, seine Stimme ist dünn und brüchig. Später kommt ein dritter dazu, jünger als die anderen, sein Bariton gibt der Messe Kontur. Die Frauen bekreuzigen sich beständig mit dem dreifachen Zeichen. Weich ist das Licht der langen, dünnen Honigkerzen. Sie stecken im Sand und wenn eine sich vor Hitze biegt, richtet eine schwarzgekleidete Frau sie sorgsam wieder auf. Der Priester im orangegelben Ornat ist jung und dick. Er spult die Messe ab, hantiert, singt, geht schlampig mit dem Kreuz herum, achtlos schwingt er den Weihrauchkessel.

Er hätte Bruce Chatwin nicht bekehrt, denke ich im Niederknien und Aufstehn und Niederknien. Chatwin hatte tiefere Erfahrungen: mit Mönchen auf dem Berg Athos und in den Gesprächen mit Bischof Kallistos Ware von Oxford, dem er von seinen spirituellen Halluzinationen erzählte. Im September 1988 plante Chatwin, bereits im Rollstuhl, für einige Monate zu den Mönchen vom Heiligen Berg zurückzukehren und sich taufen zu lassen. Die Ahnung, später das Wissen um seine Todeskrankheit hatten sein Leben gegen Ende grundlegend verändert: er fand zu Elisabeth, dieser großherzigen Frau, zurück und suchte die Transzendenz, der er bedürftig war, im konkreten Glauben der griechisch-orthodoxen Kirche. Zu Kreuze gekrochen in der Not … Und schäme mich sofort des Gedankens.

Ein Stück frisches Weißbrot aus der Hand des Priesters habe ich nicht genommen. Ihm die Hand küssen wollte ich nicht. Als ich nach Hause gehe – wie schnell wird etwas ein Zuhause? –, ruft mir die Frau mit dem linken toten Auge nach. Ich bin ihr des öfteren im Dorf begegnet und sie stellte mir immer Fragen, die ich nicht verstand. Sie bricht ein Stück Brot von ihrem ab und reicht es mir mit einem Lachen.

W. erwartet mich mit einer Kanne heißen Tees, mit Oliven und frisch gepflückten Feigen. Das Brot hat er in heißem Olivenöl gewendet.

Die griechische Zeit ist abgelaufen. Am letzten Abend wandern wir noch einmal zum Aghios-Nikolaos-Kirchlein hinauf. Magischer Ort wohl immer schon. Im Gang der großen Geschichte irgendwann einmal gefunden und auserkoren von einem englischen Schriftsteller, der durch das Abenteuer seines Leben getrieben wurde, durch die Welt, die Kunst, die Kulturen, die Kontinente und seine eigene Rastlosigkeit. Hier wünschte er seine Asche in rote Erde gemengt.

Vielleicht war es das Maß des Lebens, das Bruce Chatwin hier fand. Immer hatte er den Horizont gesucht und ging dem Weiten nach, das vor ihm schwand. Von hier aber, von den Steinstufen von Chora aus, entfaltet sich eine sanft begrenzte Welt. Nur schmal ist die Bahn in die Unendlichkeit.

Die Sonne läßt das Blau des Meeres noch einmal ins tiefe Kobalt aufrauschen. Dann streut sie ihr letztes Licht über den Messenischen Golf, die Halbinseln und die Gebirge, die tagmüde die Nacht erwarten. Jetzt ist alles in Gold getaucht. Es ist die Stunde, in der die Götter zur Erde niedersteigen. Das Meer hat einen Panzer angelegt, glattgehämmert und gleißend. Über dem Land der Oliven liegt goldener Dunst, samten und durchscheinend, als ob ein anderes Sein darin wäre. Die Hügel, Gräben und Schluchten fallen ineinander, treiben in immer ferneren Wellen der Küste zu. Im Goldenen verlieren sie ihre Konturen. Für diesen einen Augenblick geben Land und Meer und Himmel ihren Eigensinn auf und verschmelzen. Und dann, wenn die Sonne rot hinter Koroni untergeht, schnell, als ob sie zu viel von ihrer Schönheit preisgegeben hätte, ist alles wieder getrennt. Die Zeit der Vereinigung ist vertan.

Die Olivenzweige neigen sich schützend der Erde zu.

Paul Wühr

Alles Falsche ist schön

Signore
Paul Wühr
Poeta
Lago Trasimeno
Italia

Die Karte kam eines Tages mit der Post. Der Lago Trasimeno ist nicht gerade klein. Er ist Italiens größter See und von zahlreichen Ortschaften gesäumt. Dennoch erreichte die Karte ihren Adressaten: den Dichter Paul Wühr, der am See zwischen Umbrien und der Toskana offensichtlich als Fama in den Köpfen der Menschen lebt, der irgendwo da oben auf dem Hügel wohnt und den man kaum je zu Gesicht bekommt, der sich zurückzieht wie ein Mönch und der, so wird man sich wohl erzählen, schreibt und schreibt und schreibt, wie kann man das nur aushalten, jahrelang, jahrzehntelang, sommers und winters und immerzu schreiben, schreiben, fort und fort.

Die Nacht ist fortgeschritten, wie man von der Dunkelheit zu sprechen gewohnt ist, was doch ein Licht auf den Fortschritt an sich werfen sollte. Meine so viel geliebte Vielfältigkeit sagt mir in aller Einfalt zurück: Je vielfältiger alles wird, umso langsamer wird alles erreicht – was mich bestätigt in meiner Hoffnung, wenn ich das schreiben darf: daß nichts endet.[1]

Daß nichts endet, was wir lieben und was uns weiterträgt, denke ich und blicke zu W. hinüber. Für jeden wird es ein anderes sein.

Für Paul Wühr ist es das Schreiben.

Ich kann nicht mehr gehen, sagt er und stützt sich von Sessel zu Tisch und weiter, aber es macht nichts, der Schreibtisch ist mein einziger Ort. Tastet sich hin, stockgestützt. Die Sprache jedoch gibt ihm Schwerelosigkeit, sie bringt ihn ins Laufen, sie bringt ihn ins Fliegen und gibt ihm die Würde des leidenschaftlich Suchenden, der rastlos den neuen Anfang wagt.

Schreibt vom Strudel der Tage und Nächte und was in ihnen geschieht und gedacht wird, geredet, geträumt, geliebt und getötet, getrunken und gelacht, und alles wird ihm zu Sprache, frech, wütend und gläubig. Die Worte sind – wie für den Bildhauer Holz, Stahl oder Stein – sein Material, er läßt sich von der Sprache, die allein das Sagen hat, verführen, wird zum Täuscher und *Tricheur*, zum Spieler zwischen Welt und Ich und Du.

LAUFEN SIE JETZT zu sich her
halten Sie vor sich an und
drehen Sie sich um sich selbst
und laufen Sie vor sich davon

oder

kehren Sie um und kommen Sie
zurück bleiben stehn und
schaun Sie sich zu wie Sie an sich
vorbeilaufen drehn Sie sich um

und laufen Sie wieder davon[2]

Der Schreibtisch von Paul Wühr steht in einem nordseitigen Zimmer eines kleinen Gebäudes, das einem größeren verbunden ist und das einen anderen Besitzer hat. Wührs Teil war einst der Schafstall eines klassischen umbrisch-toskanischen Bauernhauses aus dem 17. Jahrhundert mit dem Hofnamen *Le Pierle*. Im Haupthaus lagen ebenerdig der Kuhstall und im ersten Stock, der nur über eine Außentreppe zu erreichen war, die große Cantina und die Schlafkammern. Bevor das Haus seinen Besitzer wechselte und renoviert wurde, hatte es ein reicher Adeliger aus Rom in Pacht. Jede Woche kam ein Diener im Maserati und holte frischen Ricotta.

Paul und Inge Poppe-Wühr sind 1986 hierher ins Etruskerland gezogen und haben aus dem verfallenden Anwesen ein *buon retiro* gemacht. Sie

kamen aus München. Inge hatte dort 1973 mit einem Konsortium die „Autorenbuchhandlung" gegründet, deren mutige Idee sich bis Moskau und London verbreitete. Paul hatte sich – nicht heimatgebunden, sondern kartographisch – schon 1970 in die Stadt eingeschrieben mit dem Poem *Gegenmünchen*, das als literarische Sensation galt, eine Reihe radikaler Originalton-Hörspiele nach sich zog und im gegen alle Erwartungen anrennenden Roman *Das falsche Buch* von 1983 weitergeführt wurde.

Dieses „falsche Buch" hat zwar einen konkreten Ort, die sogenannte Münchner Freiheit, einen Platz in der Stadtmitte, ist aber ein abenteuerliches, figurenreiches Denk- und Sprachspiel, das in einem mit einem roten Seil abgesperrten Segment des Platzes sein Romantheater entwirft. Es überforderte Leser und Kritiker einigermaßen und trieb sie in die Hilflosigkeit großtönender Charakteristika: Themenpotpourri, ein Mordsstück Literatur, Kopfkino, Prosafestival, chaotischer Jahrmarkt. Wührs Münchner Großes Welttheater.

Dem *Falschen Buch* ließ Wühr, bereits nach seiner Übersiedlung nach Italien, den ebenfalls mehrhundertseitigen Roman *Der faule Strick* folgen, der das tatsächliche und metaphorische Seil der Münchner Freiheit gedanklich fortsetzt und in Tagebuch-Notaten der Welt und sich selbst einen Spiegel vorhält. Oft genug wird dieser zum Zerrspiegel, in dem das Erhabene zur Operette, das Schöne zur Mode und das Wahre zur Floskel wird.

Beide Romane sind ein furioses Plädoyer für die Abweichung. Sie feiern den Widerstand gegen das Genormte und Geforderte, gegen die Regeln, Gesetzmäßigkeiten und Gesetze. Das „Richtige", sagt Wühr in der Pergola von Le Pierle in den Hügeln über dem Trasimenischen See, wird in letzter Konsequenz zur tödlichen Diktatur, die keinen Widerspruch duldet. Robespierre zum Beispiel, die Charismatiker des Germanentums oder die Rechtsradikalen der Gegenwart, auch die religiösen: sie führten und führen zum Massengrab. Das Falsche hingegen, verdichtet zur Poesie, ist offener Spiel-Platz. Es unterminiert die Gut- und Besser-Wisser und ist menschlich in seiner Fehlerhaftigkeit. Es ist lebendig, denn die Wahrheit, die einer gepachtet hat, ist der Tod. Eine allgemeingültige Wahrheit gibt es nicht, sagt er und seine Augen funkeln von Streitlust, aber es gibt *uns*. Uns in unserer Vielfalt und in unseren Irrtümern. Nur das „Falsche" ist zur Verwandlung fähig, schafft dem Menschen dadurch Freiheit und drängt ihn in keine „richtige Vollendung": „… wären wir da am Ende gar brauchbar für den Frieden?"

Für den Frieden schreibt er sein ausuferndes Werk. Um ihn herbeizuschreiben, wird er zum Wortfechter, ein Verführer zum bisher Ungedachten.

> Wie sagt man es am liebenswürdigsten: Ich will in vielen Köpfen sein und Licht anmachen, aber nicht mit Schaltern, sondern mit Verknüpfungen, mit verwegenen Anschlüssen. So ist das.[3]

Geduld. Wührs Werk zu lesen, „durchzukommen", wie er selbst sagt, braucht Geduld. W. und ich hatten diese Geduld in den letzten Wochen, noch zu Hause im sommerlichen Garten und später auf dem Schiff, zurück vom Peloponnes nach Italien, von Patras nach Ancona. Schiffsreisen sind wunderbare Leseorte, die einen auf sich oder, wenn man will, auf Bücher konzentrieren. Im Auge nur das Blau, auf der Haut den Wind, um den Liegestuhl die Heiterkeit der jungen Leute oder nur das dumpfe, gedämpfte Dröhnen der Schiffsmotoren in den Aufenthaltsräumen rund um die Bar.

Auf der Fahrt von Ancona nach Passignano wollten wir über Assisi fahren. Im *Faulen Strick* bog ich darum Seite 216 mit einem Eselsohr ein, um über meine vorauseilende enthusiastische Erwartung eine Wühr'sche Folie vielfältiger Fragen zu legen.

> Ostersonntag in Assisi … Diese heiligen Burschen haben das Abendland ganz schön umgerührt. … Und wen hat dieser Franz eigentlich nachgeahmt? Ich denke schon, daß es der Rabbi Jesua war: der radikalste Moralist, dem die Stiftung des Reiches Gottes mißlang. Von diesem Kreuzestod (Stigmatisation) wanderte der Poverello aber weg und wieder zurück in das kommunistische Leben am galiläischen See. Oder täusche ich mich? Oder widerspricht dem sein strenges, sein absolutistisches Regiment in Assisi? Oder verstehe ich nichts von der Fröhlichkeit in der Regel, in der Armut und Härte?

Wir haben viele Zwiegespräche geführt über Wührs eigenwillige Welt und wundern uns dennoch – wie er sich selbst wundert über das römische Würfelspiel Talus – immer neu über die Würfe dieses obstinaten Falsch-Spielers, der der einzig wahre sei, so Ludwig Harig, der Dichter-Freund. Auf einer Fotografie stehen die beiden, lorbeerbekränzt und nachdenklich, zu Paul Wührs 60. Geburtstag beisammen. Oskar Pastior ist der Dritte im Bunde. Er starb im Sommer 2006. Daß er als erster von uns gehen mußte … sagt Paul und beugt sich wieder über sein Schreibpult.

W. und ich streifen durch den Garten von Le Pierle. Inge Wühr hat ihn vor zwanzig Jahren kunstvoll angelegt. Nuß- und Edelkastanien-, Oliven- und Feigenbäume, eine Schirmpinie, Steineichen, Lorbeer- und Oleanderhecken, Rosen und mediterrane Vielfalt von Sträuchern, Kräutern und Gräsern. Genügend Freiraum, um dem See seine Bühne zu geben, geteilt nur durch die Holzskulptur Rudolf Wachters, rudimentär und entwaffnend schön, die, schon in den sanft abfallenden Hang gestellt, den Blick gliedert und zugleich ins Unwirkliche hebt.

Der Trasimeno liegt still in seinem Schilfgürtel, keine Boote, keine Segel sind zu sehen. Weißgrau ist er jetzt, wie gerade erst geboren oder wie uralt. Zuflüsse wurden umgeleitet, um ihn am Leben zu erhalten, neue Abflüsse und unterirdische Kanäle gegraben, und in der Mitte des

19. Jahrhunderts wollte man ihn trockenlegen. Nach Jahrtausenden der Experimente von den Etruskern über Leonardo da Vinci bis zur Gegenwart kann sein Wasserspiegel nun endlich durch ein künstliches Reservoir einigermaßen konstant gehalten werden. Die verheerenden Überschwemmungen – jene von 1762 hielt elf Jahre an – sind besiegt, die berüchtigte Malaria der Sumpfgebiete scheint ausgerottet.

Angelehnt an die warme Steinmauer des einstigen Schafstalls, reden W. und ich von ihm, der in seinem Nordzimmer sitzt und schreibt, Goethes *Gänsespiel* neben sich an der Wand. Lebt über dem Trasimenischen See, die Hügel und Wälder ineinandergestaffelt und -geschraffelt, könnte über Passignano und Torricella blicken, über die Isola Maggiore und die Isola Minore bis hinüber ans andere Ufer nach Castiglione del Lago, im Osten Richtung Perugia und im Süden Richtung Rom; hat Umbrien und die Toskana zu Füßen und schreibt, schon wieder, noch immer, über München, das er zum Kosmos macht: im entstehenden Werk namens *Der wirre Zopf*, der als monumentales Manuskript in den Fächern der Schreibstube liegt. Ich kann nicht aufhören, sagt er schlicht.

Zeigt uns später die geordneten Stapel, ein wenig stolz, ein wenig selbst ungläubig ob der schier unbewältigbaren Fülle. Arbeitet unbeirrt weiter an seinem großen Welttheater, im Grunde an ein und demselben Buch der Fragen. Verrät, wie er nach dem Muster des *Faulen Stricks* die Tage und Jahre übereinanderlegt – hier vom 13. Juli 1986 bis zum 12. Juli 1991 – und anhand der Zeitereignisse die Entwicklung dreier Ehepaare von strengen Katholiken zu ungläubigen Gemeindebürgern verfolgt. Ein Verleger-Sponsor, für den Hubert Burda Pate gestanden sein könnte, hat sie im Buch verpflichtet, ihr Leben zu notieren. Als ein Sammler die Aufzeichnungen zu ordnen beginnt, eröffnet sich ihm die ganze Paradoxie und Absurdität von fünf Jahren Zeit-, Religions- und Menschheitsgeschichte. Ich habe mich immer um das Letzte gekümmert, sagt Wühr, um Tod, Weiterleben, Politik und Solidarität unter den Menschen. Der Titel *Der wirre Zopf* kommt von einer Zeile von Francis Thompson, die ihn als jungen Menschen in ihrer Schönheit beeindruckte: „Mit seiner Mutter wirren Flechten spielend Kind". Es soll weitergeflochten werden in vielen Monaten. Hoffentlich in vielen Jahren, sagt Paul Wühr. Im Juli 2007 ist er achtzig geworden.

Die Nachmittagssonne läßt das Laub der Pergola rot aufglühen. Wühr hat seinen Strohhut aufgesetzt. Inge, die große Vermittlerin, fährt nach Cortona, das an der Zugverbindung von Florenz nach Rom liegt, um einen deutschen Autor abzuholen, für den sie in Perugia eine Lesung organisiert hat. Die Hunde bleiben am Gartentor liegen, suchen den Schatten der Oleanderhecke, warten auf die Rückkehr ihrer Herrin. Die weiße Schafhüter-Hündin aus den Maremmen atmet schnell und hechelnd, ihre Zunge hängt seitlich zum Maul heraus. Auf der Uferstraße weit unten heult hier und da ein Motorrad auf. Wir trinken kühlen weißen Wein aus der Region. W. fotografiert, geht und kommt. Wir lassen uns erzählen, lassen uns nicht ein auf das Pingpong zwischen wahr und falsch, sind einfach Zuhörer –

Lassen uns erzählen von einer Kindheit in München. Vom Vater, der Bäcker war.

MEIN VATER HAT die Luft eingebacken

meine Mutter schnitt die Laiber auf
und stellte die geöffneten Höhlen aus

freie Luft in den Löchern[4]

In der freien Luft las der Sohn Hölderlin. Der Vater, ein einfacher Mann, galt ihm nichts. Das tut dem sich Erinnernden heute noch leid. Die Bäckerei interessierte den Buben nicht. Er hat keine Brezen gebacken. Er war klein und durfte auf dem Fußballplatz nur Verteidiger spielen. Er hatte einen großen Kopf und wenn er durch München ging, traute er sich nicht in sein Spiegelbild in den Auslagen schauen. Mit zwölf schrieb er sein erstes Gedicht, *An die Freiheit*. Onkel Fritz war der Meinung: großartig! Er trommelte alle Leute zusammen. Paul stellte sich in die Mitte des Zimmers und laut schreiend trug er seine Freiheit vor. Das Gedicht war schlecht, er hat es selbst nicht verstanden, sagt Paul Wühr. Aber es hat mein Leben entschieden.

Er ging nicht mehr in den Turnverein, spielte nicht mehr Fußball. Er las und schrieb. War kein Raufbold mehr. Wurde ein Mondscheinsimmerl. Oder war es, Bäckerssohn, der er war, Mohnschein? In der Schule war er schlecht. Und er suchte nach einem Stoff für seine Gedichte. Du hast noch nichts erlebt, sagte der Onkel, leb! Das Leben kam. Marschtritt und HJ, Gewehre zerlegen und zusammenbauen. Krieg. 1944 wurde der Bäckerladen ausgebombt, in Schutt und Asche gelegt, Eltern, Bruder und er selbst im Keller verschüttet. Der Vater wurde Kohlenträger. Paul zog von zu Hause aus – oder war er vorher schon rausgeflogen? – und bei einem jungen Studienrat ein, der zum erweiterten Kreis der Widerstandsgruppe der „Weißen Rose" gehörte. Paul las und schrieb, las und schrieb.

Seine frühen Gedichte waren religiös grundiert. Er schrieb Kinderbücher, erste Hörspiele und veröffentlichte in Zeitschriften. Seit 1949 war er Volksschullehrer in München-Gräfelfing, wurde Familienvater, alles schien seinen guten Gang zu gehen. Aber da war dieses Zehren und Zerren. Nachmittags die Schreibwerkstatt, abends die Freunde, der Alkohol, die nächtelangen Diskussionen. In der Schule drängte er sich zur Pausenaufsicht, im Lärm konnte er seinen Spintisierereien folgen. Er erzog die Schüler nicht zu Leistungsträgern, sondern zu kleinen kritischen Denkern, die sich nicht vorsetzen ließen, was gesagt wird. Er liebte die Träumer. Er hätte die richtigen Mütter zu falschen erziehen sollen, sagt er in der Pergola von Passignano, und auch die richtigen Schüler zu falschen, und ich bin versucht, an den Volksschullehrer in Puchberg am Schneeberg zu denken, an Ludwig Wittgenstein. In seiner Version des Grimm'schen Märchens vom Eisenhans wird Wühr viel später schreiben:

> Ich stehe am Gitter. Ich sehe: Der Eisenhans hat meinen goldenen Ball. Es endet. Ich habe Angst vor dem Anfang. Ich öffne den Käfig nicht. Ich öffne den Käfig. Ich sehe: Der Prinz hat goldene Haare, deshalb, dafür, damit er … Ich sage: Weder, noch – weder, noch. Und auch so nicht. Nicht so und nicht anders.[5]

Und ich habe spontan Ilse Aichingers Stimme im Ohr, wie sie im Filmporträt *Schreiben ist sterben lernen* in die Kamera sagt: „… und anders, anders, anders!" Auch sie hat ein Märchen umgeschrieben, den *Wolf und die sieben jungen Geißlein*. Sie wirft den Brüdern Grimm vor, nicht anarchisch gewesen zu sein, sondern das zu nehmen, was ihnen geboten wird, „… von den Blumen des Feldes bis zu Foltern, Stolper- oder Wackersteinen, Sterntalern und anderen inflationären Währungen, brennende

Hexen und Rapunzelzöpfe, Tauben im Gras …, jede abstruse Eselei, jede Falle und vor allem den, der hineintappt". Paul Wühr verehrt Aichinger, ihre Frechheit, ihre Radikalität. Sie ist die Größte, sagt er im Weinlaub über dem Trasimeno. Und dann kommen Nietzsche, Adorno und Cioran ins Gespräch, Johann Georg Hamann, der „Magus im Norden", Novalis, Schelling und Heidegger und sein Leitstern der Gegenwart, der englische Philosoph Alfred North Whitehead.

Wühr spricht lebhaft, fast wild, gelehrt und lebensnah, sein rechter Arm stößt immer wieder nach vorn, die Hand ist zur Faust geballt, die Wangen gerötet, die Augen weit aufgerissen und eines seiner Lieblingsworte ist „Wut". Und dann lacht er und lehrt uns die Skepsis und sagt, daß die Fiktion keine Scheu vor üblen Tricks kenne, vor Lügen, Manipulationen und dem Gemeinen. Denn die Wirklichkeit sei in ihrem Zusammenhang nicht zu durchschauen, die Poesie aber müsse dennoch und gerade deswegen das Totum anstreben und in diesem Ganzen liege auch ihr schönes Scheitern.

So wird er zum Dirigenten des Gegenteiligen, der nicht Ordnung ins Chaos, sondern Chaos in die Ordnung bringt, verworren und verwirrend, verlacht und verehrt, den ewigen Fehler preisend, der wir sind. Und der schon in jenem war, der uns schuf.

Ich habe den Fehler nicht
machen müssen weil

der sagt
ich bin der Fehler
der ich bin

lasset uns den Fehler machen
ein Bild
das uns gleich sei[6]

Um die schwarzen Beeren der Pergola summen die Bienen. Wir irren durch die Wühr'sche Welt und verlieren uns in unseren Fehlern, im Richtigen und Falschen, aber vielleicht soll man das: um ja nicht zu glauben, richtig zu sein, also anderen Richt-Linien geben zu können, darum lieber gleich sich als falsch fühlen und allen nahe sein, die am allzu Richtigen der Richtig-Wisser zerbrochen sind und zerbrechen.

Aber noch einmal zurück zur Biographie, sie böte ein sichereres Seil –
Zurück also in das Jahr 1968. Die versuchte Revolte einer Gesellschaft.
Wühr war schon vierzig, aber es war das äußere Zeichen für den inneren
Aufbruch, den er längst vollzogen hatte. Ging mit und ging dagegen.
War für die Veränderung der politischen Verhältnisse, aber gegen die pro-
klamierte Machtlosigkeit der Literatur, der er die Macht der Poesie ent-
gegenhielt. Ging auf die Straße, schrieb mit Kreide sein *Gegenmünchen*
auf den Asphalt, hörte dem Volk aufs Maul, fing es ein in dessen urtüm-
licher Sprache, montierte es zu bahnbrechenden Hörspiel-Kunstwerken.
Drehte die Pirouette im Kopf des Vogels. Schrieb, Einzelgänger in der
deutschen Szene, *Das falsche Buch*, radikal in Stil, Sprache, Syntax und
der Spirale der Sinnlosigkeit:

Wir: Niemand entwickelt uns. Es gibt keine Story, in der wir auf-
treten könnten als Personen. Persönliche Berufungen gehen uns ab.
Um diese Zeit schon wurde uns klar:
Hier ist kein Erzähler am Werk. Mehr oder weniger sind wir nur
Träger. Als Hunde insbesondere sind wir Pisser, Bepisser. Von die-
sen Abscheulichkeiten abgesehen, tragen wir Namen. Er gab sie uns
wahllos. Und außerdem tragen wir uns so herum. Und unsereiner
trägt auch noch vieles andere dazu bei. Aber keiner trägt Schicksal.
Ein Liebesbrief von ihm allerdings steckt in jedem von uns. Sind
wir Briefkästen?
Wir fragen ja nur. Solche Fragen scheinen uns Pausen zu sein: im
Spiel. Wo ist der Altar? Beim Dante, wo sind die Gesänge? Wo
bleibt der Sinn der Geschichte, die man beginnt? … Wir fragen:
Wo ist der Sinn, ein neuer?[7]

Paul Wühr, 1927 geboren, aufgewachsen in der Diktatur des Nationalso-
zialismus, der das „Richtige" proklamierte und zum Massenmord führte,
verschüttet im Krieg, mitgewachsen im Wiederaufbau, der schon wieder
auszugrenzen begann, wird zum großen Verneiner aller Ideologien und
Utopien, allen Perfektionismus, der unter der Guillotine oder in den
Gaskammern endet. Im Murks sind wir am stärksten, sagt er.
    Unter uns breitet sich das fruchtbare Land aus. Täuschendes Friedens-
bild. Verstreut unter den Feldern für Mais und Getreide, unter den Son-

nenblumen, Oliven und Reben und in den Gärten fleißiger Menschen sind noch die „ustrina" zu sehen: in die Erde gemauerte Krematorien, die von außen angezündet und in denen die Leichen, jeweils getrennt durch eine Lage Holz, aufeinandergeschichtet wurden. Auf diese Weise sollte Freund und Feind ein ehrendes Ritual erhalten. Es war 217 vor Christus, als 15 000 Römer und 1500 Karthager hier den Tod fanden, zwischen Malpasso bei Borghetto und den steilen Hügelausläufern von Vernazzano mit dem Zentrum dort, wo heute Tuoro liegt. Hier hatte Hannibal den Größenwahn und die Leichtsinnigkeit der sieggewohnten Militärs des römischen Reiches durch seine moderne Strategie unterlaufen, die Truppen des römischen Konsuls Gaius Flaminius in einen Hinterhalt gelockt und in einem dreistündigen Massaker vernichtet. Der kleine Fluß, der sich durch das Schlachtfeld zog, heißt heute noch Sanguineto: er soll drei Tage rot von Blut gewesen sein. Der Hügel hinter dem Städtchen Tuoro erhielt den Namen Monte Sanguigno.

Wer spricht vom Sinn der Geschichte? Paul Wühr ist er längst ertrunken. Hegels Glaube an den Weltgeist und sein zielgerichtetes Wirken zum Besseren hin hat er nie geteilt. Er flicht vielmehr das Böse in den Zopf seiner Denkschlingen, spricht von brauchbarer Negativität und provoziert mit Sätzen wie: daß auch Auschwitz weder unbrauchbar noch nutzlos sei, „es ist heute notwendig im Guten. Dort gehört es hinein, bis den Guten übel wird davon." In seinen Wiener Poetikvorlesungen *Das Lachen eines Falschen* nimmt er das Thema noch einmal auf und spricht von den Religionen des Todes: „Von ihren bisher letzten Altären heißt einer Auschwitz." In den *Luftstreichen* steht der Satz: „Sein wie Gott will auch Gott am Ende des 20. Jahrhunderts nicht mehr."

Paul Wühr zieht sich zu einer kleinen Rast zurück.

Im Schatten zweier Pappeln, die zum Wahrzeichen von Le Pierle geworden sind, liegen zwei uralte Steine, gefügt zu einer Bank. W. und ich wühlen uns durch Wührs Denktheater, das die Traditionen der abendländischen Geistesgeschichte kennt und sie im Taumel der Sprache durcheinanderwirft. Wir blättern in seinen Büchern, die als hoher Stapel vor uns im Gras liegen. Und entzünden uns an seiner Kritik aller Charismatiker, die das angeblich „Echte" und das „richtige Denken" propagieren, es im Lieblingsschlagwort der Gegenwart als gewaltige, gewalttätige „Authentizität" anziehender als je zuvor machen und die behauptete „Wahrheit" zur Bombe werden lassen:

> Von ganzem Herzen zu töten, steht höher im Kurs, als mit halbem Herzen auszukommen miteinander; das gilt als Schande. Man beruft sich auf einen Herrn, der Laune ausspuckt, und verwirft die traurige Möglichkeit eines Friedens, der nicht einmal Anspruch auf Authentizität erhebt, nicht begreifend, daß er deshalb seinen Namen verdient.[8]

In den *Luftstreichen*, dem zur Gänze über dem Trasimeno geschriebenen *Buch der Fragen* über die Widersprüche allen Seins, erzählt Schehrezad dem kleinen, schiefen und bucklichten Hans Dumm eine immer andere Version des Märchens von der schönen Prinzessin, die mit der Häßlichkeit und der Armut leben lernen muß. Wir üben uns ein. Und erfinden uns schließlich ein eigenes Märchen.

Inge Poppe-Wühr ist von Perugia zurückgekommen. Sie bringt Kaffee und frischen Kuchen, die Hunde folgen ihr auf den Fersen, das Kleid flattert in ihrem schnellen Gang. In Passignano ist sie Persona grata, sie hilft, initiiert, übersetzt, zieht ihre Fäden zwischen Perugia, Cortona und Arezzo und weiter in den Norden, in das ferne München, das ferne Deutschland, mit dem sie immer noch verbunden ist durch ihre Autorenbuchhandlung, die Neugier auf neue literarische Stimmen und den Hanser Verlag. Für ihn schreibt sie alle Manuskripte ihres Mannes ab, redigiert sie und schickt sie an Verlagsleiter Michael Krüger, der treu zum Einsiedler von Passignano steht, wohl wissend, daß dessen Werke zwar Kultbücher in bestimmten Kreisen sind, jedoch keine hohen Verkaufsziffern erreichen. Inge gibt das *Paul Wühr Jahrbuch* heraus, in dem unveröffentlichte Texte, internationale Ehrungen und Preise, Laudationes und die Aktivitäten des von ihr gegründeten „Paul Wühr Freundeskreises" ihr Publikationsforum haben. Sie organisiert die Treffen an verlockenden Orten Süd- und Mitteleuropas oder in Passignano selbst, und der Hügel wird zur Pilgerstätte renommierter Feuilletonisten und Germanisten, geleitet von Jörg Drews, dem

Freund der ersten Stunde, und jüngeren Autoren, vornehmlich öster-
reichischen, die durch die Schule der Jandl'schen Sprachskepsis gingen,
wie Walter Grond, Lucas Cejpek, Franz Josef Czernin oder Ferdinand
Schmatz. Ein wenig Stefan-George-Kreis, denke ich und weiß nicht,
ob ich das Falsche im Richtigen oder das Richtige im Falschen denke
und bin sicher, daß Wühr den Vergleich ablehnen würde, läßt er doch
alles, was ihn am Schreiben hindert, eher über sich ergehen, als daß
er es fördert.

Ohne Inge bin ich nichts, sagt Paul. Und schrieb ihr und allem
Weiblichen, dem Sexus und der Verführung einen enzyklopädischen
Gedichtband: *Venus im Pudel*, erschienen im Jahr 2000. Die Welt ist
entzwei, die Syntax gebrochen. Was bleibt: Liebe und Lust, Liebe und
Tod.

Es

  ist eine Zumutung unter dem
  Tod zu

  leben wie kommt einer dazu
  uns zwischen

  unseren Beinen suchen zu
  lassen es

  ist eine Zumutung unter dem
  Leben zu

  sterben[9]

Der Sonntagnachmittag geht zu Ende. Auf der neuen Schnellstraße, die
die italienische Nord-Südautobahn von Bologna nach Rom südlich von
Arezzo mit Perugia verbindet, ist starker Verkehr. Von den Staubwegen
der Hügelwälder hinter dem Wühr'schen Domizil kehren die Ausflügler
zurück. Drei Burschen, vermummt wie Krieger einer fernen Galaxie,
lassen ihre Quads ausrollen, sie stehen auf den Pedalen und lachen dem
Abend entgegen.

Im Haus sinken die Bücher in den rundum geführten Stellagen und
die Bilder von Christian Ludwig Attersee, Dieter Roth oder Maria Lass-

nig in die Dämmerung. Napoleon, Sammelleidenschaft der Hausherrin, vergißt seine Kriege. Sie, W. und ich wollen noch kurz zum See hinunter, romantisch in den Sonnenuntergang schwimmen. Inge zählt ihre Schwimm-Ausflüge: auf 163 hat sie es bisher gebracht und es ist erst Mitte September. Der Hüter des ehemaligen Schafstalles zieht sich in sein Zimmer zurück. Vor Jahren hatte er so starke Nackenschmerzen, daß er glaubte, nie wieder an seinem Schreibtisch arbeiten zu können. Ein befreundeter Architekt konstruierte ihm ein schräges Pult, das den Blick nun gerade und ohne Beugung des Kopfes auf das Papier fallen läßt. Seither ist er erlöst und kann wieder schreiben, stundenlang. Draußen wird es Tag und wieder Nacht, der Sommer vergeht, der Winter kommt, es wird Frühling und Herbst und ein neues Jahr steht über dem Lago Trasimeno und oben auf seinem Hügel fängt einer mit seinem Körper den Trauergeist auf, indem er schreibt und schreibt und schreibt –

Fangen wir nicht immer in der Fortsetzung an? Wer schreibt auf ein leeres Blatt, wenn er in mir schreibt? Bin ich unbeschrieben? Ich schreibe immer zwischen mich selber.[10]

Schreibt mit Bleistift auf weißes Papier. In einem kleinen, meist künstlich erleuchteten Zimmer. Bücher, Manuskripte, Stifte. Der Schreibtisch als Kloster. Ausgeblendetes Draußen. Welches Exerzitium!

Wir sind um den Abendtisch mit umbrisch-toskanischen Köstlichkeiten versammelt. Die Fische des Lago Trasimeno sind berühmt; ein Drittel des italienischen Süßwasser-Fischbedarfs stammt aus der Region. Die Patrona des Restaurants kommt und begrüßt Wühr überschwenglich, sie hat ihn schon lange nicht mehr gesehen. Im großen Saal feiern Vertreter einer Schuhpastafirma.

Als wir die steile Straße zum Haus zurückfahren, flimmern unter uns die Lichter von Passignano und den angrenzenden Ortschaften. Nichts deutet darauf hin, daß die fruchtbare Landschaft und die friedlichen Dörfer ob ihres Reichtums und der günstigen topographischen Lage jahrhundertelang zum meistumkämpften und -verheerten Landstrich Mittelitaliens wurden: Opfer rivalisierender Kaiser, Päpste, Adelsgeschlechter und Söldnerheere, Aufmarschgebiet für blutige Kämpfe, Plünderungen

und Zerstörungen, die Burgen und Siedlungen zu wiederholten Malen bis auf die Grundmauern geschliffen, die Menschen um ihr letztes Hab und Gut gebracht, ihre Höfe und Häuser niedergebrannt, ganze Gebiete entvölkert, verarmt und der Verzweiflung überlassen.

Je eindeutiger die Welt, sagt Paul Wühr im Fond des Autos, desto mehrdeutiger muß die Dichtung sein. Ich muß rein-schreien in die Sprache, wenn ich etwas, wenn ich *alles* sagen will. Ich muß rein-toben! Red, red, Sprache!

Darum mischt er alle Genres: Märchen, Sage, Rede, Volkslied, Bericht, Roman und Gedicht, Poem und Canto. Läßt die Vielstimmigkeit des Lebens aus sich sprechen. Baut Collagen aus Philosophie und Phantasie, spielt mit Rhythmen und syntaktischen Elementarteilchen, mischt Hymnus und Galgenlied, Anklage und Absolution, experimentiert mit Kalkül und Suggestion, montiert alles, was das 20. Jahrhundert an literarischen Verfahren kennt. Ist Schalk und Bösewicht, schaukelt zwischen Folter und Lust. Führt seine Luftstreiche, ist nicht Don Quichotte, denn er haut nicht ins Leere, er trifft.

Das Gartentor quietscht in die Dunkelheit. Die Hunde umkreisen uns schwanzwedelnd. Der Weg vom Auto zum Haus ist weit für einen, der kaum gehen kann. Kurz wollen wir noch in der Pergola beisammenbleiben. Inge bringt frische Feigen. Paul erzählt vom jüngsten Kind der Drangsal seiner Tage und Nächte, neben der Arbeit am *Wirren Zopf:* der *Dame Gott.* Ein Gedichtband und ein Essayband zum gleichen Thema.

Für die *Dame Gott* hat Paul Wühr Material gesammelt aus europäischen bis hin zu chinesischen Büchern. Das Religiöse, sagt er, begleitet ihn sein ganzes Leben. Er wuchs in naiv-religiösem Elternhaus auf. Der Erzpriester, der den jungen Wühr betreute, meinte, er hätte die Frömmigkeit, auf die es ankäme. Eine widerborstige, hinterfragende Frömmigkeit. An der Universität hörte er Romano Guardinis berühmte Vorlesungen. Den Beichtstuhl sieht Wühr als Erziehungsinstrument zu gefährlichen Monaden, denn „im Namen Gottes" zu verzeihen, lenkt von der Verantwortung des Menschen für den Menschen ab, ist asozial. Wührs Bruder Hermann ist Priester, ein „Richtiger" im „richtigen" Glauben, der ihn – bis heute – „verdammt zur Hölle".

Wahrheit gibt es nicht, sagt Paul Wühr, es gibt uns. Er bleibt bei seiner Eigensinnigkeit, setzt alles Richtige aufs Spiel. Schreibt das nächste Skandalon: stößt seinen Gott in eine Geschlechtsumwandlung. Ein Affront für Linientreue. Der Herr-Gotts-Winkel wird zerstört. Der tiefere Sinn, sagt Wühr, dessen Müdigkeit verflogen ist, er redet lebhaft und leidenschaftlich, ist, daß ich, solange ich lebe, gegen die Despoten bin. Auch gegen diesen Despoten, diesen Souverän der Christen. Es kommt ja alles von Rom, vom Dominus der Römer, der über seine Familie gebieten konnte, wie er wollte und wie es seiner Laune, seinem Ehrgeiz und seinen Gewaltgelüsten beliebte. Es kommt vom Vatikan, wo nur Männer herrschen. Der Herrschergott Gottvater: er ist Urgrund auch des Bösen, der absurden Grausamkeit der Welt, weil er selbst das Böse in sich trägt. Du, der erste und größte Terrorist!, sage ich dann und manchmal wird mir selbst bange vor solchen Formulierungen. Aber was blieb von diesem wunderbaren Menschenfreund Jesus Christus? Er wird zum unbarmherzigen Richter gemacht. Da war er für mich gestorben.

Aber mein ganzes Werk, fährt der Hedonist mit der Sehnsucht nach der Transzendenz leiser fort, ist dennoch nichts anderes als die Hoffnung, einmal da oben mit mehreren Koffern anzukommen und zu sagen: lies!

Und wenn er mich schlägt, antworte ich: Du bist gar kein Gott! Du hast keine Barmherzigkeit.

Darum die Dame Gott. Sie ist das Gegenteil vom Mann: nicht souverän, keine Richterin, keine Erbsenzählerin. Sie ist schlampig, weich und verführerisch. Sie *verführt* zum Guten. Ist höchste Liebe und höchste Sexualität. Sie ist Gott und unsterblich, aber sie weint mit uns, daß wir sterben müssen.

… so wie sie überall anstößt
roh ist wie wir alle

ihresgleichen schändlich absurd
wild verwegen wie

nur Kinder sein können Wahn
im Sinn mit Ratio

freilich unzivilisiert und
allerdings mit uns

ist die Dame zornig mit
Tränen verflucht sie

den Tod[11]

Nach Mitternacht. Die Stunde, in der die Angst kommt. In der die Sehnsucht, geliebt zu werden, am größten ist. Sterne über dem Blätterdach. Nachtfalter um die Lampe, die Kerze. Auch die Worte suchen das Licht.

Hartmut Lange

Der Wanderer

Zwischen dem Lago Trasimeno und dem Tal des Niccone liegt einer der Höhenzüge des Vorapennin. Der Monte Castiglione ist seine höchste Erhebung, 802 Meter über dem Meer. Fährt man von Tuoro die Serpentinenstraße aufwärts, ist man den Toten von Hannibals großer Schlacht nahe, die drei Tage lang Erde und Bäche rot von Blut färbte. Der See bleibt im Dunst zurück. Wir fahren in die tiefhängenden Wolken kommenden Regens. Motorräder mit gestikulierenden Fahrern kommen uns entgegen und scheuchen uns auf die Seite. Noch fragend, was dies soll, preschen schon die ersten Ferraris in den Blick, gefolgt von zwanzig, dreißig weiteren. Verrückte Ferraristi. Trotzdem Bewunderung? Satt liegen die Wagen auf der Straße, silbergrau, ein paar dunkelblaue, die meisten sind ferrarirot. Nur rot sind sie wirklich schön.

Das Tal des Niccone ist ein fruchtbares, liebliches Tal. Bauernland. Getreide und Mais gedeihen hier, Wein, Sonnenblumen und Tabak. Zwischen den Feldern und den ausgedehnten Weiden für das Vieh schlängelt sich das Flüßchen buschgesäumt dem Tiber zu.

Er träumte mit der vehementen Vorstellungskraft des Fiebers, in jener Unentschiedenheit zwischen Wachheit und Halbschlaf, von seiner Kindheit … Er sah sich als Knabe an einem Gewässer, in dem, während er am Ufer zurückbleiben mußte, Erwachsene, die er offenbar kannte, aber nicht identifizieren konnte, mit fröhlichem, übermütigem Eifer badeten. Aber das Gewässer verdunkelte sich rasch, Gewitterwolken zogen auf, und nun saß Sempert neben eben diesen Erwachsenen unter einer Getreidepuppe und schrie mit einer Ausdauer und Untröstlichkeit, die nur kleinen Kindern gegeben ist, weil er fürchtete, der Donner würde ihn und alle Erwachsenen mit seinem aufblitzenden Licht erschlagen. Aber die Furcht verging, als er bemerkte, es war nicht der Donner, es war vielmehr eine knatternde, funkensprühende Maschine, die hoch über ihnen am Himmel vorüberflog … bis sie den Horizont berührte und mit Getöse irgendwo aufschlug. Und nun … erst bemerkte er: Er befand sich längst nicht mehr vor dem Gewässer, sondern in der Küche der Mutter, und er wurde von einem Unbekannten auf den Knien geschaukelt, und vor ihm auf dem Küchentisch lag eine schwarze Mütze mit einem silberfarbenen Totenkopf … und der Fremde, der ihn so angenehm auf den Knien schaukelte, sagte: "So, das hat gebumst. Das Ding wird den Polen und den Russen einheizen."[1]

Was hier in einen Traum gekleidet ist, war Wirklichkeit und ist geschehen im Polenland von 1945. Wenige Wochen später wird der Knabe auf dem Schoß eines russischen Soldaten sitzen, der ihm Kekse gibt und ihn ebenfalls angenehm schaukelt. Jahre später werden diese Geschehnisse dem jungen Mann zur Erkenntnis dienen, daß die tatsächliche Welt und die Vorstellungswelt auseinanderfallen. Was er neuerlich schmerzhaft erfährt, als er von der damaligen DDR in den Westen flieht und sein gesamter Lebensentwurf in Brüche geht. Und wiederum Jahrzehnte später, 2005, schreibt der Mann in einer Novelle jenen Satz, der der rote Faden seines Lebens wurde: "Nichts ist, wie es scheint. Oder doch?"

Hartmut Lange ist dieser Mann mit den vielen Segmenten eines Lebens, das doch nur ein einziges ist und das ihm unwägbar wurde. Eines Lebens von Erfolgsgeschichte und Zusammenbruch, in dem das Fremde heimlich-unheimlich durch die Ritzen kommt, im Alltäglichen Unerwartetes geschieht und aus dem Nichts die Angst aufsteigt.

Der Würgeengel hat kein Gesicht.

Vor dreißig Jahren ist Hartmut Lange mit seiner Frau Ulrike, die er in Westberlin als junge Schauspielerin kennenlernte, in das Niccone-Tal gezogen. Ein halbes Jahr lebt das Paar hier im Süden, die Herbst- und Wintermonate in Berlin. Lange braucht und liebt den Wechsel der Atmosphären. Der Ausgangspunkt seiner Novellen ist fast ausschließlich Berlin, die Straßen der Stadt, ihre Durchschnittswohnungen und Randgebiete, der Grunewald und der Wannsee, die Krumme Lanke und das Riemeisterfenn. Er schickt seine Figuren an die nahe Nordsee, die Ostsee und das Wattenmeer. Sie sind vom beständigen Wunsch getrieben, zu verreisen, sie brechen auf ohne ersichtlichen Grund oder machen eine Bildungsreise, sie spüren einer Vermutung nach, folgen einem Verdacht oder einem Unbekannten, mitunter ist es Flucht, die nie so genannt wird. Sie reisen nach Wien oder Rom, nach Triest, Kairo oder Kapstadt, Samaria oder Leptis Magna. Umbrien kommt nicht vor.

Unangetastet, was man schützen will.

Hartmut Langes Traum von Italien reicht weit zurück. Er ist Teil der Sehnsucht aller Nordländer nach dem Süden und Nachfolge Goethes und der wandernden Romantiker. Vor allem aber war er politisches Programm.

Lange lebte im Osten Deutschlands. In Berlin-Spandau wurde er 1937 geboren, in Posen im heutigen Polen verbrachte er seine Kindheit, erlebte Flucht, Verhaftung des Vaters und dessen Erschießung als Kriegsverbrecher, Barackenlager und bombenzerstörtes Land. Ging in Berlin zur Schule, liebte die Leichtathletik, bestritt Wettkämpfe, fuhr auf Jugendlager, schrieb Geschichten für die Freunde, um sich ein Jausenbrot zu verdienen, war der Entertainer seiner Klasse. Mit siebzehn verließ er das Gymnasium, wurde Hilfskraft und Botengänger in einem Büro, fiel auf und wurde gefördert. „Für das SED-Regime war meine soziale Herkunft sozusagen makellos: der Vater Fleischermeister, die Mutter Verkäuferin und Reinemachfrau", schreibt Lange in seiner intellektuellen Autobiographie *Irrtum als Erkenntnis*, die erhellend und spannend zu lesen ist. Lange wurde in die Kaderabteilung bestellt und ausgewählt, Staatsanwalt zu werden. Eine hohe Ehre.

Aber da war noch eine kleine Formalität: das Beitrittsformular zur Partei auszufüllen. Das wollte er nicht. Es folgten Kündigung und Gelegenheitsarbeiten als Holzstapler, Transportarbeiter und Fässerputzer. Er fühlte sich erniedrigt und zugleich im Hochgefühl des Schreibens an seinem ersten Roman *Der ewige Jude*. Alles oder nichts. Das Manuskript eröffnete ihm 1957 den Zugang zu einem Dramaturgiestudium an der besten Filmhochschule des Landes in Potsdam-Babelsberg. Der Marxismus wurde die Leidenschaft seiner Jugend, das Instrument, um die Welt aus den Angeln zu heben. Er war ein Musterstudent, genoß die Wohn-Privilegien in requirierten Villen und die Höhenflüge seines intellektuellen Draufgängertums. Aber er war nicht kadertreu, wurde relegiert, sollte sich als Landarbeiter bewähren, arbeitete im Braunkohlebergbau. Nach Feierabend schrieb er seine Erfahrungen als Kumpel in seinem ersten Theaterstück nieder: *Senftenberger Erzählungen oder die Enteignung.* Er schickte es ans Deutsche Theater. Es wurde angenommen.

Und so begann die Karriere: Lange wurde als *das* große Nachwuchstalent der DDR-Dramatik gefeiert, wurde Dramaturg am Deutschen Theater von Ostberlin, avancierte zum Schützling des Theaterkönigs Peter Hacks, war mit Heiner Müller befreundet, fand Eingang in die literarische Elite. Dialektisch brillant, beherrschte er Hegel bis ins letzte. Der Propagandateppich des *Neuen Deutschland* war leicht zu durchschauen und keine Lektüre wert, der junge Autor lebte in den Weimarer Klassikern, in Shakespeare und Bertolt Brecht. Mit ihnen konnte die Soziallehre von Marx, Engels, Lenin und Stalin legitimiert und der geschichtliche Raster der marxistischen Geschichtsphilosophie unterfüttert werden.

Es hätte eine glänzende Zukunft werden können. Er hätte alles haben können, Auto, West-Reisen, West-Geld. Aber Lange erkennt die Chancenlosigkeit von Individualismus im DDR-Staat, war immer noch nicht Mitglied der Partei, war nicht in den Griff zu kriegen. „Herr Lange, sehen Sie mal, Sie sind doch so begabt … Sie haben doch … Sie wollen doch nicht … wollen Sie etwa, daß …?" und Hartmut Lange spielt uns in Ton und Gestik die Stasi-Szenen vor, die Schönrederei und versteckte Perfidie, im Berliner Dialekt und im sächsischen, spielt grandios, wir lachen, jetzt ist leicht lachen nach 45 Jahren und im geschützten Tal des Niccone, schade, daß du nicht Schauspieler geworden bist, sagt W.

Langes zweites Stück *Marski* wird nicht aufgeführt und kann nur im Westen erscheinen. Die Enthüllungen der Verbrechen Stalins auf dem XX. Parteitag der KPdSU und die Lektüre der kritischen Stalin- und Trotzki-Biographien Isaac Deutschers verstärken die Krise. Er schreibt noch heimlich und in Angst das parteifeindliche Theaterstück *Der Hundsprozeß.* 1965 kehrt er von einer Reise nach Jugoslawien nicht in die DDR zurück. Er war 28 Jahre alt.

Hartmut Langes Flucht war ein Schock für die Freunde. Peter Hacks schrieb unter dem Titel *Die Elbe* ein langes Gedicht an den verlorenen Sohn:

Weh, daß du, Genius, den Auserwählten,
Den du berührst, nur am Talent erhöhst!
Dichter und Mensch: ein Zufall, doppelt selten.
Meist hat, was hochfliegt, sich vom Rest gelöst.
Und unhinlänglich, dünkt mich, ist verwandelt,
Der wie Apoll fühlt und wie *Lange* handelt.

Ihr aber, die ihr froh seid, ihn zu missen,
Wollet nicht irren. Dieser Wichtigmacher
War wichtiger als seine Widersacher.
Was dieser Schwätzer wußte, lohnt zu wissen.
Musen, hochortliche, begreift und jammert.
Die Wunde schwärt. Der Schnitt wird nie geklammert.

Im Kreis um Peter Hacks gab es einen Traum, der sich in den jungen Lange eingesenkt hatte: den von Italien, der Hütte des Horaz in den Sabiner Bergen und vom Augusteischen Zeitalter. Es war die Utopie, daß sich die Diktatur des Proletariats in einen aufgeklärten Absolutismus verwandeln ließe. Demokratie war, weil westlich, verwerflich – die römische Kaiserzeit jedoch stand als gesellschaftspolitisches Wunschbild einer sozialen Weltordnung hoch in Kurs und schien ein Garant für das Erblühen von Künsten und Wissenschaften zu sein.

Das ist lange her, sagt Hartmut Lange in seinem schmalen, viereckigen Turmhaus über dem Niccone-Tal. Wenn du ein soziales Gewissen hast, dann machst du nicht mehr mit. Dann gehst du weg. Die Sehnsucht nach Italien aber ist geblieben.

Langes italienisches Domizil liegt versteckt an der Südflanke eines vorapenninischen Waldrückens und ist nur über eine Schotterstraße zu erreichen. Zypressen schützen seinen Rücken, der schmale Eingang durch ein Steinmäuerchen öffnet den Blick auf Oliven, Blütenpracht, Terrassen und Wiesenflächen, die sich in sanften Wellen bis in die Aulandschaft des Niccone hinunterziehen.

Draußen zieht ein Nieselregen über das Tal, streicht die Landschaft weg. Es ist später Vormittag, die Nebelschleier haben das umbrische Licht aufgesaugt. Nichts Schimmerndes mehr, es ist stumpfe Feuchte wie in Langes Novellen, in denen es oft zu regnen beginnt, sich der Herbst

ankündigt, die ersten Fröste kommen und der Himmel sich eindunkelt in Erwartung des Winters. Lange hat im Kamin Feuer gemacht.

Das Tal des Niccone ist ein Seitental der Region Alta Tiburina, des oberen Tiber. Eine seltsame Grenzausbuchtung teilt ein Stück schon der Toskana zu. Das Tal ist abgelegen, ohne Hauptverkehrswege und große Ansiedlungen. Es liegt im Dazwischen. Die Via Flaminia, eine der wichtigsten Handelsstraßen der Antike, die Rom mit der oberen Adria verband und von aufblühenden Dörfern, Tempeln und Thermenanlagen gesäumt war, kam hier nicht durch, sie lag östlich von Perugia und Gubbio. Und die Heeres- und Triumphzüge aller Eroberer, die aus dem Norden kamen, führten am Lago Trasimeno entlang oder durch das breite Tiber-Tal. Auch der Ostgotenkönig Totila zog den Tiber südwärts, zerstörte die Städte, schliff die Mauern und verwüstete das Land. Ich hatte ihn als strahlenden, tragischen Helden meiner Jugend in Erinnerung, jenes Bild, das Felix Dahn in seinem *Kampf um Rom* von ihm zeichnete oder wie ich es verstanden haben wollte und wie es sich später als falsch erwies. Auch hat sich über die Szenen der Völkerwanderung längst das Bild der Partisanen gelegt, die während des Zweiten Weltkriegs in den Bergen um Città di Castello gegen die Faschisten kämpften.

Heute ist das Niccone-Tal eine der begehrtesten, teuersten Land-
schaften auf dem mittelitalienischen Immobilienmarkt. Viele Englän-
der kaufen sich ein, reiche Italiener sichern sich ausladenden Besitz und
viele prominente Deutsche kamen und gingen. Als sich die Langes vor
mehr als drei Jahrzehnten hier ansiedelten, waren die Preise noch nied-
rig und ein abgelegenes Landhaus mit weitläufigem Garten erschwing-
lich. Heute haben sie es verkauft und am Rand des Grundstücks einen
schmalen, dreigeschoßigen Turm zu einem Kleinod ausgebaut. Er
diente in den 1950er Jahren noch zum Trocknen von Tabakblättern
und nützte klug die aufsteigende Wärme des Abhangs. Längst werden
die Blätter in riesigen Hallen aufgehängt und getrocknet.

Als wir das erste Mal vor drei Jahren hier waren, haben W. und ich
das Gebäude noch als Ruine gesehen: löchriges Dach, eingestürzte Bal-
ken, Gerümpel, Moder und ins Dunkel huschende Tiere. Niemand,
außer Ulrike, konnte sich vorstellen, daß man hier einmal wohnen
könnte. Heute würde das Türmchen jeder Architekturzeitschrift zur
Ehre gereichen. Es ist hell, elegant und sehr italienisch trotz alter Fami-
lienbilder aus Reith im Winkel. Rundum auf den Terrassen, die den
Hang gliedern, blüht es in Karmesinrot und Rotviolett, das Silbergrün
der alten Olivenbäume gibt den Kontrast. Ein stiller Ort über allem
Getriebe. *Buon retiro* zum Schreiben, zum Dasein.

Das Haupthaus hatte große, langgestreckte Räume. Es war dunkel, um
die Sommerhitze fernzuhalten, und hatte glatte Böden, ich erinnere mich
an Marmor und gebohnertes Holz. Von Zeit zu Zeit, erzählten Ulrike
und Hartmut damals, würden sie sich hier Szenen aus Langes Theater-
stücken vorspielen: aus *Die Gräfin von Rathenow*, *Die Ermordung des Aias*
oder *Die Frau von Kauenhofen*. Vielleicht auch einmal Shakespeare oder
Kleist oder Büchner.

Nur sie beide, nur für sich.

Verborgen vor der Welt.

Gegen die Welt?

Hartmut Langes Biographie ist ein Stück deutscher Geschichte. In ihren
politischen Katastrophen und weltanschaulichen Gegensätzen hin-
terließ sie ihre Verheerungen und Weichenstellungen im persönlichen
Schicksal.

Nach seiner Flucht aus der ehemaligen DDR ließ sich Lange im Westen Berlins nieder. Er war einer der ersten gewesen, die gingen. Da er dem Staat seine Ausbildung zu verdanken hatte, blieb, trotz allem, wenig Groll. Aber: ein Lebensentwurf war kaputt. Es dauerte eine Weile, bis ihm das selbst klar wurde. Er schrieb im Westen anfangs im Hochmut des Trotzkisten weiter, schrieb Dramen, die sich mit marxistischer Ideologie auseinandersetzten.

Ein Dissident wurde im westdeutschen Kulturbetrieb zunächst einmal willkommen geheißen. Hartmut Lange wird in die Gruppe 47 eingeladen. Die Cliquenkämpfe und die Unsensibilität der Kritik behagen ihm jedoch nicht und er wendet sich ab. Auch der 68er Revolution steht der an Hegels Geschichtstheorie geschulte Dialektiker skeptisch gegenüber. Im Osten gilt er als Renegat, die 68er nennen ihn „Edelmarxist". Lange faßt Fuß im Westberliner Theatergeschehen, schreibt Dramen und arbeitet für die Schaubühne, die Berliner Staatsbühnen und als Dramaturg und Regisseur am Schiller- und Schloßpark-Theater: ein produktives Jahrzehnt.

Dennoch ist Lange auch im Westen nicht einzuordnen. Hüben und drüben steht er dazwischen. Schreibt nichts Zeitgeistiges, keine Arbeiter- und keine experimentelle Literatur, keine Innovations-, keine Reportagen- und keine Heimatliteratur, keine neue Innerlichkeit und keine neuen Mythen. Er selbst betrachtet sich als Schriftsteller im Exil, lehnt den westdeutschen Literaturbetrieb ab. Die Kritik wird beißender, ist von Hohn und Unverständnis geprägt. In der *Zeit* ist zu lesen: „Wer sich so aus der Welt geschrieben hat, den nehmen wir nicht mehr zur Kenntnis." Das dauert dann fast drei Jahrzehnte.

Lange schlägt zurück, wird aggressiv. Fällt einer schmerzhaften Orientierungslosigkeit anheim, hält den Nihilismus, den er sich zurechtlegt, nicht aus. Schließlich bricht er über der Arbeit zu seinem ersten Roman zusammen. Der Titel ist bezeichnend: *Die Selbstverbrennung.* Es folgen sechs, sieben Jahre des Schweigens. Er kann nicht mehr schreiben, nicht einmal mehr lesen. Aufenthalte in einer Nervenklinik.

Ulrike hat mich gerettet, sagt Hartmut Lange und legt zwei Scheite in den Kamin.

Die Liebe ist das Absolute, fügt er leiser hinzu.

Nach den Jahren am Abgrund taucht Hartmut Lange 1982 mit dem schließlich fertiggestellten Roman wieder auf. In raffinierter Dramaturgie stellt er in den beiden Hauptfiguren den Glauben an die Vernunft dem Glauben an Gott gegenüber. Beide enden in fundamentalem Zweifel. Begleitet und fortgeführt wird der Roman in scharfsinnigen Notaten, die 1983 erscheinen und 1987 als *Tagebuch eines Melancholikers* neu aufgelegt werden – eine gnadenlose Abrechnung mit der marxistisch-kommunistischen Ideologie.

Niemand hat das Recht, unser kurzes Leben als Mittel zum Zweck zu erniedrigen …
Keine Idee, keine utopische Vision hat das Recht, in das unwiederholbare Leben des einzelnen gewalttätig einzugreifen. Aufklärung ohne Trauer, Wissenschaft ohne Demut, Erkenntnis ohne Betroffenheit können tödlich wirken.[2]

Hartmut Lange hatte – wie er es selbst in seinem Essayband *Irrtum als Erkenntnis* aus der Retrospektive von 2002 definiert – das „Pascal'sche Erschrecken" erfaßt: die schmerzliche Entdeckung der bis dahin ideologisch verpönten Kategorien der Menschlichkeit, des Mitgefühls und der Hinfälligkeit jeglicher Existenz. Hierin wird er zum Bruder Georg Trakls, in dessen Gedichten er verwandte Bilder findet. Lange ist aus des Lebens Selbstverständlichkeit gefallen. Er weiß um das Dunkel der Zusammenbrüche und versucht das Paradox: im freien Fall zur Ruhe zu kommen.

„Denn was ist zum Schluß der Mensch in der Natur? Ein Nichts vor dem Unendlichen, ein All gegenüber dem Nichts, eine Mitte zwischen Ich und All." Diese Worte von Blaise Pascal aus dem 17. Jahrhundert wurden fortan Langes Leitlinien. Pascal war bereits ein berühmter Naturwissenschaftler gewesen, bevor er sich durch ein mystisches Erweckungserlebnis im Kloster Port-Royal – bei Peter Handke werden wir diesem Ort wiederbegegnen – der Suche nach Gott und sich selbst zuwandte. „Alle Dinge entwachsen dem Nichts und ragen bis in das Unendliche. Wer kann diese erschreckenden Schritte mitgehen?"

Lange versucht es. Über das Studium von Kierkegaard und Nietzsche kommt er zur Existenzphilosophie Martin Heideggers, überwindet die nihilistische Verzweiflung und gewinnt in der Erkenntnis der Ausgesetztheit des Menschen eine neue Freiheit. In der klassischen Novelle findet er schließlich das ihm adäquate Ausdrucksmittel. Seit 1984 hat er sich, nur selten durch Essaybände unterbrochen, ausschließlich der Novellistik zugewandt. Zwei dicke Bände sind 2002 zu seinem 65. Geburtstag erschienen. Das Feuilleton, das ihn schließlich doch entdeckt hat, stellt ihn in eine Reihe mit Heinrich von Kleist und Thomas Mann.

Vom Kamin her kommt es warm. Ulrikes hochhackige Sandaletten klappern auf dem Steinboden der offenen Küche. Hartmut steht am Fenster und blickt in den Regen über dem Niccone-Tal, streift mit dem Handrücken über die Scheiben. Auch was man hinter sich lassen will, haftet einem noch an, sagt er.

Jenseits der ineinanderfallenden Hügel- und Bergketten, über Perugia hinaus Richtung Foligno, liegt die sagenumwobene Quelle des Clitumnus. Vor Jahrtausenden sollen weiße Stiere an ihrem Ufer geweidet haben. Nachts wurden sie im Schein des Mondlichts zur Tränke getrieben. Sie waren ausersehen. Bekränzt wurden sie zur Opferung auf dem Altar der römischen Götter geführt.

Ulrike bittet zu Tisch. Sie beendet vorerst unsere Gespräche, indem sie eine Zeile aus der Novelle *Seidel* durch den Raum ruft: „Wir sind das Unvereinbare, das sich die kurze Dauer von der Geburt bis zum Tod mühsam erkämpfen muß, und wir sind dazu verdammt, dies auch noch zu wissen." Sie ruft es mit ironischem Unterton, der anderes mitschwingen läßt. Wie Inge für Paul Wühr, ist sie die erste Lektorin ihres Mannes, seit einigen Jahren auch kritische Mitarbeiterin an den entstehenden Texten. Viele Novellen erzählen von Frauen, die ihre Männer verlassen, von Männern, die sich nicht binden wollen und im Ungefähren verschwinden.

Gegenbilder dieses Paares.

Vielleicht auch Schatten eines Angsttraums.

Spätabends erst brechen W. und ich auf. Der Regen hat aufgehört. Wir stehen noch eine Weile auf der Terrasse. Im Tal ziehen Lichter die Straße entlang. Die Nacht ist kühl und feucht. Auf dem Weg hinunter leuchtet ein Augenpaar aus dem Dickicht des Waldes.

Wir kehren in unser Quartier zurück. Es ist ein Agritourismo, eine angenehme und kostengünstige Variante zwischen Pension und Bauernhof. Zwei junge Ehepaare haben das alte Steinhaus liebevoll restauriert.

Unser Zimmer hat eine Empore für das Bett, so schlafen wir abgehoben von allem. Frühmorgens muhen die Kühe, Katzen streifen durch den Hof, ein wildes Gebell erklärt sich später als Jagd des Hundes auf einen Fuchs. Durch die geöffneten Fensterläden fällt milchige Sonne. In der Küche werden Orangen ausgepreßt und der Duft von frischem Kaffee zieht über den Hof. Wir bleiben noch lange liegen.

Die umbrische Erde ist hier fruchtbar und wasserreich. Jahrhundertelang aber wurden die Ländereien nach dem Halbpachtsystem der *mezzadria* vergeben und die Bauern in Armut und Abhängigkeit gehalten. Vom Tabaktürmchen aus öffnet sich das Tal, sanft, unspektakulär und beruhigend. Pappeln und Zypressen unterteilen die Felder. An den Südhängen dehnen sich Weingärten aus. Eingerahmt von vorapenninischen Wäldern, liegt das Land in sanftem Klima, schmückt sich nicht mit Kostbarkeiten, ist einfach da.

Umbrien ist altes Kernland der Etrusker. Verstreut gibt es kleinere Ausgrabungen – nichts Besonderes jedoch im Vergleich zu den toskanischen Fundorten oder den umbrischen Städten, die Pretiosen des Mittelalters und der Renaissance sind.

Hartmut Lange kennt sie alle: die nahen Burgstädte von Perugia, Gubbio und Città di Castello, von Assisi, Montefalco oder Montepulciano. Wilde Städte auf den Spitzen der Hügel, zinnenbewehrte Türme, mystische Kirchen, zauberhafte Fresken, reiche Signorienpaläste, vornehme Plätze, kunstvolle Brunnen, steile Gassen, mächtige Substruktionen, um die Kühnheit der architektonischen Ideen zu stützen und das Selbstbewußtsein der Eigenständigkeit zu feiern. Lange hat sie mit Ulrike in den dreißig Jahren seines italienischen Lebens alle besucht, studiert, in sich einsinken lassen. Sie sind ihm vertraut wie die Träume seiner Jugend.

Es ist die Schönheit, die er liebt. Aufgewachsen in einem Staat, der das Proletariat und das Proletarische verherrlichte, ist dieses Land stille Lust für einen, der Ästhet ist, immer schon war. Von den lauten Orten des Tourismus bleibt er inzwischen fern. Aber immer noch gibt es magische Orte, versteckte Abteien und Klöster, nachkarolingische Kirchen am Rand von Schluchten, inmitten von Wäldern und auf längst überwucherten Lichtungen. Die Abtei von St. Antimo bei Montepulciano zum Beispiel. Von vier Zypressen beschützt, von grasenden Rindern umgeben, gibt sie eine Ahnung von der Suche nach einer Ewigkeit für jegliches.

Was hier nach einem Jahrtausend wieder herausgespült … wird, ist der Nachweis, daß Kultur im Vergehen ganzer Generationen ihre Voraussetzung hat. Hier wiederholt sich jene Wehmut, die uns in Ansehung vergessener und wieder ausgegrabener Metropolen überkommt. Hier wohnt und betet niemand mehr. Hier ist der Mensch, nachdem er eine Bedürfniswelt aus Stein errichtet hat, verschwunden. So, denkt man, werden auch wir den nachkommenden Generationen grasüberwachsene Spuren hinterlassen. Spuren unserer Vergänglichkeit. Der Rest ist ein Gefühl von Staunen, besser von Demut. Es ist eben ein Gefühl von Gottesnähe, umrissen mit dem Begriff „Metaphysik der Zeit".[3]

Unweit von St. Antimo liegt Città della Pieve. Hier wurde Umbriens größter Maler geboren, Pietro di Cristoforo Vannucci, bekannt unter dem Namen Perugino. Hier ist sein geheimnisvolles Fresko im Oratorio dei Bianchi zu sehen. Es war eines seiner letzten. In einer Aura von Trauer halten die Gestalten Zwiesprache mit sich und dem, der sie betrachtet. Perugino war alt und fast vergessen, als er sie malte, sein Stern war längst gesunken. Wer sprach noch von seinen Fresken in Orvieto, Perugia, Florenz oder der Sixtinischen Kapelle in Rom. Es waren Größere da neben ihm, wie Michelangelo, und Größere nach ihm, wie einer seiner Schüler, den sie Raffael nannten. Im Dorf Fontignano ist Perugino 1523 an der Pest gestorben.

Als wir am nördlichen Ufer des Lago Trasimeno wieder zurück Richtung Tuoro fahren, schauen wir nach Passignano hinüber, nach Le Pierle, zu Inge und Paul Wühr. Auf dem Paß, der ins Niccone-Tal führt, kommen uns diesmal keine Ferraris entgegen.

Der Regen ist wiedergekommen.

Ulrike bringt heißen Tee, W. holt einen Stapel Holz von draußen für den Kamin. Auch in Umbrien kann es Ende September schon kalt werden, wenn ein Mittelmeertief vom Westen her über die Täler hereinbricht. Wir blättern in den Büchern, reden über die Novellen, deren erste den Titel *Über die Alpen* trägt und von Friedrich Nietzsche handelt. Sie beginnt so:

> „Meine Adresse weiß ich nicht mehr: Nehmen wir an, daß sie zunächst der Palazzo del Quirinale sein dürfte." Das letzte, dessen er sich erinnern konnte, war ein Gefühl, unaufhörlich zu wachsen, ein Gehoben-Werden jenem Licht zu, das er vom Engadin her kannte. Es war ein inwendiges Ausufern ins Unendliche, und doch konnte er von der Vorstellung nicht lassen, bei aller Entfesselung, die der Geist an ihm vornahm, auf irgendeine Weise gekreuzigt zu sein.[4]

Diese Sätze muten wie der Auftakt an für alles, was Lange fortan schrieb und schreibt. Behutsam neigt er sich den Gefährdeten zu, sucht das Unendliche und bleibt gekreuzigt zurück.

Der Wahrheitsgrund für die Novelle, sagt er, kommt aus dir selbst. Er ist kein Kalkül, er ist ein Lebensgefühl. Für ihn ist er aus der fundamentalen Irritation gekommen, als er aus dem Himmel des Rationalismus fiel und in der Erfahrung des Unheimlichen erwachte.

„Vergiß, daß du ein Mensch bist", sagte der Fremde. „Hör auf zu denken. Wer über den Menschen allzu gründlich nachdenkt, endet im Wahnsinn."
„Aber ich bin ein Problem", sagte Nietzsche. „Und was für mich gilt, muß ebensogut für die anderen gelten."
„Der Mensch ist kein Problem", sagte der Fremde, „er ist das Unmögliche."
Nietzsche versuchte, sein schemenhaftes Gegenüber mit hellwachen Augen zu fassen, aber auch jetzt, im Schein der Kerze, sah er nichts anderes als formvollendete Kälte und wie der andere, während er ihn ansah, den Blick auf eine Weise erwiderte, die ihm das Gefühl gab, überflüssig zu sein.
Dies konnte er nicht ertragen. Er stand auf, prüfte, ob die Bretter unter seinen Füßen ihn hielten, er hatte Angst, ins Bodenlose zu fallen. „Denn wo der Mensch das Unmögliche ist", dachte er, „beginnt der freie Fall."[5]

Den freien Fall seiner Figuren – in zunehmendem Maße losgelöst von historischen Vorbildern – hat Hartmut Lange in den zweieinhalb Jahrzehnten seines Novellen-Schreibens zur ziselierten Kunst erhoben. Immer vager wird das Geschehen, immer unergründlicher die Ursachen, immer einsamer die Menschen. Sie leiden am Herzen, an Nervenschwäche oder seltsamer Ermüdung, sie haben Vorahnungen, die Welt entzieht sich vor ihren Augen, sie gehen im Kreis und die Unendlichkeit des Horizonts ist ihnen ein leeres Versprechen. Sie wollen sich etwas sagen und können es nicht und leben in ihren Lebenslügen weiter. Sie haben das Gefühl, daß sich etwas Entscheidendes geändert hat, aber sie wissen nicht wie und warum, und wenn sie es wissen, verbergen sie es. Auf einem schwarzen, abgründigen See werden sie einem Ziel entgegengerudert, das es nicht gibt, von einer Gestalt, deren Gesicht sie nicht sehen wollen.

Lange ist der große Künstler der Aussparung. Er geht Umwege, läßt das Geschehen reifen, bis er es ins Absurde kippen lassen kann. Das Eigentliche muß im Dunkeln bleiben. Es ist wie beim Billard, sagt er: die eine Kugel spielen und die andere meinen. Es darf keine Kolportage werden, man muß ein Zimmer in einen Magritte'schen Raum verwandeln können.

Die Sprache ist von äußerster Prägnanz, von höchstem Realismus, zwischen die Zeilen aber schleicht sich das Rätselhafte ein. Daher die vielen Anspielungen und Andeutungen, die ein Unheil ankündigen: ein Krähenschwarm scheint sich ins Zentrum eines Gewitters zu stürzen, eine Geige klirrt echoartig, aber nur einer kann es hören, aus einem Koffer rieselt Sand, die Hände zittern beim Trinken einer Tasse Kaffee. Oder eine Frau räuspert sich –

Merkwürdig: Wenn seine Frau sich räusperte, war dies für Matthias Bamberg neuerdings ein Grund, aufmerksam zu sein. Nicht, daß es ihn störte. Warum sollte sie sich nicht gelegentlich räuspern, er räusperte sich schließlich auch. Und doch, seit einigen Tagen, oder waren es Wochen, kam es ihm vor, als würde das kurze, trockene, an und für sich belanglose Geräusch im Innersten an ihn rühren …

Sie hatte Mühe, sich zu konzentrieren. Irgendwann ging sie in die Küche, um Tee aufzubrühen, und als sie mit der Tasse, die für Bamberg bestimmt war, in dessen Arbeitszimmer trat, bemerkte sie, daß auch er, obwohl das Notebook eingeschaltet war, nicht arbeitete. Statt dessen sah er aus dem Fenster, und offenbar verfolgte er wieder den Rauch, der aus einem Aluminiumrohr aufstieg: Über den Dächern verfing sich der Wind, so daß der Rauch in Fetzen hierhin und dorthin gezogen wurde. Es war, wie einmal schon, der allerflüchtigste Eindruck, dem Anita Bamberg keinerlei Beachtung schenkte. Ihr Mann aber wies mit dem Finger auf das Aluminiumrohr und sagte: „Es ist immer nur Rauch, der dort aufsteigt und über der Dachrinne verschwindet." „Was sollte es sonst sein", antwortete Anita Bamberg, stellte ihm die Tasse mit dem Tee hin, und als sie sich räusperte, hob er den Kopf und sah ihr ins Gesicht.[6]

Endet die Novelle mit einem Mord? Was hat Bamberg in den Townships von Kapstadt gesucht? Was geschieht mit ihm selbst, nachts, in der Halbwüste Karoo? Und was geschieht in anderen Novellen mit einer Frau und ihren beiden Kindern, was mit dem Mann, dessen Konturen sich im Flimmern der Mittagshitze verlieren? Und wer ist der Geheimnisvolle mit der Pelerine? Es sind kleine Kriminalgeschichten, die Lange schreibt, leise in ihrer psychologischen Behutsamkeit. Sie beginnen fast alle in den eigenen vier Wänden, im Vertrauten, das zugleich das Fremde ist. Das Spannungselement, das eine Novelle prinzipiell kennzeichnet, weiß er mit der Metaphorik der Moderne aufzufüllen. Verunsicherung bleibt zurück. Mitunter ein Alptraum.

Ich hatte einen letzte Nacht. Ich war an ein Fernrohr gefesselt und mußte die Lange'schen Gestalten sehen, die sich in Zeitlupe und mit zum unhörbaren Schrei geöffnetem Mund ein Schlupfloch aus der Welt suchten, Kanaldeckel öffneten, sich durch einen Maschendrahtzaun zwängten, durch schwarze Löcher und Röhren und Schläuche preßten und immer verschwanden, immer langsam ins Nichts gingen und mich mitziehen wollten. W. nahm mich in den Arm und machte Licht über unserem Emporenbett, um mich zu beruhigen. Und noch ganz benommen fragte ich ihn, ob man sich in die Schaukel seiner Kindheit wie in ein Geheimnis flüchten könne, wie eine junge Frau es in einer Novelle wünscht –

Das ist die Macht der Kunst, sagt Hartmut Lange, als wir es erzählen, und er meint es keineswegs ironisch. Trotzdem hört man ein Lachen und wir stehen alle auf und schütteln unsere Glieder, die ganz verkrampft sind vom vielen Reden und Nachschlagen und Argumentieren, wir gehen auf die Terrasse hinaus, vom Olivenbaum fallen glitzernde Tropfen. Ulrike will noch nach Umbertide fahren, der nächsten größeren Stadt am rechten Tiberufer, um einzukaufen. Auch Tartufo für die Pasta am Abend, die Gegend ist berühmt für ihre Trüffeln. In den Eichenwäldern um Città di Castello, im rauhen Hinterland von Gubbio und an den Hängen zu den Marken hin sollen die besten wachsen.

Hartmut geht in den Garten. Seine schmale, hohe Gestalt bewegt sich schwarz zwischen den Zypressen. Ein fast schwebendes Schrittesetzen, als ob knapp über dem Erdboden Stolperdrähte gespannt wären. Er ist ein geschickter Handwerker, auch ein guter Gärtner. Aber seine stummen

Handlangungen sind wie ein Wort, gesetzt gegen die Unheimlichkeit des Lebens.

Wir bleiben noch eine Weile. W. wartet, bis das Feuer im Kamin erloschen ist. Als wir später draußen am Holzstoß vorübergehen, schaue ich verschämt, ob eine Kinderschaukel unter das Brennholz gemischt ist. Vielleicht ist sie zersägt worden.

Der Weg, der unmittelbar hinter dem Grundstück hinauf in den Wald führt, gleicht einem Bachbett. Schwere, für die umbrischen Sommer unübliche Regenfälle haben die lehmige Erde weggespült, den feinen Sandstein aufgelöst und halbmetertiefe Furchen gegraben. Es ist rutschig und schmierig und wir weichen, wo es geht, in das Unterholz aus. Es ist dicht und stachelig und voller Schlingpflanzen. Unter die Stein- und Stieleichen mischen sich Hagebutten- und Wacholderbüsche, die oft zu niederen Bäumen ausgewachsen sind. Wir halten Ausschau nach Pilzen, finden aber nur ein paar Ziegenbart- und Fliegenpilze. Es gibt Stellen, wo das Erdreich tief zerwühlt ist von Wildschweinen.

Hier und da lichtet sich der Wald und öffnet sich in Wiesen. Das gelbe, hohe Gras liegt niedergepreßt, vereinzelt stehen verkrüppelte Obstbäume an den Rändern des einstmals bestellten Bauernlandes. Noch ein Stück weiter taucht die Ruine einer ehemaligen Pfarrei auf. Über dem Portal ist die Jahreszahl 1789 zu erkennen. Der Regisseur Michael Haneke wollte das Anwesen vor Jahren kaufen. Hartmut Lange könnte die Drehbücher für manche seiner Filme geschrieben haben, vor allem für *Caché*: wie sich Schuld unbemerkt, aber zerstörerisch ins Leben hineinfrißt und sich verbreitet wie Myzel in der Erde.

Sonne bricht durch die Wolken, streut einzelne Strahlen über das Tal des Niccone und die aufsteigenden Hänge des Monte Acuto, die Colle Campagna und die Berghänge Richtung Lago Trasimeno. W. baut uns eine kleine Bank aus trockenen Steinen. Wir lehnen eng aneinander am Gemäuer.

Immer geht es um Mann und Frau in Langes Novellen. Um Paare, die ohne ersichtlichen Grund auseinanderdriften. Viele Geschichten erzählen von Dreiecksbeziehungen: *Die Ermüdung* etwa, *Die Reise nach Triest*, *Die Stechpalme*, *Der Umzug*, *Das Streichquartett*, *Der Wanderer*. Es ist das Harmlose, in dem der Keim des Endes liegt. Das tief Verborgene, das den Riß offenbart, der schon lange da war. Vielleicht ist es nur etwas an der Wand, das nicht hingehört und das das Geschehen anstößt, eine seltsame Post, die kommt, ein Lichtschein, der über der Schwelle einer angelehnten Tür liegt, oder eine kleine Gleichmütigkeit im vermeintlich glücklichen Augenblick. Zwischen den Worten steht das Schweigen. „Da war nichts …", „… als wäre nichts gewesen". Minimal art.

Kein Dichter der Gegenwart, der so nebenbei, so beunruhigend beschreibt, was zwischen Liebenden zur Entfremdung führt. Zum stillen Auseinandergehen, ohne Streit, meist ohne Erklärung. Lange geht auf leisen Sohlen, wie Thanatos, der unbemerkt ins Zimmer tritt, seine Fackel senkt und ersterben läßt, was er berührt. Langes Figuren bewegen sich wie in Theaterstücken hinter einem Gazevorhang, manchmal treten sie vor und kommen uns so nahe, als ob wir selbst die Handelnden wären, dann ziehen sie sich wieder zurück, werden schemenhaft, und wir sind die Zuschauer, die durch den Schleier die Tragödien des alltäglichen Lebens beobachten und aus der Distanz den Weg in die Dunkelheit der Lebensbühne sehen.

Wir lehnen aneinander und fragen uns nach uns.

Am nächsten Tag Perugia.

Die Anlage der Stadt ist unfaßbar kühn. Fünf steile Hügel wurden in ihren Kuppen eingeebnet und aufgeschüttet, um einem einzigen Platz Raum zu schaffen. Etruskische, römische und mittelalterliche Zeugen geben den Rahmen für eine Apotheose der Selbstgewißheit, renaissance-geboren. Der Palazzo dei Priori schimmert im Pastell von Gelb und Rosa. Hunderte junge Leute sind da, es ist ein Lachen und Kosen wie auf dem Campo de' Fiori in Rom, die Mädchenhüften sind frei und einladend, die jungen Männer tragen Ringe im Ohr, ihre Haare glänzen, sie kümmern sich nicht um den Ort, wo sie sind, sie sind bei sich. Was geht sie das Spiel um Macht und Ausbeutung an, um Handwerk und Handel und Geldwechsler, die ihre Sala dell' Udienzia von Perugino ausmalen ließen, prunkvoll geschmückt für die Ewigkeit, sie sind da, diese jungen Leute, sie lachen und hören Musik, das ist das Jetzt und wir wissen nicht, wie es ist, wenn sie morgens erwachen.

Auf dem Weg zu den Rolltreppen, die in den Felsen gehauen sind und in die Tiefgaragen führen, sehen wir den Mann. Er steht an den

Stein gepreßt in einer Nische, seine Schuhe sind rehbraun mit weißem Ristleder. Er steht ganz ruhig und raucht. Er schaut uns an. Er ist sehr allein.

Eine von Langes nebenhin geäußerten Bemerkungen kommt mir in den Sinn, als ich ihn einmal fragte, was er an Umbrien besonders liebe. Er nannte einige Beispiele und fügte leiser hinzu: und einmal habe ich einen Mann gesehen. Er saß auf einer Bank in Montepulciano –

So, denke ich, entstehen seine Novellen.

Unter dem Dach des Tabakturmes, dessen Grundfläche kaum mehr als fünf mal fünf Meter messen mag, liegt das Arbeitszimmer Hartmut Langes. Er liest uns seinen *Zeit*-Artikel über Bertolt Brecht vor, den er zu dessen 50. Todestag schrieb. Rückblick auf ein Idol seiner Jugend. Die Illusion des Theaters als moralische Anstalt. Lange ist ein glänzender Analytiker. Als Rationalist schaut er sich selbst über die Schulter. Als einer, der durch das schwarze Loch ging, ist er zutiefst verletzlich. Da ihm kein Zorn zur Verfügung steht, aber intellektuelle Schärfe, wägt er ab, sieht Pro und Contra. Sagt, daß er nicht nur Zeuge eines menschenverachtenden Regimes war, sondern eine Zeitlang auch dessen Nutznießer. Als Essayist legt er die Zusammenhänge offen, als Novellist läßt er sie im Ungewissen. Breitet er Melancholie über die Wirklichkeit und ihre Attrappen. Als ob eine zweite Schicht darüber läge, wie in der Lüstertechnik der umbrischen Keramik, die die Malerei durch einen rotgoldenen Schimmer zum geheimnisvollen Leuchten bringt.

Langes Technik der unentschiedenen Lösungen hat ihm viel Kritik eingebracht. Am stärksten zu Beginn seiner Prosaarbeiten, als er in der *Heiterkeit des Todes* ein jüdisches Mädchen und im *Konzert* einen jungen jüdischen Pianisten ihren deutschen Mördern gegenüberstellt und sie in einer Wiederbegegnung als Tote eine Art von später Versöhnung durch die Kraft der Liebe und der Musik versuchen läßt. Schuld und Sühne. Wer kann von sich behaupten, daß er frei von Schuld sei, fragt Lange. Kunst, sagt er, schafft eine eigene Welt, die ihre eigene Logik hat. Man muß das Unmögliche denken dürfen.

Die Gespräche ziehen hin und her, verfangen sich in den Streben des Gebälks und in den Flimmerpartikeln des Staubs. Lange nimmt einige Blätter zur Hand und liest uns aus dem Manuskript seines jüngsten

Novellenkranzes vor, an dem er mit Ulrike gerade arbeitet und in dem er sich in die subtilen Riten muslimischer Beziehungen um eine junge Frau hineinfühlt. *Der Abgrund des Endlichen.*

Das Zimmer unter der Dachschräge ist ein perfekter akustischer Raum. Lange liebt Musik, sie grundiert sein Schreiben. Seine Sprache selbst ist Melodie. Er gibt ihr Adagio und Presto, stilistisch spielt er in Dur und Moll, inhaltlich mit den Dissonanzen des 20. Jahrhunderts. In kaum einer Novelle ist nicht von Musik, ausübenden Musikern oder von Komponisten die Rede: Beethoven, Chopin, Schumann, Schönberg, Mahler, Webern. Schubert mag er am liebsten. Nicht dessen Heiterkeit, aber die Trauer, die Nähe zum Tod. Man darf sie nicht verdrängen, sagt Lange, man muß sich dem Schmerz aussetzen. Georg Trakl ist ihm vertraut: „Es weint die Nacht an einer Tür …" Søren Kierkegaards *Krankheit zum Tode* hat er als eigene angenommen. Und denkt und schreibt gegen sie, solange er es vermag, solange er muß. Der Künstler ist ein Triebtäter, sagt er.

Einer, der brennt, muß löschen, denke ich.

Zeitgeschichte hat Hartmut Lange als Schicksal erlebt. Erlitten war sein Weg vom Hegel'schen Glauben an die Vernunft bis zur Erkenntnis der existentiellen Verlassenheit des Menschen. Gegen die Hybris des Weltgeists setzte er fortan die Demut. Daß Kunst ein Vehikel zur Diktatur des Proletariats sei, hat er vor Jahrzehnten als Irrtum erkannt. Als rationalistischer Nihilist, als der er sich heute bezeichnet, versucht er die Quadratur des Kreises: seine Angst flach zu halten und die Rätsel des Lebens positiv zu deuten. Darum liebt er seine Erzählfiguren, die Antihelden sind. Liebt seine Verlierer. Als Schriftsteller kennt er keine Verächtlichkeit, keine Herablassung. Seine Novellen sind Spiegel des Selbst: des eigenen Unerlöstseins.

Kunst ist Trost, sagt er. Sie ist Sublimierung des Unerträglichen. Wenn die Wahrheit nackt ist, muß sie eingekleidet werden. Wir werden älter, wir werden langsam von der Erde weggewischt. Die Wahrheit ist das Wenigerwerden, das Verschwinden, die Vergänglichkeit. Würgeengel gehen um in seinen Novellen, Wanderfalken kreisen über dem Lebenden, bereit, zuzustoßen. Viele Figuren sind an der Grenze. Tatsächliche oder potentielle Selbstmörder durchziehen seine Geschichten. Er gibt ihnen ihre Angst zurück, indem er sie teilt, ihr Leben, indem er sie versteht.

Ulrike schaut ihn an.

Seine Silhouette vor dem Fenster ist dunkelgrau.

Schattenlinie vor dem Licht.

In zwei Wochen werden sie Umbrien verlassen und nach Berlin zurückkehren. Berlin ist die Unbehaustheit der Großstadt, Umbrien die Umarmung durch die Natur. Ich bin kein Humboldt, der durch die Welt reist, sagt Lange. Ich bin Schubert. Ich liebe den Bach, die Mühlenräder sozusagen. Mein Horizont ist überschaubar. Es ist der abendländisch-christliche Kulturkreis: die römische Antike, das frühe Mittelalter, die Belle Époque der Décadence, die Moderne. Es gibt zwar Landschaften, die ich mir ergangen habe: Berlin, die Nord- und Ostsee, Italien. Aber meine eigentlichen Bezugspunkte sind geistige Räume. Es ist unsere Größe, daß wir beständig gegen Aquariumwände stoßen, aber dennoch weitermachen. Daß wir das Absolute wollen und der Logik unseres Lebens widersprechen, uns aufbäumen gegen die Bedingungen des Daseins und des Vergehens. Das ist absurd, aber wir müssen es tun.

Meine eigentliche Landschaft ist die Transzendenz, sagt er.

Ich bin ein Wanderer.

Und ich komme lieber zu Gott als ins Nichts.

Am nächsten Tag, schon nach dem Abschied und auf dem Weg in den Norden, machen wir kurz Halt in Città di Castello. Neben dem Eingangsportal des Palazzo Comunale hängt ein schmiedeeiserner Korb, in dem einst der Henker die abgeschlagenen Köpfe der Hingerichteten zur Schau stellte. In einer von Hartmut Langes Novellen steht der Satz:

Die Welt ist eine Falle.

Il mondo è una trappola.

Veit Heinichen

Gib jedem sein eigenes Meer

Blau.

Blau des Himmels, Blau des Meeres.

In breitem Band liegen die Muschelbänke vor der Costiera dei Barbari.

Der Golf tief unten dehnt sich weit an seine Ränder.

Gelassen erträgt er die Boote, die über sein Wasser ziehen.

Die Bugwellen sind vertraut mit dem Verschwinden.

Eine Brise streift den Hang herauf.

Palmen und Sommermagnolien wiegen ihre Blätter.

Mittagsduft von Thymian, Lavendel und wildem Fenchel.

Schwalben, Singvögel, ferne Möwen.

Von Zeit zu Zeit rauscht oberhalb des Hauses ein Zug vorüber.

Feuerrote Pelargonien begrenzen die Terrasse.

Weiß ist die Linie der Balkonbrüstung, dicht an ihr der Arbeitstisch.

Aus der Küche riecht es nach Sardinen, Mandeln und Thymian.

Das Wasser für die Pasta sprudelt über den Rand und zischt im Verdampfen.

Eine Flasche kühlen weißen Weins aus dem Karst ist geöffnet.

Wir sind gerade angekommen und schauen und reden und schauen.

Die Nähe und die Ferne und der Sog ins Blau.

Blau in Blau in Blau in Wort und Wind und Zeit.

Zwischen Meer und Karst ist das Haus von Veit Heinichen in den Hang gebaut. Es stammt aus der Gründerzeit der vorigen Jahrhundertwende, heute ist die Landschaft zwischen Duino und Triest geschützt und bebaubar nur auf alten Grundrechten. Steile Stufen führen von der Strada Costiera unter Wuchergrün hinauf, Ameisenstraßen queren die Treppe, ein vermoostes Brünnlein steht im Schatten. Dunkelrote Malven säumen den Weg, Oleander, hüfthoher Rosmarin, und über dem Kopf schließt sich der Bambus. Die Geräuschkulisse des dichten Verkehrs schwindet und bildet die Unterstimme zu einem Lebensgefühl, in dem sich Distanz und Mittendrin-Sein mischen.

1997 kaufte Heinichen dieses Haus, dessen Lage man in Variationen in den bisher fünf Proteo-Laurenti-Krimis wiedererkennen kann: die Straße, die Felsküste, die Buchten für den Schmuggel, die verschwiegenen Plätze zum Schwimmen, die kleinen Häfen, die Restaurants, den Blick aufs Meer.

Einhundertachtzig Grad Meer.

Der Golf von Triest liegt in seiner vollendeten Schönheit unter uns. Meer von Ost nach West, von Istrien bis zur Mündung des Isonzo und weiter bis zu den Türmen von Aquileia. Sonne vom Aufgehen bis zum Untergang, blutrot hinter der Silhouette von Grado. Das Meer war schon Heinichens Kindheitssehnsucht, nicht die Berge, die er vom Allgäuer Hügelland aus sah. Meer ist weit und offen, und selbst das provinziellste Hafennest scheint ihm weniger provinziell als eine Binnenstadt. Hafenstädte haben das Plus doppelten Einflusses, von weither und vom Hinterland, sagt Heinichen und lacht, schaut ins Blau, raucht in tiefen Zügen, steht auf, bereitet einen caffè shakerato mit Eiswürfeln, Fruchtzucker und Kardamom, und eines Tages, so sein Plan, wird er ein Boot haben, ein schnelles Motorboot mit Kajüte, und er wird aufs Meer hinausfahren, bis Koper, Piran und darüber hinaus und nachts die Sterne über sich sehen und um ihn die Lichter der Molen und das Schwarz des Wassers.

Was warf er über Bord, als er hierher zog?

Heinichen kam aus Deutschland. Er war im Grenzland zwischen Bodensee und Schwarzwald aufgewachsen, hatte Wirtschaft studiert und eine erfolgreiche Karriere im Verlagswesen hinter sich. Zum ersten Mal am 2. Januar 1980 betrat er Triester Boden. Die Bora fegte vom Karst, der Fallwind, der in der pannonischen Tiefebene entsteht und seine Wildheit an der Kante schärft, bevor er auf die Küsten niederbricht. Ein Müllcontainer flog an seinem Gesicht vorbei, als er aus dem Bahnhof trat, die Luft war eisig, der Himmel stahlblau und klar, und etwas muß wohl mit ihm geschehen sein, als er in die Stadt der Vielvölker blickte, etwas, das sich nicht erklären läßt, wie alles, was mit Liebe zu tun hat. Denn Triest ließ

ihn nicht mehr los. Er kam wieder, berichtete für die *Badische Zeitung* unter dem Titel *Grenzgänger* über die Stadt, in der er sich schließlich niederließ und später das Haus an der Küste kaufte. Hier schrieb und schreibt er seine Bücher, die inzwischen in acht Sprachen übersetzt sind und in der Verfilmung der ersten beiden Romane – *Gib jedem seinen eigenen Tod* und *Die Toten vom Karst* – ein Millionenpublikum erreichten. Italienisch ist seine Alltagssprache geworden und nicht selten wird er für einen gehalten, der immer hier lebte.

Proteo Laurenti ist Veit Heinichens Commissario. Auch er ist, wie viele Figuren in den Romanen, zunächst ein Fremder in Triest. Laurenti kommt aus Neapel und dürfte einige Züge seines Autors haben, der „stur, leidenschaftlich, impulsiv und ungeduldig ist. Aber gerecht, fügte er immer hinzu, wenn sich einer über ihn wunderte."

Der Name des Kommissars ist der Landschaft des Karsts entnommen, die Heinichen liebt und mit besessener Neugier erforscht. Mitte des 18. Jahrhunderts war an den Quellen des unterirdischen Flusses Timavo die seltene Spezies eines mehr als hunderttausend Jahre alten Salamanders, eines blinden Grottenolms, entdeckt worden, der als Proteus anguinus Laurenti in die Wissenschaft einging. Auf Slowenisch heißt das Tier, vielleicht wegen der hellen Haut, cloveska ribica: Menschenfischlein.

Die bocce dei Timavo sind ein mythischer Ort. Sie waren es immer schon, Vergil erzählt von ihnen und verband sie mit der Vorstellung des Totenflusses Hades, die Argonauten sollen hier nach dem Goldenen Vlies gesucht haben und immer waren sie Zufluchtsort für Flüchtlinge. Geht man die wenigen Meter von der Straße bergab, betritt man unter riesigen Bäumen eine kühle Welt, seltsam still in leisem Rauschen. Schatten. Strömende Wasser. Raunen im gealterten Grün. Als ob ein fremder Schmerz nicht wüßte, wohin. Undine könnte hier leben.

Heinichen geht voraus, kommt wieder, läßt uns allein.

Die größte der drei Quellen tritt mächtig wie ein Fluß aus dem Fels, aber ohne Laut. An den Tag gekommenes Leben, das durch die Nacht ging. Reflexe von Schwarz und Silberlicht. Weißgeflügelte Falter taumeln über dem Wasser, das sich in einem milchigen Becken kurz sammelt. Hellgrüne Wasserpflanzen werden darin hin- und herbewegt wie fremdgesteuert. Betonmauern haben die Quellen reglementiert und ihres ursprünglichen Zaubers beraubt. An ihrem Ufer hat die katholische Kirche, wie an allen rituellen Orten der Antike, eine ausladende Kirche hingestellt. An ihren Eingangsstufen liegen Bälle von Weidensamen. Ein Flimmern liegt über den Wegen.

Wir reden leiser.

Nähe wird noch näher.

Kein Proteus Laurenti läßt sich sehen.

Der Commissario fast gleichen Namens ermittelt wahrscheinlich gerade im nahen Villaggio del Pescatore, wo Victor Drakič gelandet ist, eine der dunkelsten Schlüsselfiguren in den illegalen Geschäften um Waffen, Drogen, Mädchenhandel, menschliche Organe und Giftmüll. Das Triestiner Gebiet ist in seiner Grenznähe und im Schnittpunkt von westeuropäischem und balkanischem Netzwerk der ideale Umschlagplatz. Laurenti pendelt zwischen der Stadt, ihrem Hinterland, Slowenien und Kroatien. Er hat die schroffe Kalksteinküste im Blick und die Dörfer oben auf dem Karst, die sich vom Meer abwenden und ihm doch zugehören. In Contovello ist ein Haus in die Luft geflogen und hat drei Menschen in den Tod gerissen. In Bagnoli superiore beginnen zwei junge Menschen, ein

Einheimischer und eine Australierin, die nach Triest gekommen ist, um eine Erbschaft zu regeln, ihren Spaziergang:

> Die kleinen Steinhäuser standen dicht aneinandergeduckt, wegen der Bora, die von den kargen, geröllüberzogenen Abhängen aus hellgrauem Kalkstein durch das Tal herunterpfiff und an ungeschützten Stellen alle Vegetation mit sich forttrug. Nachdem er den Motor ausgeschaltet hatte, hörte sie durch das ohrenbetäubende Gezirpe der Zikaden das Gemurmel der Rosandra. Akazien, Pappeln, Weiden und Ahornbäume säumten das Ufer des kleinen Flusses. Nach wenigen Metern führte ein steiniger Pfad entlang der römischen Wasserleitung ins Tal hinein.[1]

Harmlos beginnt es, aber der Mann wird am nächsten Tag tot aufgefunden. Und jenseits der Geröllhalden des Monte Carso, an der Foiba von Basovizza in der Nähe von Opicina, ist ein Mann, nackt bis auf die Unterwäsche, auf ein Eisengestell gebunden worden. In seinem Herzen steckt eine Harpune und über seinen Kopf ist ein bunter Jutesack gestülpt.

> Der Ort war ideal für ein Verbrechen. Laurenti stellte sich vor, wie Lastwagen mit Menschen auf der Pritsche über den ausgefahrenen Weg schaukelten. Eine Fahrt an den Platz, wo nur noch die Peiniger ihre Schreie hörten. Nach den Faschisten und den Deutschen die Tito-Truppen, die ab Mai 1945 die Stadt für vierzig Tage besetzt hielten und versuchten, sie für Jugoslawien zu annektieren, wie das ganze Gebiet bis zum Tagliamento, das sie als geographische Einheit ansahen. Triest, Gorizia, Udine, das halbe Friaul. Schnellgerichte, Folterungen und Erschießungen waren an der Tagesordnung. Die Foibe dienten zur schnellen, spurlosen Entsorgung derer, die sich gegen den Plan gestellt hatten.[2]

Die Foibe sind abgrundtiefe Dolinen und Felsspalten im Karst. Berüchtigt als grausames Grab für Tausende unschuldiger Menschen, Opfer politischer Kämpfe, deren Folgen wie zerklüftete Blöcke bis in die Gegenwart reichen. Staatsanwalt Scoglio bringt es im vierten Band, in *Der Tod wirft lange Schatten*, auf den Punkt:

Egal, was hier passiert, es hat fast immer mit der Vergangenheit zu tun, oder mit den Klischees, die sie erzeugt hat. Mit der Geschichte, besser gesagt, mit dem verschlampten Teil der Geschichte.[3]

Jetzt liegt Frieden über der spärlichen roten Erde der karstigen Hochebene, den Gemüsegärten und Feldern, die dem Stein abgerungen sind. Jahrtausendealtes Kulturland, über das die Eroberer und Machtgierigen hinweggetrampelt sind und ihre blutige Spur hinterlassen haben bis heute. Immer noch sind kleine italienisch-slowenische Grenzen geschlossen, sind Wunden offen.

Wir fahren über Land.

Heinichen hat den Karst studiert wie den Pulsschlag seines Herzens. Er kennt die Wege und die Ortschaften und ihre unlösbare Verbindung zu Triest, der einstigen Metropole des Habsburgerreiches, später Spielball politischer Begehrlichkeiten, bedeutungslos gewordener Hafen und jüngst wieder erblühend durch geöffnete Grenzen. Er erzählt uns vom Wandel der Strukturen in der Nachkriegszeit, in der das Hinterland verarmte und Zehntausende zur Auswanderung nach Australien, Argentinien oder in die Vereinigten Staaten zwang; über die verloren gegangenen Traditionen zwischen Karst und Triest, die ausgelöschte Erinnerung als Nachwirkung des Faschismus, der die slowenischen Dörfer von 1922 bis 1945 gewaltsam unterjochte.

Abends werden W. und ich uns an einem etwas abseits stehenden Tisch im Gastgarten von Alessandro Tretiach in Santa Croce aus dem Buch *Triest, Stadt der Winde* vorlesen und vielfache Ergänzungen zu den Gesprächen finden. An den Nebentischen wird italienisch und slowenisch gesprochen werden, die Hausfrau wird frische Muscheln von der Küste und erst frühmorgens gefangene Orate bringen, und wir werden glauben, schon lange hier zu sein und wünschen, lange bleiben zu können. Heinichen hat das mit Kochrezepten ergänzte Büchlein zusammen mit seiner Gefährtin, Italiens meistausgezeichneter Küchen- und Restaurantchefin, Ami Scabar, geschrieben, ein vielverzweigtes Itinerarium durch Landschaft, Historie und Besonderheiten dieses Fleckens Erde, der dem Zuwanderer zur Heimat wurde.

Der Karst ist ihm Steinbruch von Geschichten. Er braucht ihn als Stoff und als Amplitude zur Küste. Und er braucht ihn für sich selbst:

es ist die Landschaft, die, neben dem Blick aufs Meer, seine Unruhe besänftigt.

Hier bin ich zu Hause, sagt er.

Zum ersten Mal in meinem Leben.

Noch ist Nachmittag.

Zu dritt sind wir in der Osmica des ein paar Steinhäuser großen Dorfes Slivia eingekehrt. Trinken den tiefdunklen Rotwein aus der Region, fast schwarz im Schatten, und essen hausgemachten Schinken mit Kren und würzige Salami aus der Landwirtschaft der Familie. Über uns duftet eine Linde, deren offene Blüten von großen schwarz-grünen Käfern bearbeitet werden. Der süße, klebrige Saft rinnt über die Blätter.

Wir reden über die Kraft und den Überlebenswillen der Bewohner dieses Landstrichs zwischen Meer, Stein und unterirdischen Flüssen, über die Toten und täglich neu Geschändeten dieses Grenzlandes. Die Roben der Macht wechseln, die Strukturen bleiben gleich. Es ist herrlich im Schatten, wir essen, trinken und reden. Wir, die glücklich Davongekommenen.

Sieben Mal innerhalb eines Jahrhunderts mußten die Menschen hier ihren Paß wechseln, ihre Nationalität, oft genug ihre Sprache und damit ihre Identität. Es sind diese Verwerfungen, die Heinichen in seinen Romanen in Erinnerung ruft. Er ist ein fanatischer Recherchierer, der Wochen und Monate in Archiven verbringt und ein weit gespanntes Netz von Informationen und Informanten aufgebaut hat. Auch im Haus an der Küste steht ein umfangreiches Archiv von politischen, historischen und sozialgeschichtlichen Werken, deren Stoff-Fülle er durch seine unternehmerische Vergangenheit gut zu organisieren weiß.

Ich bin kein politischer Schriftsteller, sagt er, den sie hier in der Osmica „Veijt" nennen. Ich habe keine Botschaft, dazu ist die Welt zu komplex. Aber Aufdecken, ja, das möchte ich. Alles, was ich weiß, könnte jeder wissen, der aufmerksam ist, von der Ustascha, den Nazis und den Partisanen, von Milosevic oder der Ost-Mafia, von Kapitaltransaktionen und politischen Seilschaften von Kohl über Schröder, Blair, Bush, Putin, Berlusconi bis zu Haider. Jeder könnte es wissen.

Ich höre seiner Diskussion mit W. zu und notiere in Stichworten, was er sagt: der Roman als Abbild einer Epoche, eines Raumes. Die Kriminalgeschichte als der Ort, wo die Neurosen eines Zeitalters am stärksten zu Tage treten. Die Namen Dostojewskij und Stendhal fallen. Als Autor kein Missionar, aber sorgfältiger Beobachter sein. Die Vergangenheit kennen, die Fragen der Zukunft jedoch nicht mit Polemik lösen wollen. Wachsam und gegenwärtig sein. Verantwortung ergreifen, aufklären.

Heinichen zündet sich die vierte, fünfte Zigarette an.

Würde ich abseits am Nebentisch sitzen, die Konzeption seiner Romane mit der Art seines Sprechens verbinden, würde ich sagen: ein Mann von hoher Nervosität. Auch von heiterer Herzlichkeit, sein Lachen ist ansteckend. Tempo: er geht, kombiniert, redet schnell. Trinkt den Tag. Vom Ton her: kein Eiferer, aber von zupackender Präsenz. Alert, streitbar, hellwach. Ein intellektueller Analytiker, der weiß, was gespielt wird. Liebt den Widerspruch, die eigene Schlußfolgerung. Sucht, braucht, faßt die Vielfalt der Welt, ihren Glanz und ihre Abgründe. Leidenschaft. Wieder einer, der brennt.

Ich lasse W. und Veit allein. Gehe aus dem steinummauerten Hof, hinaus über steingepflasterte Gassen zwischen geduckten Häusern aus Stein. Steiniges Land. „Im Traum erzählte mir der Stein, / was der Stein denkt", schrieb der slowenische Dichter Dane Zajc. Am Rand von Slivia harkt eine Frau gebückt in einem Gemüsegarten zwischen Paradeisern, Erbsen, Zwiebeln, Bohnen, Knoblauch und Mangold. Die Sonne brennt. Das Karstland liegt still, graugrün, unter leichtem Wind. Atmet die Schattenflecken. Sommertag, der nur mit sich selbst herumkommt. Ein zerstörtes Vogelnest liegt in der Mulde eines Felsens. Wenn man über den Stein streicht, bleibt Rauhes zurück.

Durch den von Glyzinien umwachsenen Torbogen sehe ich Heinichen und W. wie in einer Vedute am langen Holztisch sitzen. Wir hatten von Aufklärung gesprochen. „Illuminismo". Nahe an der „illuminazione", nahe auch am französischen „lumières". Weniger didaktisch als die deutsche „Aufklärung", hatte Heinichen gesagt und Ungarettis Zweizeiler zitiert: „M'illumino / d'immenso."

Aufklären. Erleuchten. Sind es Gegensätze oder Ergänzungen?

Zu Hause werde ich Ingeborg Bachmanns Übersetzung finden:

„Ich erleuchte mich / Durch Unermeßliches."

*

72

Für zwei Tage haben W. und ich im Hotel Riviera Quartier bezogen. Unser Zimmer liegt im dritten Stock. Luxus des Meerblicks. Schwimmen in blauer, prickelnder Adria. Daliegen und mit geschlossenen Augen nichts als zuhören, den Wellen, dem Rauschen, dem Sickern der Stunden. Die Mobiltelefone läuten für wen anderen.

Vom kleinen Hafen Grignano aus, der an der prestige-abgewandten Seite des Schlosses Miramare liegt, geht mehrmals am Tag ein Schiff nach Triest. Eine Hafenstadt sollte man vom Meer her erblicken und betreten, heißt es.

Es ist noch früh am Morgen, das Wasser glatt wie eine frisch gestrichene Glasur. Die ersten Badenden legen ihre Handtücher in den Buchten aus. Das Schmuggelgut ist längst verladen, wenn man den Heinichen-Krimis glaubt. Dunkle Geschäfte brauchen die Dunkelheit. Miramare ist grellweiß von der Sonne angestrahlt, bizarr steht das Schloß an der Spitze der Halbinsel. Ruderer ziehen in regelmäßigem Schlagrhythmus vorüber, hinter ihnen im Motorboot der Trainer mit Megaphon. An der Steilküste lassen sich die ehemaligen Terrassen für Wein und Oliven erahnen. Bei Barcola wird der Kran zum Zeichen. Villen und Reihenhäuser wuchern die Hügel hinauf.

Die Einfahrt nach Triest ist unspektakulär. Hafenkräne, Hafengebäude, Hafenbecken, Molen, dahinter leicht ansteigend und wellig in die Topographie geschmiegt die Stadt. Am Tag zuvor waren wir über die Autobahn vom Karst her gekommen – Triest lag dramatisch unter uns, steil die Abhänge und Schluchten, in die die modernen Wohnviertel gebaut sind wie Horste von Raubvögeln. Jetzt, vom Meer her, war Triest fast lieblich, die Häßlichkeiten der Öltanks und Raffinerien verborgen hinter Küstenvorsprüngen in der Bucht von Muggia.

Wir sind Touristen. Haben das Wissen aus vielen Büchern, kennen die Daten der Geschichte vom Altertum bis heute, wir haben über Mythen und Fakten gelesen, über Reisende und Dichter, die hierher zogen, hier lebten und starben, schrieben und schreiben, über Johann Jakob Winckelmann und Johann Gottfried Seume, über Stendhal, James Joyce, Italo Svevo und Fulvio Tomizza, über Claudio Magris und dessen früh verstorbene Frau Marisa Madieri. Veit Heinichen ist der jüngste in der ergänzbaren Liste der Namen. Wir gehen über die berühmten Plätze, an Europas größter Synagoge vorbei in den Borgo Theresiano und dessen Paläste,

... die vom einstigen immensen Reichtum Triests zeugten. Im Baustil ein bißchen Wien und ein bißchen Italien, ein bißchen Neoklassik, Byzanz und Jugendstil: eben Triest. Hohe, schwere Gebäude aus der Zeit Maria Theresias, die dieses Stadtviertel streng geometrisch anlegen ließ. Im Canal Grande hatten noch bis in die zwanziger Jahre kleinere Handelsschiffe festgemacht, vorwiegend zwei- oder dreimastige Segler. Der nahegelegene Markt auf der Piazza Ponterosso muß einmal groß und üppig gewesen sein.[4]

Und Heinichen beschreibt die Schönheit, auch manche Häßlichkeit der Meeresufer, die Eigenheiten jedes Viertels, die Nostalgie und die verrückte Gegenwärtigkeit, die über der Stadt der vielen Identitäten liegen. Bald wird es, nach dem Vorbild von Donna Leons Venedig, Reiseunternehmen geben, die anhand der Heinichen-Krimis durch die Locations und Lokale der Hafenstadt und des Karsts führen, dorthin, wo der cholerische und privat höchst anfechtbare Kommissar Proteo Laurenti ermittelt, wo geliebt und gemordet wird, sich Geheimdienste, Erpresser und Menschenschleuser treffen und sich die Stille senkt über Gelungenes. Dorthin, vor allem zu „Scabar", wo man himmlisch speisen, trinken und erlesene Variationen genießen kann:

Eine Trilogie von Stockfisch: angerührt nach Triestiner Art, dann mariniert mit Honig vom Karst und gerösteten Mandeln, und dieser hier ist pikant, mit einer Soße vom Meerrettich, Wasabi und frischem Ingwer. Das stellt dich schneller auf die Füße, als du glaubst.[5]

W. und ich lassen uns treiben.

Riechen das Meer, spüren den leisen Wind, spüren uns, lassen Laurenti Laurenti sein. Ein Mann wischt nach einem Unfall Kreidestriche vom Asphalt und zieht neue in den Vormittag, während Männer in der Bar dahinter ungerührt Zeitung lesen und an der Riva III Novembre der Verkehr vorbeirollt und das Meer dahinterliegt, das Meer, die Molen und der weite Horizont.

Wir sind Touristen. Wissen nichts vom wahren Leben dieser Stadt der vielen Sprachen, Ethnien und Religionen, von der Veit Heinichen so fasziniert ist. Dieser Immigrantenstadt zweier Kontinente, von Portugal bis Persien und Indien, von Irland bis Judäa oder Ostanatolien, dieser Stadt, in der zum ersten Mal die Märchen von Tausendundeiner Nacht und das Kamasutra übersetzt wurden, in der Menschen für eine kurze Spanne Zeit der Weltgeschichte ihren Glauben feiern durften, Handel trieben, der Lust lebten, trotz aller Kontraste Koexistenz versuchten und ein Europa vorwegnahmen, von dem wir derzeit träumen.

Wir gehen durch Gassen mit abbröckelnden Häuserfassaden, aus den Angeln gebrochenen Läden und, gleich um die Ecke, luxuriösen Geschäften und Banken, traditionsreichen Wiener Kaffeehäusern, hohen Platanenalleen und der Vielfarbigkeit von Delikatessen- und Fischgeschäften einer Kommune von Individualisten. Wir steigen die Treppen zum Colle San Giusto hinauf, Taubendreck und Uringestank. Oben das Denkmal mit den Kolossalstatuen, die einen Toten tragen:

Trieste ai Caduti
Nella Guerra di Liberazione
MCMXV – MCMXVIII

Am Ende der breiten Zypressenallee, die wie ein Aufmarschgebiet für Diktatoren angelegt ist, dehnt ein Jogger die Muskeln seiner Beine. Die Bewegung gleicht jener der heroischen Männer, die den Gefallenen aufheben. Mussolini wird hier wohl massentauglich paradiert sein und einen Kranz niedergelegt haben für die Toten des Ersten Weltkrieges, und spätere Zeiten werden anderswo ein Denkmal errichtet haben für die Toten des Zweiten, die der Duce mitverantwortet hat.

Abseits der Souvenirbuden trinken wir in der Stadt der tausend Bars einen Prosecco, um dem benachbarten Dorf gleichen Namens die Reverenz zu erweisen. Endlos läßt sich reden über dieses Triest, und W. fragt, was wohl unsere Geschichte im Zusammenhang mit dieser Stadt und ihrem Hinterland wäre, außer jenem unartikulierten Grundgefühl, daß uns alles, was an die Donaumonarchie erinnert, vertraut ist. Wir beginnen, in der Geschichte unserer Familien nachzuforschen, fünfzig, hundert Jahre zurück, und sind überrascht, wie nahe alles ist: W.'s Vater wurde 1918 in einer der Isonzoschlachten schwer verletzt, ein Onkel war Kampfflieger, der 1944 bei Gorizia abgeschossen wurde und bis heute als vermißt gilt. Mein Urgroßvater war Ingenieur und machte Karriere bei der Errichtung der Südbahn, die die Kaisermetropole mit Triest verband und beiden Reichtum brachte. Einer der Brüder meines Großvaters war Arzt und wurde ausgezeichnet für seine Cholerabekämpfung im slowenisch-kroatischen Teil der Monarchie, ein anderer war Architekt mit Aufträgen an der nordadriatischen Küste – vielleicht hat er jene Villa gebaut, in der Heinichen heute lebt.

Bevor wir wieder aufbrechen, lesen wir noch die dreiundzwanzig Schilder unterschiedlicher Kaffeemarken über der Theke. Neunzig Kaffeeröstereien soll Triest einst gehabt haben. In der romanisch-gotischen Kirche von San Giusto erklingt ein Männerchor vom Band. Das Alabasterfenster in der linken Marien-Apsis ist eine Verheißung. Mit welchen Gittern, welchen Elektrodrähten waren die Fenster im einzigen Vernichtungslager der Nazis auf italienischem Boden, der Risiera di San Sabba im Süden von Triest, gesichert?

Und schon springen die Assoziationen weiter, zur Historie, die überall wie eine Hydra auftaucht und deren Gesichter man immer wieder findet. Im SS-General Odilo Globocnik zum Beispiel, der jene Karst-Dörfer, in denen er Partisanen vermutete, niederbrennen und in Triest die letzten Juden nach Auschwitz deportieren ließ, und der auch in der Risiera sein mörderisches Handwerk verrichtete. Angeblich beging Globocnik 1945 Selbstmord. Später erfuhr man, daß er erst 1977 starb. Im sonnigen Kalifornien. Bei Wolfgang Hildesheimer, der Simultandolmetscher bei den Nürnberger Prozessen war, werden wir einem Globotschnik im Roman *Masante* wiederbegegnen.

Im vierten der Laurenti-Krimis, in *Der Tod wirft lange Schatten*, lenkt Heinichen das Geschehen unter anderem auch in das KZ der Risiera, die ursprünglich eine Reisschälerei war. Ein versponnener Adeliger, Diego de Henriquez, wußte zu viel von dem, was dort geschah. Er notierte die inzwischen übertünchten Mauerinschriften, die Hilfeschreie und Abschiedsworte. Er kannte die Überlebenden und die Folterer und eines Tages wurde er tot aufgefunden. Sieben Jahre lang hat Veit Heinichen für diesen tatsächlichen Mordfall, der nie geklärt wurde, recherchiert und sich mit einer filmisch außergewöhnlichen Dokumentation vor eventueller Verfolgung und gerichtlichen Schritten abgesichert.

Bücher als Dokumente von Zivilcourage.

Mit dem städtischen Bus zurück ins Zentrum.

Genug Zeit, um darüber zu reflektieren, welch raffinierter Aufklärer Heinichen ist. Wie unmerklich er Wissen in Personen, Handlungen und Dialoge seiner Bücher einbaut. Jeder „Fall" ist ein Stück brisanter Zeitgeschichte. Das Schwarz-Weiß ist der Nährboden, die Nuancen dazwischen ergeben die Farbigkeit der Romane. In Triest war für Heinichen das Projekt „Europa" von Mafia und Camorra längst erfolgreich installiert, als man in Brüssel noch über die Modalitäten der Erweiterung stritt.

Italien, Slowenien, Kroatien, Bosnien, Serbien und der Rest des ehemaligen Jugoslawiens, Österreich, Schweiz und das Vereinigte Königreich. Nur die Deutschen träumten noch mit naiver Überheblichkeit davon, mit allem nichts zu tun zu haben: Krieg und Schmuggel, UN-Embargo und Profiteure, Geldwäscher, Menschenschleuser, Waffenhändler, Mafiosi, Banker und Politiker, Staatschefs und Kriegsverbrecher, echte und angebliche Ritter von Malta, echte und falsche Freimaurer, und immer wieder alte Bekannte. Man blieb sich treu, und Triest war der Nabel der Welt – oder eben das Tor zum Balkan, auch für das Verbrechen.[6]

Es gibt vier Gruppen, sagt Heinichen, als wir ihn auf der abendlichen Piazza San Giovanni treffen, der graue Vespa-Sturzhelm pendelt in seiner Hand: Ermittler, Täter, Opfer und die vierte Gruppe, das sind wir. Wir, die wir auch heute zuschauen oder dagegen arbeiten. Die wir in einer Gesellschaft leben, die zunehmend alles in Kauf nimmt, seit sich der soziale Kontrakt ab den 80er Jahren immer mehr auflöst. Als er in den 70er Jahren Ökonomie studierte, wurde das Interesse auf das Stichwort „Krise" gelenkt, später nur noch auf „Wachstum". Was ist aus der Idee „Europa" geworden? fragt er mit sarkastischem Unterton. Aus den Werten eines menschenwürdigen Zusammenlebens? Die EU ist aus der EWG entstanden und dabei ist es vorrangig geblieben: Wirtschaft. Der Kriminalroman zeigt, wie sich diese Entwicklung international radikalisiert. Wenn man mit Authentizität arbeitet, muß alles stimmen, die Orte, Personen und Geschehnisse, die Psychologie. Das Schäbige und das Schöne.

Heinichen erzählt, erklärt. Agil, aufmerksam, neugierig, rauchend. Die Augen flitzen über Passanten und Gäste, schöne Frauen, Weingläser, und in den Himmel. Meeresblick inmitten der Häuser. Dahinter geht es weiter.

Die Innenstadt von Triest ist für Heinichen ein Marktplatz. Überschaubar, vertraut. Er weiß um die Menschen, die politischen Konstellationen, Intrigen und Hoffnungsträger der Zukunft. Kennt die dynamischen und die retardierenden Elemente, hat während des letzten Wahlkampfes mit zwei Mitstreitern eine Art unabhängige Zivilgesellschaft gegründet und war als Dezernent für Kultur und Tourismus im Gespräch. Hier ist er öffentliche Person, von manch einem Triestiner mit ironischer Distanz betrachtet. Er hat Einfluß und nützt ihn für die Utopie einer modernen Civitas.

Die schöne Staatsanwältin Ziva, mit der Proteo Laurenti ein Verhältnis hat, läßt Heinichen sagen:

„Es ist dieser seltsame Idealismus, der mir sagt, daß ich hier gebraucht werde. Wenn alle abhauen und nicht mehr zurückkommen, dann bleibt dieses Land in den Händen derer, die es über Jahrzehnte ruiniert haben. Es ist an der Zeit, offen über die Probleme der Vergangenheit zu sprechen, damit es eine Zukunft gibt, die nicht nur EU heißt, sondern gute Nachbarschaft. Ich will, daß dieses Land so schnell wie möglich alle Grenzen vergißt. Verstehen Sie das?"[7]

· Triest ist seine Stadt.

Als W. und ich vom Molo Peschiera mit dem letzten Schiff nach Grignano zurückfahren, sehe ich auf dem Turm des k.u.k. Aquariums, daß die Uhr stehengeblieben ist. Es ist fünf vor zwölf. Melancholie, die die Zeit über alles legt.

Das Meer ist gekräuselt wie das Fell eines Pudels. Langsam verblaßt die Skala des Blaus. Die Silberseen des Lichts legen sich goldene Ränder zu. Später tauschen sie ihre Träumerei mit dem Rosé der Wolken, dann mit dem Durchscheinenden der Dämmerung. Der Kapitän dreht am

achtspeichigen Steuerrad, dessen Messingverzierung in der Bewegung aufblitzt. W. hat Oliven gekauft, wir spucken die Kerne über Bord. Wir sind fast allein auf dem Schiff, sitzen eng aneinander im Windschatten, reden über uns. Die Wellen und die gemeinsamen Jahre ziehen vorüber. Eine Möwe steigt von der Bordwand auf, wir spüren kurz ihren Flügelschlag, bevor sie im Abendhimmel verschwindet und schreit.

Im Dorf bin ich nichts als der Veijt.

So hatte es Heinichen am Morgen auf seiner Terrasse des blickumspannenden Meeres gesagt. Blau war die Welt. Das tote Blau gehörte einer Plastikgießkanne, das durchscheinende einer Mineralwasserflasche, nur das lebendige gehörte dem Meer und dem Himmel. Wenn der Abend kommt und er genug hat von neun Stunden Schreiben oder von Stadt, öffentlicher Person, Verpflichtungen, Recherchen und Verbrechen, wenn Ami, die Gefährtin, längst in ihr Restaurant am anderen Ende Triests gefahren ist und rohen Fisch so kunstvoll zubereitet, daß Gourmets von weither zu ihr pilgern, wenn sich die Anspannung des Tages langsam löst, fährt Heinichen mit seiner Vespa die alten Wege nach Santa Croce hinauf. Hierher sind W. und ich für die nächsten Tage übersiedelt.

Viele der Karstdörfer am Rand der Hochebene hat er in seine Kriminalromane eingebaut: Bagnoli, San Servola, Basovizza, Contovello, Santa Croce, Aurisina. Der fünfte Laurenti-Krimi *Totentanz* beginnt in der kleinen Wehrkirche von Hrastovlje, einer kunsthistorischen Besonderheit. Vielfach geschehen die Verbrechen in den Dörfern, die Ermittler kommen aus der Stadt, suchen verwischte Spuren und Fluchtwege. So mancher Leser geht die beschriebenen Wege nach und verirrt sich im Brombeergestrüpp.

Unter allen Dörfern ist Santa Croce ein besonderes Dorf. Es war immer anarchisch, einfallsreich und wirtschaftliches Zentrum jahrhundertealter Gepflogenheiten. Es ist nicht nur der oberste Punkt einer imaginären Linie vom Karst über Heinichens Haus hinunter zur Küste, sondern für den Autor emotionaler Ort persönlicher Bindungen. Er kennt die Geschichte des Dorfes und die Geschichten der Familien. Er hört den alten und jungen Männern am Tresen des Petirosso oder sonstwo zu, trinkt mit ihnen, kennt ihre Frauen, die Kinder und Kindeskinder, ihre Häuser und Felder und wovon sie leben oder nicht mehr leben können.

Im Dorf bin ich nichts als der Veijt …

Hoffnung eines Zugewanderten, der mit vierzig hierherkam und bleiben will? Man ist versucht, Heinichen zu glauben, wenn man ihn inmitten der Dörfler sieht. Es sind Bauern und Winzer, Handwerker, Steinmetze und Wirte, Pendler, Eigenbrötler, und Srečko, der letzte Fischer, der zum Freund wurde und dem er, wie vielen anderen Sprachlosen, in seinen Büchern ein Denkmal setzt. Hier redet man über den Thunfisch und den Wein, über Krankheiten, das Schicksal und den Tod. Über die, die weit fortgingen, und jene, die zurückkamen. Über die Hure Zeit und über das Rad der Veränderung, das über viele hinwegrollt und sie unter sich begräbt.

Man weiß, wo man sich findet, und wenn die Saison der Osmice angebrochen ist, wissen sie alle, bei welchem Heurigen die anderen längst eingekehrt sind, und ihr Lachen ist dann laut und die Fäuste schlagen auf den Tisch und in den Gläsern funkelt der frische Weiße oder Rote von den Hügeln des Karsts.

Santa Croce ist ein stilles Dorf. Die ersten Geräusche des Morgens sind Spatzen und das Gekläff von Hunden, das die Runde macht. Der dichte

Pendlerverkehr nach Monfalcone, Opicina oder Triest geht am Rand vorbei und verfängt sich in den neuen Wohnsiedlungen und den niederen Mischwäldern. Die Gassen des alten Dorfes sind schmal und winkelig, seit Jahrhunderten hat sich hier kaum etwas geändert. Hohe Steinmauern fassen die Gärten ein. Nachts verströmen die Jasminhecken ihren betörenden Duft.

Im Café beim kleinen Park stehen wir unter Männern, die ihren schnellen Morgen-Espresso trinken, Zigaretten kaufen, einen Blick in die Zeitung werfen und wieder ins Auto springen. Mischmaschinen laufen, da und dort wird an- oder umgebaut und ausgebessert, vielleicht hat die eisige Bora aus Ostnordost oder der Maestrale aus dem Gewitterwesten Ziegel vom Dach gerissen. Alte Frauen gehen einkaufen, eine lehnt im Schatten einer Mauer und sammelt Kraft für den nächsten Schritt. Viele schwarze Katzen. Uralte Torbögen, Inschriften. Winkel und Ecken. Geducktes, geschütztes, meerabgewandtes Dorf.

Nur der Friedhof unterhalb der Kirche hat Aussicht auf den Golf. Pinienzapfen leuchten den Abhang herauf, Schwalben hoch im Flug darüber. Die Gräber liegen unter der Sonne, die Blumen sind aus Plastik. Italienisch-slowenisches Sprachengemisch in Vor- und Zunamen und das klingende „Marija". Hier stirbt man früh, wenige sind über sechzig geworden. Einige Namen auf den Grabsteinen kehren immer wieder, vor allem Sirk. Einer war ein bekannter ortsansässiger Maler. Liebhaber von Karl Kraus' Apokalypse der *Letzten Tage der Menschheit* werden an den Wiener Ringstraßenkorso mit der Sirk-Ecke denken.

Der alte Fischer Srečko kann sich noch gut an die Erzählungen von den Isonzoschlachten erinnern, die für ein paar Meter Terraingewinn Hunderttausende Tote forderten. Sein Vater mußte als Slowene auf der Seite Österreich-Ungarns gegen Italien kämpfen. Srečko ist einer jener Männer, der, ohne das Haus, in dem er geboren wurde, je zu verlassen, siebenmal seine Nationalität wechseln mußte. Sein Sohn Alessandro, bei dem wir wohnen, hat es leichter: Ich bin ein Slowene in Italien, sagt er lachend und bietet uns den Wein aus der autochthonen Rebsorte Glera an, den er nach den Traditionen der Väter auf den wenigen noch bestellten Terrassen zum Meer hin anbaut – Heinichen hat die Weinernte effektvoll in seinen *Totentanz* eingeflochten – und nach der Ernte auf dem Rücken zu den alten Steinwegen hinaufschleppt. Abends erwarten Sandro und seine Frau Ingrid eine große Gesellschaft, aber er sitzt bei uns, und wir trinken in den Nachmittag hinein, es wird fünf, dann sechs, und die Nuß- und Kastanienbäume der Nachbargärten dunkeln unmerklich ein, die Töne des Dorfes sind um uns, Kinder, Rufe, Gemurmel, Hunde, Vögel, Glocken, der Kies knirscht, wenn jemand vorübergeht, die gelben Rosen werden im Abendlicht golden, von der Küche her kommt nervöses Scheppern, aber Sandro und Veit lachen und scherzen wie alte Schulfreunde, Ingrid bringt Sardoni salai, in Meersalz und nach drei Monaten in Olivenöl eingelegte Sardellen, garniert mit wildem Fenchel. Es wird nachgeschenkt und die Zeit vergessen und erzählt …

Der 24. August 1954 ist ein magisches Datum. An diesem Tag fand die letzte große Thunfischjagd im Golf von Triest statt. Überall hängen alte Schwarz-Weiß-Fotografien von diesem legendären, lebensentscheidenden Ereignis für Santa Croce, Contovello und den Triestiner Vorort Barcola, die gemeinsam über Jahrhunderte hin den Fischfang im Territorium beherrschten. Die riesigen Thunfischschwärme, die in den durch die Mündung zahlreicher Flüsse nahrungsreichen Golf kamen und hier auch laichten, wurden zu Beginn der 50er Jahre von technisierten Flotten schon weit draußen abgefangen. Den heimischen Fischern war dadurch der Lebensunterhalt entzogen. Vielfach ist das beschwerliche, aber dennoch geliebte und anekdotenreiche Leben der ehemaligen Fischerdörfer beschrieben. Auch Ami Scabar und Veit Heinichen haben ihm in ihrem Triest-Buch Dauer verliehen.

Sandro wird endgültig und energisch in die Küche gerufen. Der achtzehnjährige Sohn, auch er ein Alessandro, kommt und deckt die Tische. Betont verweist er auf die slowenische Schreibweise und Aussprache seines Namens: A-lek-sander. Neue Grenzen?

Und wieder zu dritt über Land. Abendhügel, Friedensblicke.

Die Kargheit des Karsts hat viele Dichter gefunden. Die bewegendsten unter ihnen Scipio Slataper, der in seinen Schriften für die convivenza, das Zusammenleben über die Grenzen hin, eintrat, und das frühreife Genie Srečko Kosovel, Europa-sehnsüchtig schon damals und in den wachsenden Föhren die neuen Kriege ahnend, „… sah schon den Brand, der sie verzehrt". Beide starben auf dem Karst, herausgerissen aus dem Versprechen ihres Lebens: Kosovel 1926 mit 22 Jahren an Meningitis, Slataper getroffen von einer der ersten Kugeln des Ersten Weltkrieges. „Der Karst … ist ein furchtbarer, versteinerter Schrei. Felsen, grau von Regen und Flechten, krumm, gespalten, spitz. Dürres Wacholdergestrüpp. Stundenlang Kalk, Wacholder. Das Gras ist widerspenstig. Bora. Sonne. Die Erde hat keinen Frieden, keine Fugen …“

Ein Schotterweg führt zur Cava von Aurisina, einem der letzten Steinbrüche der ursprünglich sechsunddreißig des Karsts. Von hier aus gingen einst die Marmorblöcke in die Welt, für Amerikas Weißes Haus, den Kongreß in Buenos Aires oder den Mailänder Dom. Schon die Römer nützten die Brüche, mit Rutschen wurden die riesigen Steine direkt auf die Schiffe verladen. Heinichen erzählt lebhaft und genau, zeigt die Kräne, erklärt die Abbaumethoden, und plötzlich kommt die Begeisterung des Jugendlichen für alles Technische durch, Erinnerungen an den Siebzehn-, Achtzehnjährigen, der alle Motorräder haben wollte, sich zu einem Spottpreis uralte VW Käfer kaufte, ihnen, wenn sie nach drei Monaten endgültig kaputt waren, den Motor aus- und in ein neues Wrack einbaute und dem Vater heimlich Benzin stahl, für ein paar Kilometer, ein kurzes Abenteuer.

Ich stehe am Rand eines Bruchs. Nicht wie bei uns in die Flanke eines Berges getrieben, sondern hinab, hinunter, vermessen tief hinunter zum Erdinneren. Die Augen setzen sich an den roten Einschlüssen und Adern in den weißen Wänden fest: wie Widerstand im Vorhersehbaren.

Beim Weggehen über dürres Gras, Staub und Schienen: Angst, was unter uns ist.

Es wird immer noch Geburtstag gefeiert, als wir spät nachts zu Sandros kleiner Pension in Santa Croce zurückkehren. Wir sind müde. Später mischt sich W.s Atem in das ferne Rauschen des Überlandverkehrs.

Sonntagvormittag ist Fronleichnamsprozession.

Die barocke Hauptkirche erstrahlt im Glanz, zeigt den einstigen Wohlstand Santa Croces. Kerzen brennen, venezianische Kristallüster funkeln in bunten Steinen und Goldschmuck, über dem Altar schwebt ein Engel auf einen Mann nieder, der in einer weiten Landschaft kniet: Karstlandschaft, wie sie ums Dorf liegt. Die Sprache des Gottesdienstes ist Slowenisch, die Gläubigen singen inbrünstig. In geordnetem Zug treten sie auf den Vorplatz mit den beiden spatzenlauten Kastanien hinaus. Die weißen Mädchen gehen voran, Priester und Baldachinträger folgen. Die Glocken schlagen links und rechts ins Freie, wie in Roms Chiesa Santa Maria in Aquiro nahe der Piazza Navona.

Viele Häuser sind geschmückt. Purpurne Brokatbahnen hängen aus den Fenstern, weiße Lilien duften in den Gassen. Ein Mann trägt einen Lautsprecher, die Gebetsformeln ziehen über den Ort. Junge Eltern schieben Kinderwägen vor sich her, Mopedfahrer stellen den Motor ab. Wolken von Weihrauch über den Altären verfangen sich in Stein und Efeu der Mauern.

Durch Santa Croce führt der Wanderweg Nummer eins, der vom Osten Triests über den Monte Calvo bis Aurisina am Abbruch des Karsts entlangführt und Teile der alten Römerstraße mit einbezieht. Es ist fast Mittag, als W. und ich durch die lockeren Föhren- und Eichenwälder gehen. Das Meer ist kaum zu sehen. Hitze über dem Pfad. Trockene Zapfen knacken unter dem Fuß. Gelber Steinbrech wächst zwischen verfallenen Mäuerchen. Verblüht steht Ginster am Rand der Lichtungen. Von Zeit zu Zeit zieht die ferne Schallkurve des Zuges vorüber, an- und abschwellend, leise und schön. Insekten summen.

Wir sind allein.

Niemand sieht uns.

Auf dem Rückweg finden wir einen der ursprünglichen Aussichtsplätze für den Thunfischfang. Mit einem Schlag, unvermittelt und unzerstört, öffnet sich der Blick, im Südosten bis zur Georgskirche von Piran, im Westen bis zum Campanile von Aquileia. Windmäander über die weite Fläche hin. Blau dringt ins Herz. Ein Torso der Mensch. Am rechten Blickrand liegt tief unten das Schloß Duino. Auf seinen Terrassen schrieb Rilke über die Schönheit, die gelassen verschmäht, uns zu zerstören.

Erst hier, an diesem Punkt, verstehen wir die einleuchtende Einheit von Karst und Meer, die für Veit Heinichen so wesentlich ist. Hier standen die Späher, fast dreihundert Meter über der See, und warteten auf die Thunfischschwärme, die sich durch die bewegtere Oberfläche des Wassers und seine unterschiedliche Farbe verrieten. Die richtungsweisenden Rufe zu den Fischerbooten hinunter sind überliefert. Das ganze Dorf strömte in die Bucht, half mit, zog die Netze ein, barg den Fang, nahm aus, zerschnitt, präparierte, verteilte. Die Frauen trugen die Beute in Körben auf dem Kopf nach Hause. Alles lebendig, als ob es jetzt geschähe.

Tage zuvor waren wir in dieser Bucht gewesen. Gingen über den steinigen Strand zur Marina. Ich sah nur halbnackte, von Sonnenöl glänzende Körper und Dosenbier. Im kleinen Hafen ein paar Kutter, ein paar Segelschiffe vor Anker, leer oder nur als Sonnendeck genützt. Moos und Algen an den Tauen, schillerndes Grün. Einer der Fischkutter lag versunken auf Grund.

Abschiedsstimmung.

Umarmung, Dank und Wiederkommenswünsche da und dort.

W. wird die Koffer und einige Flaschen von Sandros Produkten im Kofferraum verstauen und mich später an der Strada Costiera abholen.

Noch einmal durch Santa Croce.

Noch einmal eine alte Treppe hinunter, die ursprünglich Weg zu den Oliven- und Weinterrassen war und heute gesäumt ist von niederen Eichen, Ahorn, Akazien und Macchia. Ich pflücke die Spitzen wilden Spargels, köstliche Süßbitternis auf der Zunge. Lasse mich nieder auf dem warmen Stein. Die Küste liegt in ihrer Pracht. Auf einem der Schiffe stehen Männer in schwarzen Neoprenanzügen und mit Sauerstoff-Flaschen, einer springt ins Wasser. Nein, kein Verdacht, ich bin nicht Proteo Laurenti. Die Muschelbänke wechseln ihre Farbe im Licht, rot, gelb, orange, weiß. Ein Boot zieht zwischen ihnen entlang, ein Mann erntet ab. Brummkäfer in der Luft. Schwaden von Thymian- und Majoranduft. Eine Brise streift vom Meer herauf, verweht allen Schmerz. Wieder rauschen Züge vorbei. Ein Reh kreuzt die Treppe, hellbraun glänzt sein Fell in der Sonne. Es steht bewegungslos, schaut mir entgegen, wartet.

Stillstand eines Nachmittags.

Ich bin eines Vogels Traum.

Hier könnte ich bleiben.

Jenseits der Geleise, geschützt in dichtem Grün, liegt Veit Heinichens Haus.

Er wird an seinem Arbeitstisch sitzen und sich neue Geschichten erschreiben, neue skandalöse Machenschaften aufdecken.

Die Blätter seines alten Mispelbaumes rascheln.

Steil der Hang unter ihm, weit das Meer vor ihm.

Er nimmt das Fernglas zur Hand, prüft die Schiffe, die vorüberziehen. Zündet sich eine Zigarette an. Legt einen Scarlatti auf. Das Telefon läutet. Die Pelargonien auf der Terrasse blühen feuerrot. Schwalben sirren. Neben dem Laptop steht ein Glas goldgelben Weins von den Rebstöcken des Karsts. Auf der weißen Brüstung des Balkons ein dunkelgrüner Spielzeugtraktor mit Anhänger, wie er im Allgäu und in den Dörfern der steinigen Erde die Ernte einfährt. Worternte. In der Stellage neben dem Tisch meditiert ein kleiner Buddha, liegen Bücher, Aufzeichnungen und ein Stadtplan von Triest. Das leise Geräusch des Schreibens verklingt und man sieht ihn aufschauen. Sehr lange hinausschauen aufs Meer. Grenzenlos bis zum Horizont dehnt sich der Golf in die Umarmung des Festlandes. Die Felsrippen Istriens und die Lagune von Grado liegen im Dunst. Verborgen sind die Quellen des Timavo.

Blau des Himmels. Blau des Meeres.

Blau von Nie- und Nieverwehn.

Blau in Blau in Blau in Wort und Wind und Zeit.

Ingeborg Bachmann, Johannes Urzidil

Rom. Ballett von Tod und Leben

Xylophon der Nacht. Aus dem Innenhof dringt das Klirren von Tellern herauf, von Gläsern, Töpfen und Deckeln, Reden, Rufen, Lachen. Ein Fensterflügel schlägt. Von Zeit zu Zeit der Schatten des Aufzugs. Draußen die Menschen, der Lärm, die Sterne. Die Brunnen werden erleuchtet sein, die Ruinen, die neuen Tempel, die Obelisken des Raubs. Und die afrikanischen Straßenhändler werden noch ihre Waren anbieten und warten, bis die Vergnügten aus den Restaurants und Bars nach Hause gehen. Aber wo ist ihr Zuhause, irgendwo in einem Shelter am Tiber oder weit draußen in den Suburbs, die immer noch das Wort „Stadt" in sich tragen, zu sechst oder siebt zusammengedrängt, wo ist ihr Trinkwasser, wo ihre Intimität? Und sie suchen ihre müden Körper unter den Türmen und Kirchen, den erleuchteten Palazzi und dem Funkeln einer großen, schönen Stadt, die endlich, vielleicht, jetzt ihr Machtgehabe abgelegt hat, vielleicht nur vertauscht hat ins etwas Leisere. Aber die einen fahren immer noch die Cabrios und tragen Ray-Ban-Brillen und die anderen verkaufen ihre Fälschungen, Gucci-Taschen und straßbesetzte Gürtel, sie schielen nach der Guardia Milizia, denn sie haben keine Erlaubnis, sie packen und rennen davon mit ihren großen Taschen über der Schulter und dem gehetzten, traurigen Blick.

Ich telefoniere mit daheim, dort ist Schafskälte, und am Untersberg liegt Schnee. Morgen früh wird mich der Lärm der Putzmaschine wecken, das Öffnen der Rolläden, das Geplauder der Menschen, die unten auf der Tor Millina ihr Tagewerk beginnen. Der Himmel wird blau und samten sein, der Ton der Glocken von Sant' Agnese treibt über die Dächer, und ich werde in den Tag hineingehen, schauen, hören, riechen, staunen, mich verirren, wiederfinden, flanieren, müde werden, mir den roten Wein im Geschäft gegenüber öffnen lassen, eine Redewendung mehr lernen, vielleicht eine Lektion weiterkommen im Langenscheidt, Dumont studieren, den Stadtplan, die Stadtteile und Ausfahrtsbusse, Natalia Ginzburg lesen und Pasolini und gehen und schauen und gehen und jeden Tag mehr einen Schritt weiter in diese Stadt tun, in diese museale und jetztpralle Stadt, in dieses schnelle, laute und schlaflose Leben, und jeden Tag ein Stück stärker werden und weniger abgesogen von mir selbst durch die Wörter der anderen.

Jeden Tag ein Stück näher kommen jenen, die ich suche.

Rom.

Via di Tor Millina. Lebt, flutet, musiziert. Essen, Trinken, Trampelpfad zwischen Pantheon und Petersdom. Schlund, in den sich die Massen von der Piazza Navona her ergießen. Die Zungen, die deutschen und amerikanischen und französischen und japanischen und italienischen Zungen schlecken Eis. Pizza mit Nutella, Geigen und Souvenirs. Der Wahrsager am Eck hat Kundschaft. Die blondierte Alte redet vor sich hin, plötzlich schimpft sie ins Gewühl, das stockt und starrt. Der Lärm steht zwischen den hohen Häusern, steigt in einer dicken Säule auf. Ich ganz klein mittendrin. Der Lärm als Mandorla um mich, das Leben, Lachen, Reden, Konsumieren: es ist das, was bleibt. Nicht Triumphbögen und Altäre, nur der Lärm und das Kommen und Gehen werden bleiben und die Sucht nach Vergnügen. Mit wilden Tieren, brennenden Menschen oder den Gauklern der Gegenwart auf der herrlichen Piazza, so harmlos heute, die Mobiltelefone klingeln, die Porträtisten halten die Stifte bereit und die ägyptische Menschenstatue steht starr in der Sonne neben der Dose fürs Geld. Auf Berninis Brunnenfiguren sitzen die Tauben. Sie haben den Kopf eingezogen oder putzen ihr Kleid, Federflaum schwebt den Flußgöttern entlang, ihre muskulösen Hintern hinunter, ins Wasser.

Hier war immer ein Ort der Lustbarkeit. Agonistische Spiele in großer Arena großer Imperatoren, Divertimento für Groß und Klein, von Diokletian zu den rauschenden Festen des Barock, der ganze Platz unter Wasser gesetzt für die Rennen der schnellsten Pferde.

Hier war immer der Tod. Hier steht sie, die schöne Agnes. Nackt unter den Bögen des Circus Agonalis. An den Pranger gebunden wie die Huren, die man hier zur Schau stellte. Ein Wunder ließ ihr Haar so schnell wachsen, daß es ihre Nacktheit verdeckte. Sie war zwölf oder dreizehn. Der

Sohn des Präfekten von Rom hatte sich in sie verliebt, aber sie hatte sich Gott versprochen, Agnes, die Keusche, Reine, und ihn zurückgewiesen. Rache? Hier stand sie zum Gaudium des Volkes. Und einer näherte sich ihr unzüchtig, und er starb auf der Stelle. Ein weißer Engel beschütze sie, sagte sie und erweckte den Toten mit einem Gebet zu neuem Leben. Als man sie ins Feuer stieß, erloschen die Flammen. Schließlich wurde ihr, wie einem Opferlamm, die Kehle durchschnitten.

Legenden, Geschichten, Gerüchte. Die Fama.

… schön ist sie, warum ist sie schöner als andere? Und hat sie nicht unsere Götter verspottet und sich einem anderen vermählt, diesem Christus, den sie Erlöser nennen? Und ist sie nicht schuld an diesem und jenem, an der Seuche, dem Brand, der Not? Einer, eine muß ja schuldig sein, weißt du das nicht und hast du nicht gehört …

Wir hören das Gras wachsen, und da glaub ich, es beißt mich etwas und Jesus Maria und Josef, und er hat sie genommen wie die Dirn vom Tanz, und Hur bleibt Hur, vergelt's Gott, in der Not frißt der Teufel Fliegen. Unsere Familie, die plappert nach, die redet, so lang der Tag hell ist, die redet und redet … Unsere Familie hat alle Vor-urteile der Welt, wenn es sie nicht schon gäbe, erzeugt, alle Grau-samkeiten sich ausgedacht, in unserer Familie heißt es: die oder den

sollte man aufhängen oder anzeigen oder der verdient's nicht besser ... Ich und Wir. Meine ich manchmal nicht nur mehr Wir? ... Wir unteilbar, geteilt durch jeden einzelnen, doch Wir.
Meine ich nicht Wir, gegen den Tod gehend, Wir, von Toten begleitet, Wir Hinsinkende, Wir Vergebliche?[1]

Das ist die Sprache unserer Familie. Unsere Sprache? Mordschauplatz der Gesellschaft. *Der Tod wird kommen* heißt diese unvollendete Geschichte von Ingeborg Bachmann.

Ich hatte einen Bogen machen wollen um Ingeborg Bachmann. Zu viel ist schon geschrieben über ihre Zeit in Rom, über die Jahre, die sie hier in verschiedenen Vierteln und Wohnungen lebte, hier, wo sie verbrannte. Kein weißer Engel hat sie beschützt. Ich wollte andere Spuren suchen. Aber sie wurde so gegenwärtig, wurde es von Tag zu Tag mehr, war da in den Wegen, Bildern, Worten, Gedanken, Träumen. In ihrem Lachen und im Nachtmahr der Todesarten, die sie woandershin verlegte, ins wienerische Ungargassenland, nach Kärnten oder Ägypten, die sie aber hier entstehen ließ und schrieb, hier im Taumel des römischen Lebens, das sie brauchte, um anonym zu bleiben.

Man hat mich oft gefragt, warum ich nach Rom gegangen bin, und ich habe es nie gut erklären können. Denn Rom ist für mich eine selbstverständliche Stadt ... Ich habe kein Italienerlebnis, nichts dergleichen, ich lebe sehr gerne hier ... Das schwer Erklärliche ist aber, daß ich zwar in Rom lebe, aber ein Doppelleben führe, denn in dem Augenblick, in dem ich in mein Arbeitszimmer gehe, bin ich in Wien und nicht in Rom. Das ist natürlich eine etwas anstrengende oder schizophrene Art zu leben. Aber ich bin besser in Wien, weil ich in Rom bin ...[2]

Ich wollte Johannes Urzidil suchen. Den Vergessenen, dessen Bücher zum Großteil vergriffen sind. Urzidil, den Prager Deutschen aus der österreichisch-ungarischen Monarchie, Flüchtling, Emigrant, New Yorker, der zwischen Wolkenkratzern Sophokles im Original las, sich mit Lederhandwerk mühsam das Überleben sicherte, den Humanisten,

Schriftsteller, Literatur- und Kunstkenner, den frühen Expressionisten und späteren Goetheforscher, den Weltbürger, gestorben 1970 mit vierundsiebzig Jahren im Österreichischen Kulturinstitut in Rom. Begraben auf dem Campo Santo Teutonico.

Dieser liegt innerhalb der Mauern des Vatikans, sagte mir ein Freund in Salzburg am Abend, bevor ich nach Rom aufbrach, liegt verborgen an der südlichen Seite des Petersdoms, uralt, ganz still. Ich wußte sofort, daß ich dorthin mußte. Und begann schon im Flugzeug, Urzidil zu lesen. Fuhr in Rom in die Viale Bruno Buozzi, in jenes prächtige Haus hoch über dem Etruskermuseum der Villa Giulia, das auf einem Grundstück errichtet wurde, das Benito Mussolini den befreundeten Staaten zu einem symbolischen Preis geschenkt hatte und in dem das Kulturinstitut untergebracht ist. Entlieh mir alle Erzählungen, Essays und Romane Johannes Urzidils. Der Tod eines Emigranten auf faschistischem Boden? Aber die Erde ist unschuldig unter dem Schritt der Imperatoren und Diktatoren, sie ist geduldig.

Schlaflose Nächte in der Tor Millina. Schlafwachen, Wachschlafen. Der Lärm in den Gassen – vier kreuzen sich unter meinem Fenster –, den Restaurants und Bars schwillt an, zwischen Mitternacht und zwei Uhr ist seine eigentliche Zeit. Die Leute grölen und schreien, manche sind betrunken. Sie lachen explosionsartig, wie immer, wenn Witze erzählt werden. Gegen drei wird es langsam leiser. Gegen vier ist die Stunde der Möwen, die die Reste auf den Plätzen sammeln und sich's über den Dächern abjagen. Um fünf ist die Zeit der Putz- und Spritzbrigaden, sie reden und lachen, Flaschen fliegen in eiserne Tonnen, Glas klirrt, Besen rotieren, Wasserfontänen zischen. Später hört man die Stimmen alter Männer, die den Morgen begrüßen, Karren holpern über das Pflaster, da und dort wird schon ein Rolladen hochgestemmt, in den Cafés werden Tische und Sessel zurechtgerückt, leise Musik steigt herauf in den zweiten Stock, füllt das Zimmer, legt sich tröstlich auf meine Augen, und endlich schlafe ich ein.

Der Campo Santo Teutonico liegt in der Sonne. Unter dem Blau eines neuen Tages, aufgezogen über alle Horizonte, eingezogen in den vergessenen Blick des lichtlosen Graus. Es ist ein stiller Ort, beschützt und eingeschüchtert von den fast fensterlosen, riesigen Flanken des Petersdoms, von den Türmen und fernen Kuppeln, die zum Himmel schweben. Hohe Pinien im Geviert, Palmen, Blüten, süßer Duft von irgendwo. Grabplatten, Inschriften, Kreuze, hingeduckte Kirche, Bruderschaftsgebäude. Statuen segnen, flehen oder beten. Auf dem menschenübersäten Platz von St. Peter liest Papst Benedikt XVI eine Messe, vervielfacht auf riesigen Videowalls. Gesang dringt her über die Kolonnaden, Mauern und Schweizer Garden, später die Chöre mit den Rufen nach Be-ne-detto, immer wieder Be-ne-detto. Der Rhythmus hat eine Silbe mehr als andere Heil-Rufe, die noch immer im Ohr klingen. Die fast schwarzen Zypressen schwanken lautlos, irgend etwas rieselt herunter, Samen oder Altes, das abgestoßen wird. Oleander blühen, Efeu rankt sich, der Schatten eines Vogels streift drüber.

Erde aus dem Heiligen Land soll auf dem Campo Santo verstreut sein, und Quellen aus Antike und Mittelalter belegen, daß hier einst der Ort von Caligulas Zirkusspielen und Neros Christenverfolgungen war. Mosaikboden aus den Blutstropfen der Märtyrer gebildet. Das ursprüngliche Feld vor seinem Tor nannte man Piazza dei Protomartiri Romani, Platz der Erstlingsmärtyrer Roms. Der Campo und das Hospiz wurden vielfach geplündert, Wölfe drangen ein und scharrten nach den Leichen. Ich suche das Grab eines Mannes, den ich nicht kenne, eines Dichters, den ich erst entdecken muß.

Der Angsttraum der unaufhaltsamen Vergänglichkeit, der Hohn über den Unwert alles zeitweilig Wertgeschätzten hockt allenthalben herum, als Staub, der die Dinge überzieht, oder als Grimasse, die wie ein Vexierbild aus dem Durcheinander hervorstarrt.[3]

Johannes Urzidils Name ist als erster von vieren in die Grabplatte der Sanctae Mariae de Anima eingraviert. * PRAG 3. FEB. 1896 † ROM 2. NOV. 1970. Ich streiche mit den Fingern über die Buchstaben. Ein paar Zeichen für ein ganzes Leben, fast ein ganzes Jahrhundert. Zünde eine Kerze an, sie wirkt verloren im Licht, das auf den Wegen tanzt, über die Steinstufen hin, auf denen ich sitze und mir vorstelle –

wie es in den letzten Jahrzehnten der Donaumonarchie begann, in Prag. Zerrissen und befruchtet von den brodelnden Gegensätzen der Völker, Sprachen und Religionen, von Kaisertreue und nationaler Revolte, Mystik und wissenschaftlicher Luzidität, von tschechischer Mehrheit und deutscher Minderheit und innerhalb dieser wiederum von großer jüdischer Mehrheit. Urzidils Vater war Techniker, die neuen Eisenbahnen waren das Auffangbecken für Ehrgeizige, er aber blieb ein einfacher Beamter. Er war ein Mann der Gegensätze: war deutschnational und heiratete in erster Ehe eine Witwe jüdischer Abstammung, die sieben Kinder in die Ehe brachte. Johannes war das erste gemeinsame Kind. Als er vier Jahre alt war, starb die Mutter. In zweiter Ehe verband sich der Agnostiker, der kein Tschechisch sprach, einer tschechischen Katholikin. Er hielt jedoch auf Bildung, ließ den Sohn zweisprachig erziehen, schickte ihn auf das humanistische Gymnasium, das zum Großteil von jüdischen Deutschen besucht wurde. Es gab keinerlei konfessionelle Probleme, nur soziale.

Nie wurde der Heranwachsende in die Familien der Reichen eingeladen, was, wie Johannes Urzidil selbst es deutet, seinen späteren Hang zur Darstellung der unteren sozialen Schichten, der Benachteiligten und Verlorenen, förderte. Früh wird seine Welt das Café Arco, der Kreis um Künstler und Schriftsteller, Brod, Werfel, Kafka, Oskar Baum. An der deutschen Universität studiert Urzidil Germanistik, Slawistik und Kunstgeschichte, wird Teil der expressionistischen Kreise um Kurt Wolffs „Der Jüngste Tag", leistet Kriegsdienst in der untergehenden Armee der Donaumonarchie, macht sich in der Zwischenkriegszeit einen Namen als Lyriker und Erzähler, als Literatur- und Kunsthistoriker. 1922 heiratet er gegen den Widerstand ihrer Familie die Tochter eines orthodoxen Rabbiners, Gertrude Thieberger. Sie war Lyrikerin und die Schwester des Schriftstellers und Religionsphilosophen Friedrich Thieberger, der der Hebräischlehrer Kafkas war. Am 19. Juni 1924 hält Urzidil eine der beiden Totenreden auf den verstorbenen Freund, an den er noch Jahrzehnte später in dem Büchlein *Da geht Kafka* erinnern wird. Mit 28 Jahren tritt er der Freimaurerloge „Harmonie" bei, die Lessings Nathan als Leitstern hat. Er wird Korrespondent internationaler Zeitschriften, unter anderem von Ernst Schönwieses *Silberboot*.

1939. Der Marschschritt über Europa, der Schnitt in einer Biographie, das Ende einer hoffnungsvollen Karriere. Die Freunde in viele Länder zerstoben, manche später in Hitlers Konzentrationslagern ermordet. Urzidil kann in letzter Minute über Italien nach England fliehen, 1941 weiter in die USA, deren Bürger er 1946 wird und wo er bis ans Ende mit seiner Frau lebt. In seinem letzten Jahrzehnt wird er im deutschen Sprachraum vielfach ausgezeichnet, erhält Preise in Köln und Berlin, Österreich ehrt ihn – als einen der Seinen? – mit dem Titel eines Honorarprofessors und 1964 mit dem Großen Österreichischen Staatspreis für Literatur. Nie mehr aber wird er den Boden seiner böhmischen Heimat betreten. Die Öffnung des Eisernen Vorhangs hat er nicht mehr erlebt. Das neue Österreich war ihm, wie dem Geistesverwandten Theodor Kramer, der bis Mitte der 50er Jahre im englischen Exil blieb und nur heimkam, um zu sterben, nicht nahe genug. Bis ans Ende seiner Tage schreibt Urzidil von Amerika aus Erzählung um Erzählung über die verlorene Geliebte, über die Stadt seiner Geburt und eine versunkene Welt: *Prager Triptychon*, *Letztes Läuten*, *Der Trauermantel*, *Morgen fahr ich heim* …

Doppelleben: Johannes Urzidil schreibt in New York über Prag, Ingeborg Bachmann in Rom über Wien. Beide aber, wenn auch unter anderen Vorzeichen und in unterschiedlicher Intensität, schreiben über die Spuren eines untergegangenen Reiches und über die Sehnsucht nach einer gewaltfreien Sprache, einer humanen Welt.

Die Sonne wandert über die Zypressen des Campo Santo Teutonico. Die Messe auf dem Oval des Platzes vor St. Peter ist zu Ende, Benedetto ist mit dem Papamobil in den Zwischenhof der Piazza dei Protomartiri gefahren worden. Lockeres Geplauder mit Würdenträgern. Auf den Stufen vor Urzidils Gruft sitzend, sehe ich durch die Gitterstäbe des Friedhofs die Farben von Purpur und Violett und die wehenden Schärpen, das Schwarz und Weiß der Soutanen einer geschlossenen Gesellschaft.

Ich lese über die Geschichte des Friedhofs. Das Recht, hier begraben zu werden, ist ein besonderes. Es hat sich in seiner tausendjährigen Geschichte verändert und ging ursprünglich aus der Gründung der „Erzbruderschaft der Armen Seelen" hervor. Das damalige kleine Hospiz war ausschließlich der Pflege von Pilgern deutscher Sprache, also auch Flamen, Böhmen oder Schweizern, zugedacht, die auf Wallfahrt nach Rom kamen oder hier auf dem Weg ins Heilige Land Zwischenstation machten. Menschen auf Kreuzzug, auf Suche. Man gab ihnen Herberge, schützte sie vor Raub, pflegte ihre Schwären und Schwächen. Ereilte sie der Tod im Schatten der großen, heiligen Kirche, durften sie hier begraben werden. In jüngster Zeit wurde das Bestattungsrecht ausgedehnt auf jene, die sich im religiösen Leben Roms verdient gemacht oder vielleicht sogar der Erzbruderschaft des Campo Santo beigetreten waren.

Johannes Urzidil hätte sich das Recht, hier begraben zu werden, aus vielerlei Gründen erworben. Auch wenn es nicht die Großmut jenes Mannes gegeben hätte, in dessen Haus er starb und der ihm sein eigenes verbrieftes Recht abtrat, da kein Geld für eine Überführung in das ferne New York verfügbar war: Heinrich Schmidinger, damals Leiter des Österreichischen Kulturinstitutes und seit 1968 mit dem Gast und dessen Frau befreundet. Urzidil hätte es sich erworben: Deutsch war die Sprache seiner Literatur, die ihm Glück der Jugend, Zeugnis großer Geister der Humanität und später in den Jahrzehnten des Exils Rettungsanker und Schuldträger zugleich war. Als Deutscher fühlte er sich zeitlebens innerhalb des vielsprachigen und vielvölkerreichen Prager Erbes, das ihm für ein ziviles Europa stand. Er war Flüchtling und er war auf erzwungener Pilgerschaft zwischen den Ländern und Kontinenten, Sucher nach den Gesetzen des Schöpferischen und den Geheimnissen des Schöpfers. So hat seine Lebensgeschichte Konsequenz. So ist es gut, daß er hier, auf dem Campo Santo Teutonico, seine letzte Ruhe fand, denke ich, und stelle die Kerze in eine dunkle Nische des Kreuzganges, damit sie heller leuchte.

Tage später stehe ich im Kreuzgang der Lateranbasilika. Wiederum ein Geviert der Harmonie, ausgesperrte Welt, Fokus auf sich selbst. Ich gehe rundherum und noch einmal rundum im gedämpften Sonnenlicht, das durch die durchbrochenen Spitzbögen fällt und bizarre Muster auf die Steinplatten legt. Ich weiß nicht, ob wir nicht in den Kirchen unserer Kindheit schon geschwängert wurden mit Vorstellungen, die in uns immer neue Heiligenbilder und heilige Orte gebären, wo hat das hingeführt, in Krieg und Ausrottung und Inquisition und auch, ja, auch in die verführerische Schönheit der Kunst, der wir erliegen. Und draußen, auf dem weitläufigen Platz vor den Eingangstreppen zur Pracht und Herrlichkeit des Goldes über den Häuptern von Petrus und Paulus, schaue ich die schneeweiße Fassade empor. Christus, der Salvator, schreitet in der Mitte über dem Hauptportal in die Welt, mit ähnlich atemraubender, brutaler Dynamik wie Michelangelos Christus im Jüngsten Gericht der Sixtina, einmal der Retter, einmal der Rächer, eine Hand erhoben gegen den Himmel, wir im Staub.

Ich brauche einen doppelten Espresso. Die Gasse, die weiter zum Kirchlein der Quattro Coronati leitet, ist still und sommerwarm. Blühendes fällt über hohe Mauern. Eine Katze sonnt sich, Bienen knacken die süßen Früchte des Veitschis. Kein Gold, keine Edelsteine zieren die Häupter der vier Gekrönten. Man hat ihnen Eisenspitzen ins Hirn getrieben. Wer hat das befohlen und wer, ja, wer hat das ausgeführt, wer sind die mit den blutigen Händen, frage ich mich und schrecke durch das Quietschen von Autoreifen auf, jemand hat abrupt gebremst. Ein junges Mädchen springt aus dem Auto und schlägt die Türe zu. Sie schreit durch das offene Fenster auf den Lenker ein, stampft, stößt wie wild mit den Beinen gegen die Karosserie, fährt sich unter den Rock, so daß jeder der erschrockenen Passanten sieht, was ihr geschah.

Sie ist blond und hat aufgestecktes, langes Haar, das sich an der linken Seite gelöst hat und ihr wirr auf die Schultern fällt. In einem Augenblick zwischen Panik und Erschöpfung sehe ich ihr Gesicht, wie es sein könnte ohne Angst. Es ist von großem Liebreiz und im Karussell meiner mich jagenden römischen Bilder erinnert es mich an ein Lünettenfresko in der Villa Farnesina am westlichen Ufer des Tiber. Ein junges Mädchen war hier am Nebenschauplatz eines großen Gepränges aufgemalt. Sie war zart, dem Manne zugeneigt, dem sie versprochen scheint, der Hofstaat ist weggeschickt, kein Thron mehr zu sehen, kein Machtsymbol, sie sind allein, zwei Menschen im Wimpernschlag der Liebe. Licht fiel durch die hohen Fenster und auf ihr durchsichtiges Gewand, der Marmor gab ihrer Gestalt den Rahmen in Grau, Ocker und Gelb, und meine Schritte auf den kostbaren Intarsien des Parketts schienen schwerelos wie jene auf dem Bild. Hinter der Mauer des Parks war das Strömen des Verkehrs, unter den Zweigen der Platanen stand der Tiber, dreckig und müde und von Ingeborg Bachmann einst so beschrieben:

> In Rom sah ich, daß der Tiber nicht schön ist, aber unbekümmert um seine Kais, aus denen Ufer treten, an die keiner Hand legt. Die rostgebräunten Frachtschiffe benützt niemand, auch die Barken nicht. Sträucher und hohes Gras sind mit Schmutz beworfen,

und auf den einsamen Balustraden schlafen in der Mittagshitze die Arbeiter regungslos. Noch nie hat sich einer umgedreht. Nie ist einer hinuntergestürzt. Sie schlafen, wo die Platanen ihnen einen Schatten aufschlagen, und ziehen sich den Himmel über den Kopf …[4]

Von den sechs Wohnungen Ingeborg Bachmanns in Rom lagen drei nur einen Steinwurf von den Ufern des Tiber entfernt: jene in der Via Vecchiarelli von Anfang 1957 bis Herbst 1958, und zwei in der Via Giulia – von 1959 bis 1961 mit Max Frisch auf Nummer 102, später allein in der Via Giulia 66 von Anfang 1972 bis zum Brandunfall in der Nacht vom 25. auf den 26. September 1973. Nur sechs Seiten lang sind ihre Betrachtungen *Was ich in Rom sah und hörte*, tiefer jedoch als alles, was es über die Stadt zu lesen gibt. Mehr wollte sie nicht sagen, sie wollte hier leben.

Konnte sie hier leben?

Wie war das zuletzt, hier zu sein, frage ich mich in der von Lorbeerbäumchen gesäumten Via Giulia, hier, nur ein paar Schritte von jenem Haus entfernt, wo das Leben Jahre zuvor, vielleicht, weniger unheilbar gewesen war? Weniger Zerschundenes, Zerschlagenes in sich barg? Wo sie mit jenem Mann lebte, von dem sie sich später verraten und bloßgestellt fühlte, vernichtet bis in den Tod? Verletzt, zerstört, in ihrer Intimität der Öffentlichkeit preisgegeben durch *Mein Name sei Gantenbein*, *Montauk* oder die Tagebuchnotizen Max Frischs. Depressionen, Schlaflosigkeit, Medikamentenabhängigkeit, Entziehungskuren, Sanatoriumsaufenthalte.

In ihrer Literatur wird sie mit intellektueller Schärfe und poetischer Bildimagination in immer neuen Variationen von „Mord" sprechen, von den Verbrechen, die ein größeres Raffinement erfordern als die offensichtlichen. Verbrechen, die sublim sind, bei denen kein Blut fließt und das Gemetzel innerhalb des Erlaubten stattfindet. „Was tun wir einander an?" fragt sie immer wieder. Wer hat mir mein Lachen genommen, „meine Zärtlichkeit, mein Freuenkönnen, mein Mitleiden, Helfenkönnen, meine Animalität, mein Strahlen …"[5]

Todesarten.

Wie wenig hat Frisch davon verstanden? Wie sonst hätte er in *Gantenbein* die Lächerlichkeit seiner Fiktion um die Schauspielerin Lila entwerfen können, jene Frau, die, attraktiv zwar, aber unintelligent, darauf reduziert scheint, ständig etwas zu vergessen, in ihrer Handtasche zu kramen oder die Wohnung achtlos unter Wasser zu setzen? Hat er selbst diese ironischen Plattitüden revidieren und auf Kritik von außen reagieren wollen, indem er Bachmann in *Montauk* beim Namen nennt und von Ingeborgs Freiheit und ihrem Glanz spricht?

„Ich bin doch wirklich zu schweizerisch", überliefert Inge Feltrinelli, die italienische Verlegerin der beiden, ein Gespräch mit Max Frisch nach der Trennung, „ich kann einfach nicht verstehen, wie man in dieser Wunderstadt erst am Nachmittag aufsteht! Und Ingeborg liest nie ihre Post, sie stopft alles in eine Schublade, und da liegen die wichtigsten Briefe für Wochen." Gerüchte, Überlieferungen, Persönliches, wie immer über ein Paar öffentlichen Interesses. Beide wurden als Medienstars vermarktet, er der kühle Konstrukteur, sie die geheimnisvolle Diva. Banal-biographische Mutmaßungen füllen Bände. Diskretion, wie sie Bachmann wünschte und in der parodistischen Interview-Passage in *Malina* einforderte, gab es selten.

Auch der werkgeschichtliche Streit der Wissenschaft geht bereits über Jahrzehnte. Die Frage bleibt ungelöst, ob der rätselhafte *Malina*-Roman, die späten Erzählungen aus *Simultan* und die aufrüttelnden, präzisen Fragmente um Franza und Fanny Goldmann Bachmanns dichterische Versionen derselben Geschichte sind. Wären sie es, wären sie grandiose Verschlüsselungen. Wären sie nur das, wären sie nicht Weltliteratur.

Bachmann lesen. Das Stipendiatenzimmer in der Tor Millina, laut und ausgesetzt dem Lärm der Welt, macht durchlässig für alles, was ist und gewesen sein kann. Ich draußen und drinnen und in den Worten der anderen, ganz bei mir und ganz verloren. Lesen, notieren, Pasta kochen in der Hinterhofküche mit Mario, dem Fotografen, der im Nebenzimmer wohnt. Rotwein von den Albanerhügeln, Paolo Conte von der CD. Alle Fenster offen, vertrautes Geschirrklappern und schnelle, fremde Sprachen aus der Küche des kleinen Gassenrestaurants. Eine Waschmaschine surrt in der gegenüberliegenden Wohnung, in der Theologiestudenten leben. Die jungen Tauben über dem Ventilatorgehäuse lernen fliegen. Und wieder weg und wieder gehen, schauen, Absatzgeklimper, raschelnde Seide, goldene Kreuze, Zigarettenrauch, Schweiß und Parfum. Wind vom Tyrrhenischen Meer.

Bachmann suchen.

Die Via Giulia ist eine kerzengerade, stille Straße. Untouristisch. Sie liegt etwas tiefer als die laute Uferstraße des Tiber, Stiegen und Gäßchen führen in sie hinab, kleine Palazzi säumen sie, Wohnhäuser und hohe Mauern. Über die höchste, die den Park des prächtigen Palazzo Farnese an der Rückseite begrenzt, hängen die Ranken von wildem Wein, Glyzinien haben ihre letzten Blüten angesetzt. Oben die Macht und das Unbetretbare, unten die Menschen und der Alltag. Die unscheinbaren Kirchen tragen bezeichnende Namen: Chiesa Tempio dei Caduti sul Lavoro, Chiesa di Sta Maria dell' Orazione e Morte.

Die Häuser mit den Nummern 102 und 66 liegen nicht weit voneinander entfernt, fast schräg gegenüber. 102, die erste gemeinsame Wohnung mit Max Frisch, dürfte renoviert worden sein. Stiegenaufgang und Türen sind neu, nur die Türgriffe alt. Drei, vier Schlösser zum Versperren. Nummer 66, Bachmanns letzte Rom-Station, nennt sich Palazzo Sacchetti. Das Bild, das sie allein im Innenhof zeigt, ein Cape um die Schultern, ist vielfach reproduziert.

Was läßt sich über ein Leben sagen? Über eine Liebe? Mit unserer Sprache, dieser „fürchterlichen Anhäufung von fertigen Sätzen", von Worten, in denen Mißbrauch, Fälschung und Vulgarität so eng beieinander liegen? Und was ist Wahrheit?

Ja, was ist denn die Wahrheit über mich, über irgendeinen? Die ließe sich doch nur sagen über punktartige, allerkleinste Handlungsmomente, Gefühlsschritte, die allerkleinsten, über Tropfen und Tropfen aus dem Gedankenstrom. Dann ließe sich aber schon nicht mehr folgern, daß einer solch massive Eigenschaften hätte wie „sparsam", „gutmütig", „feig", „leichtsinnig". Alle die Tausend, Tausendstelsekunden von Gefallen, Angst, Begierde, Abscheu, Ruhe, Erregung, die einer durchmacht, worauf sollen die schließen lassen! Müssen sie schließen lassen? Auf eins doch nur: daß er von vielem gehabt und gelitten hat.[6]

Es ist Abend geworden. Über den nahen Campo de' Fiori, diesen Treffpunkt aller Jugendlichen der Metropole, gehe ich zurück ins Herz der Stadt. Komme auf der Piazza della Quercia vorbei, die wie das Innere einer Handfläche klein und geschützt unter den Laternen liegt. Auf Nummer eins war Bachmanns erste römische Wohnung. Ein später Spatz schreit lange wie um Hilfe.

Weiter in den Gassen Richtung Piazza Venezia. Meterdick Menschen. Fast alle jung, Jeans, Minirock, Bustier, freier Bauch, gepiercte Ohren und Lippen. Lachen überall. Anrempeln, Übermut, Zukunft haben und heute und heute und jeder trägt sein Leben locker im Schoß.

Auf der Freitreppe hinauf zur Piazza del Campidoglio wird es ruhiger. Platz des Michelangelo, in zaubrisches Licht getaucht durch raffinierte Effekte. Ich setze mich einem der Dioskuren zu Füßen, der Stein ist noch warm vom Tag. Raum der Vollkommenheit. Unabgegriffen für den, der ihn zum ersten Mal sieht. Rechts über dem Kapitolinischen Museum steht der Mond. Eine Gesimsefigur hält ihn in der Hand wie eine Fackel. Niemand stürzt in die Hölle. Verfesselt in den Platz. Leuchtpunkt auf der Bahn vom Ursprung zum Ende. Kein Nein im Kopf, keine Klage, nur ein übermütiger Tritt auf den Marmor: hier bin ich. Fontäne von Glück.

Der kurze Weg zum Aussichtsplatz über das Forum Romanum ist fast menschenleer. Da liegt es, das Reststück eines Imperiums. In der Stille der Nacht und im künstlichen Licht sind die Ausmaße besser spürbar, liegt sentimentale Aura über den Säulen, Tempelresten und verwahrlosten Trümmern, die untertags von Tausenden begafft werden, über die der Staub weht und die standhalten müssen dem Gerümpel der Zeit. Alles schon viel schöner gesehen, in Agrigent, Epidauros oder Ephesos. Sorgfältiger restauriert, ehrgeiziger wieder aufgebaut. Nur mit Mühe lege ich den Mythos Rom über diese Bogenstümpfe, Torsi und Wüsteneien von herrenlosen Quadern. Schulstunden steigen auf, es war ein anderes Bild, sofern es nicht im monatelangen Übersetzen von Caesars *De bello Gallico* ruiniert wurde: die Utopie der freien Meinungsäußerung und eines friedlichen Reichs-und Rechtssystems.

Unter mir, auf dem Triumphbogen des Septimus Severus, schleppt sich inmitten des Eroberungszuges ein bärtiger Gefangener voran. Er trägt ein Kind auf dem Arm. Sklaverei wird sie erwarten, vielleicht der Tod. Kein guter Geist stand ihnen zur Seite und verhalf ihnen zur Flucht, wie Jahrhunderte später eine englische Lady, die sich in die Geschichten eines Dichters verliebt hatte und Johannes und Gertrude Urzidil die rettende

Schiffspassage auf die Insel ermöglichte, sie auf einer ihrer Besitzungen in Gloustershire an das Überleben glauben machte, ihnen weiterhalf in die USA und sie noch in New York mitunter aus bedrängender finanzieller Not erlöste. Und den Dichter über alle Unbilden hinweg ermunterte, weiterzuschreiben und seine Sprach-Bilder zu entwerfen –

> Ich denke an das kleine Dunkel hinter einer Kinderstirn, an die versteckte Finsternis hinter dem Opal des Menschengesichts, an die Nacht im Stein, an den Splitter Nacht in der Brust der Schwalbe.[7]

Es ist fast Mitternacht, als sich die Piazza Venezia vor mir öffnet. Wilder Kreisel von Autolichtern, Busse, Beat und Bars, Hupen und Lachen, die Nacht ist noch lang. Jahrtausende sind bloß der Lichtreflex auf stahlblauem Sturzhelm, ein Hund verrichtet seine Notdurft, ein Paar tappt hinein.

Das Denkmal Vittorio Emanueles II ist monströs. Aber in seiner weißen Marmorfassade, dem Goldschmuck und den Quadrigen, die über die Erde jagen und sie unterjochen, hilft es der Vorstellung vom alten Rom. Von den höheren Stufen aus geht der Blick hinüber zu den jämmerlichen Resten der Foren von Cäsar, Vespasian und Trajan, den ehemaligen Marktplätzen eines Weltreiches, zu den in ihrer Nacktheit vulgär wirkenden Ziegelruinen von Bibliotheken, Basiliken und Geschäften, dem aufsteigenden Fries der triumphalen Trajans-Säule, dem Torre delle Milizie, von dem aus Nero den Brand Roms besungen haben soll, geht über die Kuppeln der Zwillingskirchen für Maria, über Sphingen und Statuen, und mittendurch die Schneise des Verkehrs:

dieses Auf und Ab, dieses Springen durch die Zeiten, Formen, ästhetischen Konzepte, Wert- und Wunschvorstellungen, Weltbilder, Götter, Dämonen und Verteidigungsbastionen, durch Hybris und Demut, Sieg und Ausbeutung, Reichtum, Verfall und Gegenwärtigkeit – kosmisches Chaos und Posaunen der Apokalypse, verwirrend, abstoßend und schön, und ich lasse alles hinter mir im Taumel immer neuer Verführungen. Unter jedem Schritt ist Geschichte und Tod, aber ich gehe und gehe durch die Nacht, den Lärm und das Stakkato der mit Fersen-eisen beschlagenen Schuhe, Kinder spielen, Zitronen blühen, Arien klingen, die Luft ist lau, die Lust steht in den Augen, Gläser klirren, Salute! Auf der Piazza Minerva, die Thomas Bernhard liebte, tröste ich den geduldigen Elefanten, er dreht sich verwundert und verquer seinem Rücken zu, der immer noch den Obelisken tragen muß, auf dem Mäuerchen sitzen Liebespaare, die Klänge einer Flöte erzählen vom Verlöschen, ein alter Mann ist an eine Hauswand gelehnt und weint, auf dem Platz vor dem düsteren Pantheon steht der nächste Obelisk, Phallus im Erzkatholischen, ich kann, wenn ich will, das Kreuz, mit dem man ihn gekrönt hat, in den Mond stellen, und ich bin allein inmitten Hunderter Menschen, und ein lichter Sog zieht mich in den Himmel, der schwarz ist.

Komm herunter, wenn du erwachst.

Diszipliniere dich, sei nüchtern.

Was steht hinter dem Namen „Anima"? Er ist auf Johannes Urzidils Gruft zu lesen. Auf dem Stadtplan finde ich, daß es eine Kirche Santa Maria dell' Anima gibt, in meiner unmittelbaren Nachbarschaft. Das Kircheninnere strahlt in Farben, viel Rot, die Kassettendecke in Blau mit goldenen Sternen. Auf den Altarbildern wird gehuldigt, angebetet, geopfert und gefoltert. Die Frauen sind schön, die Männer stoßen zu.

Der hilfreiche Archivar führt mich durch ein Labyrinth von Gängen in den dunklen, mit Büchern überfüllten Vorraum des Archivs. Ein riesiger alter Holztisch nimmt den Raum fast zur Gänze ein. Es riecht nach ledernen Folianten, nach Staub, Pergament und Lesefreuden, und sofort bin ich an Wien erinnert, an den alten Lesesaal der Nationalbibliothek mit den grünen Lampen, in dem ich studierte und den Verstand gebrauchen lernte. Den Verstand, den Bachmann, so sagt sie, dort deponierte, nachdem sie dessen Einseitigkeit durchschaut hätte.

Ich lese und erfahre: Um 1350 haben Johannes Peters von Dordrecht und seine Frau Katharina drei Häuser mit Gärten und Nebengebäuden im Stadtteil Parione erworben, um hier ein Hospiz für Personen deutscher Sprache einzurichten. Die Herberge für Pilger und die spätere Kirche zu Ehren der Himmelskönigin entwickelten sich zum Zentrum der Deutschen in Rom. Die Besitzungen wuchsen schnell, Geschenke, päpstliche Ablässe, Erbschaften, Spenden und der Fleiß der in Rom zu Einfluß gelangten deutschen Handwerker führten die Anima zu

Reichtum und Ansehen. Sie wurde zum Mittler zwischen Kurie und dem Heiligen Römischen Reich Deutscher Nation, Treffpunkt von Staatsmännern und hohem Klerus. Die Kirche wurde zur Deutschen Nationalkirche, große Teile des Stadtviertels gelangten in den Besitz der Anima, bis heute. Auf dem Campo Santo Teutonico erwarb sie das Recht zur Bestattung ihrer Mitglieder. Die Bruderschaft wurde laiziert, die Institution verlor an politischem Einfluß, dient jedoch immer noch der Unterstützung Hilfesuchender, der Beherbergung junger Priester deutscher Sprache und dem Zusammenhalt deutscher und österreichischer Mitbürger, die in Rom leben. Geführt wird sie von einem Rektor.

Nachmittage der Bücher. Des Suchens nach Zusammenhängen und Einzelheiten.

Oft sind es gerade die Details, die im Gedächtnis bleiben. Auch im Betrachten von Kunst, denke ich, während ich aus dem Archivdunkel in das weiche Ocker des Nachmittags schaue, und die Köpfe der Antike in Roms Museen ziehen an mir vorüber, die Statuen der schönen Nacktheit. Sie gleichen sich alle, sie haben sich nicht festgesetzt. Aber die Finger sehe ich noch, die sich ins Fleisch von Berninis Proserpina drücken, in ihren Rücken, der sich dem Raub widersetzt. Und Antinoos sehe ich, Hadrians Geliebten, den ich draußen in Tivoli nicht fand. Aber im Vatikan stand er, ein Jüngling, geliebt, verwöhnt, vergöttlicht, vielleicht schon mit den ersten Spuren von Verweichlichung im Gesicht. Er hatte nicht mehr lang zu leben.

Es sind die Details, die aufhorchen lassen.

Bischof Alois Hudal war einer der Rektoren der Anima. Hudal aus Graz? Dessen Nominierung zum Erzbischof von Wien von Kanzler Dollfuß vereitelt wurde? Der es 1933 dann nur zum Titularbischof eines obskuren Ortes namens Ela i.p.i. in Syrien brachte, der bauernschlau, ehrgeizig, opportunistisch und intrigant war? Hudal, der mit den *Grundlagen des Nationalsozialismus* einen Bestseller schrieb, aus dem die einen eine Pro-, die anderen eine Contra-Haltung herauslesen konnten, der undurchsichtig die Fäden zog zwischen Papst, Heiligem Offizium und den deutschen Besatzern, der sowohl mit dem NS-Kommandanten von Rom gut bekannt war als auch Verbindung zum italienischen Widerstand hatte, und der nach dem Krieg eine der Schlüsselfiguren im ungelösten Puzzle der vatikanischen Fluchthilfe wurde und Naziverbrechern zum Entkommen nach Südamerika verhalf, darunter Adolf Eichmann? Ja, dieser Hudal. Von 1923 bis 1952 war er Rektor der Anima. Die Alliierten erzwangen seinen Rücktritt. Tief enttäuscht zog er sich nach Süditalien zurück, wo er seine Memoiren schrieb.

Jüngste Forschungen versuchen eine Differenzierung: Hudal habe durch seine guten Verbindungen zur Besatzungsmacht in Einzelfällen Milderungen erhandelt. Er habe vielen, auch Juden und alliierten Soldaten, in der Anima Asyl gewährt, während draußen die Deutschen patrouillierten. Er habe nach den Geboten christlicher Nächstenliebe gehandelt und allen geholfen, die sich an ihn wandten, ohne Ansehen von Person, Nationalität oder Religion.

Wahrheit, sagt Ingeborg Bachmann, gibt es nur über Tatsachen. Nicht über Menschen.

Wenige Schritte von Ingeborg Bachmanns letzter Wohnung in der Via Giulia entfernt, liegt die Nationale Antimafia-Abteilung des italienischen Justizministeriums. Der Palazzo Sacchetti selbst ist im Erdgeschoß mit voluminösen Gittern gesichert. Sie sind von fingerdickem Staub bedeckt, vielleicht noch aus der Zeit, als Bachmann hier lebte. In einer Seitengasse liegt das Museo Criminologico mit historischer Bibliothek.

Auf dem Haus Nr. 23A in der Via Giulia ist eine Tafel angebracht zur Erinnerung an die beiden Widerstandskämpfer Giorgo Labo und Gianfranco Mattei, die an die deutsche Besatzungsmacht verraten wurden, durch den Heroismus ihres Schweigens Kameraden das Leben retteten und schließlich hingerichtet wurden. Messi a morte.

Wahrscheinlich fiel bei den Verhören auch der Name von Leone Ginzburg, Natalia Ginzburgs erstem Mann, Schriftsteller, Übersetzer und seit Beginn der 30er Jahre Untergrundkämpfer gegen den Faschismus. Am 5. Februar 1944 fand man ihn tot im römischen Gefängnis „Regina Coeli", in dem die Gestapo einen Trakt besetzt hielt. Man hatte ihn seit Monaten gefoltert und ihm zuletzt das Kiefer zertrümmert. Das hat er nicht überlebt. „Man soll später keinen Haß auf die Deutschen haben", soll er noch gesagt haben, als man ihn blutend aus dem letzten Verhör über den Gang schleifte.

Malina: Du wirst also nie mehr sagen: Krieg und Frieden.
Ich: Nie mehr.
           Es ist immer Krieg.
           Hier ist immer Gewalt.
           Hier ist immer Kampf.
           Es ist der ewige Krieg.[8]

Neben dem Eingang des Palazzo Sacchetti ist in die Mauer eine Steinbank eingehauen. Im Schein der Laternen lese ich in *Malina*, diesem Liebes- und Todesbuch des gespaltenen Ich. Lese mich ein in die tödliche Spirale der Brutalität in Historie und Alltag, bis in die Fugen der gemeinen Gedanken, der unscheinbaren Handlungen und der achtlosen Worte in Bachmanns Geschichten: „Die Gesellschaft ist der allergrößte Mordschauplatz."

Auf dem Haus Nummer 66 ist keine Gedenktafel angebracht. Nichts deutet darauf hin, daß hier eine österreichische Dichterin lebte, die die Italiener angeblich als eine der ihren betrachten, die ihre Gedichte lieben und die den *Fall Franza* und das *Requiem für Fanny Goldmann* nach Erscheinen der italienischen Übersetzung zu Bestsellern gemacht haben.

Der Pförtner kommt und schaut mich prüfend an. Ich breche Richtung Corso Vittorio Emanuele auf. Am Palazzo dell' Oro hängen Plakate, die das Poesiefestival der Via Giulia ankündigen. Es werden Silvia Plath, Brecht und Pasolini gelesen. Aus den Fenstern der Häuser dringt Feierabendlachen, Duft von Rosmarin und Fleisch. Zuhausesein. W. hat mir Fotos von den blühenden Rosen in unserem Garten gemailt. Sehnsucht.

Vor der Kirche San Giovanni dei Fiorentini brennen unzählige Kerzen auf den Stufen. Drinnen ist reges Leben, vor dem Altar wird gesungen und getanzt. Zu Barockmusik bewegen sich die Figuren in langsamem Rhythmus, sie sind dunkel gekleidet, manche tragen Fackeln, es sieht aus wie ein Zug der Inquisition. Aber es ist alles friedlich, es wird gelacht, man faßt sich an den Händen und wünscht sich Glück. Hinter dem Priester, der das Kreuz trägt, strömen die Menschen ins Freie. Die Kerzen auf den Stufen sind fast niedergebrannt. Die Straßensteine glosen blind, es wächst kein Wildermuth.

Es ist der längste Tag des Jahres, die kürzeste Nacht. Zu Hause auf den Bergen brennen die Scheiterhaufen. Drüben, auf dem Campo de' Fiori, wo die Jugendlichen die Nächte durchbringen, steht Giordano Bruno, den Ingeborg Bachmann immer noch brennen sah. In seiner Schwärze steht er da. Sah ihn brennen.

Rom. Ballett von Tod und Leben. In jedem Blick Gewalt, in jedem Tanz der Lust. In jedem Schritt Verfall, in jedem Prunk. Nirgends, an keinem Ort, ist mir je diese Nähe so augenfällig gewesen, so schmerzhaft. Dieses Bewußtsein treibt mich durch die Tage und Nächte, hält mich an der Longe.

Diese Nacht ist zu schön, um schlafen zu gehen. Die Kuppel des Petersdoms schwebt über den Platanen des Tiberufers. Sie lockt mich. Die Via della Conzilliazione führt hin zum gesalbten, beschworenen Platz. Die beiden päpstlichen Segensfenster sind erleuchtet, die Sixtina ist angestrahlt, künstliche Lichtspiele entrücken die gesamte Szenerie dem Irdischen. Die Brunnen rauschen. Das kolonnadengefaßte Oval, der Dom, die Kuppel stehen im Schmeichellicht der Nacht, die noch den Tag im Saum ihrer Schleppe trägt. Ein Kyrie Eleison der Schöpfung und zugleich der Menschenkunst, Himmel und Stein, Unendlichkeit und Form, Rausch und höchstes Kalkül. Pathos der Stunde. Dagegen hilft keine Skepsis. Über Mitternacht hinaus lehne ich an einer der Säulen und bin Glück.

Hinter den Mauern ist die letzte Ruhestätte Johannes Urzidils. Er glaubte noch an das Edle, Erhabene und Vollkommene. Er war noch erzogen und gebildet in Platons Tradition, lebte in der Hoffnung auf Harmonie, die er in der Antike vertreten glaubte und die Torquato Tasso besang, dessen Inspirationsplatz auf dem Gianicolo er besuchte. Er liebte nicht Georg Büchner, sondern Goethe und Stifter, und den Abgrund Kafkas hat er wohl nur erahnt. Er mußte vor Hitler fliehen, lebte in Armut in fremdem Land, dessen Sprache er nicht sprach, aber er pries den Tag, das Überleben und die Liebe. Er schrieb zwar über die Folgen des Krieges in Korea, aber kaum über die Katastrophe, die Europa verwüstet hatte, schrieb wenig und gedämpft über den Nationalsozialismus, der ihn vertrieben und heimatlos gemacht und viele seiner Freunde ermordet hatte. Er barg sein Böhmen in den Geschichten der kleinen Leute, der verkannten Künstler und der mystischen Prager Gestalten, und alles Unrecht, das ihnen durch die Zeiten widerfuhr, ist

gemildert durch die Melancholie, die entsteht, wenn Jahrzehnte vergangen sind.

Im Roman *Das große Halleluja* wand er dem damaligen Amerika Lorbeerkränze und seiner Frau eine der schönsten Liebeserklärungen der Literatur: Gertrude, die ihm selbstlos half, zu überstehen. Im umfang- und kenntnisreichen Essay *Amerika und die Antike*, das bis heute einzigartig in der Literatur ist, ging er den Einflüssen der griechisch-römischen Ideale auf Kunst, Gesellschaftsform und Rechtssystem der USA nach. Er widmete es „Den Adlern über Delphi und ihren Verwandten über den Rocky Mountains".

Urzidil stand am Rand der europäischen Emigrantengemeinde am Hudson und teilte nicht den Grundtenor der Klage und Verzweiflung. Er versuchte vielmehr, in der Bitternis zu trösten. Wie Carl Zuckmayer, zu dessen Freundesrunde er zählte, glaubte er an die Kraft der Hände, an die Zukunft und das Unzerstörbare menschlichen Strebens. Er wandte sich dem Handwerk zu, „um in Reinheit zu leben", und verteidigte seinen Glauben an die Natur und die Einsamkeit. Nur in ihnen fühlte er sich vor der Gefahr der Manipulation sicher, die er im lauten Protest lauern sah.

Mit derartigen Gesinnungen scheint es absurd, gerade in New York zu leben. Aber eben New York ist ein Urwald, darin alle Bestien ebenso zu Hause sind wie alle milden Wunder der Sanftheit, darin eines das andere aufhebt, darin man sich anachronistisch auf sich selbst beschränken und besinnen kann, eher als in einem Gebirgsdorf. Ich sage „kann" und nicht, daß es einem unbedingt gelingen müßte.[9]

Ein fernes Feuerwerk reißt mich aus meinen Gedanken. Ich gehe zu einem der beiden Bernini-Brunnen und kühle meinen Nacken mit frischem Wasser. Auf dem Weg zurück durch die Reputationsstraße der „Versöhnung", für die Mussolini Häuserreihen, Paläste und Kirchen abtragen oder versetzen ließ, sehe ich auf den Stufen einer vergitterten Bank zwei Frauen sitzen, eine junge, eine ältere. Obdachlos? Vor ihren Füßen haben sie ein paar Speisereste ausgebreitet. Sie lächeln mich zaghaft an. Ich möchte ihnen einen Schein geben, aber ich schäme mich und gehe vorbei.

In der Bar Artistica trinke ich noch eine Margarita. Die Tischchen stehen an der Mauer, Paare streben ihrem Ziel zu, Musik kommt aus offenen Fenstern, es ist kein Augenblick für Ausweglosigkeit. Mario ist da. Domino, der Barbesitzer, tänzelt liebenswürdig um uns herum und erzählt zum wiederholten Mal die Geschichte seiner früheren Bühnenerfolge. Drinnen an der Theke lehnt sein Freund, vierschrötig und wortkarg. Noch eine Margarita. Vielleicht werde ich dann leichter einschlafen können und nicht mehr nachdenken müssen, nicht mehr zerrissen sein von Glanz und Elend dieser Stadt, nicht mehr denken müssen.

Wenn ich morgens in der Tor Millina die Fensterläden öffne, ist die Welt blau. Ich schaue gegen Osten: der Himmel ist blau. Gegen Westen: blau. Ich komme nach Stunden aus dem Archiv: der Himmel ist blau. Aus einem Museum, einer Kirche, einer Versunkenheit: der Himmel ist blau. Ich fahre ans Meer nach Ostia Antica, in die Hügel um Tivoli und zur wasserverzauberten Villa d' Este: der Himmel ist blau. Ich sitze im Freien, esse, trinke, lese, ruhe die müden Füße aus, die über das Kapitol und den Palatin, den Quirinal, Esquilin oder Celio gegangen sind, und der Himmel ist blau.

Ich liege im kleinen Park auf dem Aventin, neben der Kirche der Römerin Sabina, und schaue in die Schirmpinie über mir: der Himmel ist blau. Es ist das Erstaunen der in den grauen Ländern Geborenen. Das Glück der blauen Beständigkeit. In den Ästen der Pinie spielt der Sommerwind. Er zieht die Gedanken fort, die Angst und den Kummer und legt Demut auf die Augenlider. Aus der Zeit gehoben. Diese herrlichen, stillen, leuchtenden Tage des Schauens, Gehens, Entdeckens, ohne Verantwortung, ohne Gramwurzel. Der Wind streicht durchs Haar, die Schatten wandern, die Orangen reifen, die Piniennadeln schaukeln, am Tiberufer tief unten ist die Stunde der Sirenen, aber hier ist der Ort der in die Mauerritzen abgelegten Fragen.

Hier ist der Ort der Hochzeiten. Verstreut über die Stadt das Weiß und die Blumen, Orgelklang und Festlichkeit und das Ja für eine gemeinsame Hoffnung. Auch in Santa Cecilia am Rand von Trastevere ist Hochzeit. Die Messe ist eben vorüber und der Vorhof der Kirche erfüllt von Glückwünschen und Umarmungen. Der Innenraum ist verlassen, wie erschöpft steht er in seiner Leere. Aber da liegt sie. Einsam und noch im Licht des Festes und im Duft der weißen Rosen und Lilien, liegt die weiße Gestalt. Ein junges Mädchen, wie im Schlaf in Grazie eingegossen, eingemeißelt in Stefano Madernas Skulptur. Tot, so tot. Zart liegt sie im Schrein unter dem Zimborium, stummer Schrei gegen Gewalt. Sechzehn soll sie gewesen sein, sie wendet sich ab im Schmerz, weil sie ein Leben nicht leben konnte, das vielleicht auch für sie Momente des Glücks bereitgehalten hätte.

Diese unsägliche Verbindung von Erotik und Religiosität.

Diese wilden, sanften Mädchen und jungen Frauen, schön und unbeirrt. Agnes, Sabina, Cecilia … Männer haben sie getötet, Männer haben sie verewigt.

Tot sind Caravaggios Figuren, bevor sie zu leben beginnen. Aus der Bahn geworfen sind sie, sein Johannes der Täufer, sein David. Kein wallendes Gewand, kein bärtiges Gesicht, keine übliche Geste. Sie sind jung, lasziv, keiner ist unschuldig. Sie sind erschöpft. Sie haben schon zu viel gesehen. Sind nicht sympathisch, sind irritierend in ihrer Jugend, die keine ist. Der eine wartet auf seinen Tod, der andere hat gerade getötet. Sie sind verderbt, sie taufen oder morden, als ob sie das alles nichts anginge.

Sie haben das alles schon als Kind gesehen. Vielleicht sind sie nie Kind gewesen, weil die Welt um sie eine große Spelunke war voll Lügnern, Betrügern und Gewalttätern. Sie sind Opfer einer anonymen Macht, die Leben heißt. Ergeben sich darein, haben sich längst darein ergeben. Aber wer ist der große Anschaffer?

Caravaggio gibt seinen Figuren kein gefälliges Ambiente, keine Landschaft, keine Tempel und keine Freunde. Er wirft sie ins Nichts, ins Schwarz, hebt sie nur einen Augenblick in grelles Licht. Seine Folterszenen sind die Inkarnation der Brutalität, der Hilflosigkeit und der Niedertracht des „Ich wasche meine Hände in Unschuld". Les fleurs du mal. Er trug sie in sich, er hat sie gezeigt. Caravaggio ist schon 20. Jahrhundert: Mörder und Opfer in einem.

Ich bin Caravaggio-süchtig, suche alle Bilder in Roms Kirchen und Museen. Bin getroffen vom gehetzten Blick seines Selbstporträts. Er ist auf der Flucht. Manche seiner Figuren scheinen mit Figuren aus Ingeborg Bachmanns Geschichten verwandt zu sein. Sie haben das Böse gesehen, sind den Wundern entfremdet, zu Exilierten verwandelt. Sie leben das Schizoid der Welt. Leiser Hohn zieht in sie ein, und ihr Lachen wird wie im *Fall Franza* zur „Einfallsstelle für die Dekomposition: wer bin ich, woher komme ich, was ist mit mir, was habe ich zu suchen in dieser Wüste". Und Franz Joseph Trotta sagt in der Erzählung *Drei Wege zum See* kalt: „Verschaff dir nichts, behalt deinen Namen, nimm nicht mich, nimm dir niemand, es lohnt sich nicht."[10]

Auf vielen Fotografien lacht Ingeborg Bachmann. Scheu mitunter, später herzlich und entwaffnend. Viele der Bilder erinnern an die Serie von Stefan Moses aus den 1990er Jahren über Ilse Aichinger, die Weggefährtin Bachmanns aus der Wiener Aufbruchszeit: auf allen Bildern lacht sie in die Kamera. Liest man hingegen die Worte: am Abgrund beide.

Wie die Gesetze der Fotografie funktionieren, wie sie Wirklichkeit verändert, oft entstellt, hat Bachmann in der Erzählung *Drei Wege zum See* deutlich gemacht. Die Bilder, die man von ihr kennt, zeigen sie mondän und leger, Haute Couture und T-Shirt, Zeitung lesend, schreibend, mit Prominenten parlierend, mit Freunden unterwegs. Nur einige geben die Spuren von Ver- und Zerstörung wieder. „Sphinx zwischen Hades und Heiterkeit" hat man sie genannt. Es ist nur einer der unzähligen Versuche der Nachwelt, Bachmanns Rätselhaftigkeit zu entschlüsseln.

> Ich weiß nur, daß ich nicht mehr bin, was ich früher war, mir um kein Haar bekannter, mir um nichts näher. Es ist mir nur eine Unbekannte immer nachgeglitten in eine weitere Unbekannte,

lese ich in *Malina* und in den Frankfurter Poetikvorlesungen:

> Ich ohne Gewähr! Denn was ist denn das Ich, was könnte es sein? – ein Gestirn, dessen Standort und dessen Bahnen nie ganz ausgemacht worden sind und dessen Kern in seiner Zusammensetzung nicht erkannt worden ist. Das könnte sein: Myriaden von Partikeln, die „Ich" ausmachen, und zugleich scheint es, als wäre Ich ein Nichts …[11]

Viele Zeugnisse und Erinnerungen belegen Ingeborg Bachmanns Heiterkeit, ihren Sinn für Komik, die große Fähigkeit zu Wärme und Zuneigung und ihren Willen zum Leben, den sie in ihrer Dichtung immer wieder aufruft: „Ich darf, das ist es, ich darf ja leben."

Von Ende 1965 bis Dezember 1971 lebte Ingeborg Bachmann in der Via Bocca di Leone. Zumindest zeitlich hinter ihr lagen die Trennung von Max Frisch, der Schock über *Gantenbein* und die Passionsgeschichte durch Krankenhäuser und Sanatorien – nachzulesen in der behutsamen, Leben und Werk aufschlüsselnden Biographie von Hans Höller. Versuch eines Neubeginns. Arbeitsintensive Zeit voller Zweifel und der Suche nach der adäquaten Form: Fortsetzung, Ausbau und Neukonzeption der Erzählungen zu *Simultan* und zu den Romanen des *Todesarten*-Projektes. Die ungeheuerliche Kränkung, die das Leben ist …

Es ist ein lautes Viertel um die Bocca di Leone, sehr römisch und sehr touristisch im Rhomboid zwischen Piazza del Popolo, der vornehmen Einkaufsmeile um die Via del Corso und Condotti, der Spanischen Treppe und der Fontana di Trevi. Yves St. Laurent, Valentino, Versace und Hermes sind hier angesiedelt. Den Hauseingang zur Nummer 60 der Bocca di Leone habe ich nicht gefunden, er ist verbaut, oder ich war zu ungeduldig, ihn zu suchen, und zu ängstlich, aufdringlich zu sein. Die Wohnung ist mir dennoch seltsam vertraut, Wienerisch sei sie gewesen, sagt Bachmann selbst, biedermeierlich sagt Inge von Weidenheim, und Uwe Johnson, dem Bachmann ein römisches Zuhause gab, wenn sie selbst länger in Deutschland war, hat sie mitsamt der Hinterhof-Oleander-Terrasse in seinen Briefen an die Freundin beschrieben: kleine, geistreiche Meisterwerke der Akribie und Ironie.

Auf der Spagna ist Fototermin: schon wieder Hochzeitspaare. Die Treppenanlage ist zugedeckt von stampfenden Füßen, breiten Hintern, eisschleckenden Mäulern. Ich stehle mich in das schmale Haus an der rechten, unteren Ecke: das kleine Museum zu den englischen Schriftstellern der Romantik, zu Percy Bysshe Shelley und John Keats. Lebensgeschichte, Werke und das Zimmer zur Spanischen Treppe.

Die Myriaden von Partikeln, die ein „Ich" ausmachen.

Sie schrumpfen auf zwei, wenn es um die Entscheidung geht: Leben oder Tod.

Das läßt sich sagen von einem Menschen: hier lag John Keats und starb vor sich hin und wollte nicht sterben und sah, hörte, roch, fühlte draußen den Jubel des Lebens, die Unverschämtheit des Blühens, die Kühnheit der Architektur und die Zärtlichkeit der Liebespaare und spuckte Blut und wollte leben. Und Joseph Severn, der schottische Arzt und selbstlose Freund, machte, solange der Moribunde noch konnte, täglich Ritte mit ihm auf den nahen Pincio als Therapie, pflegte ihn Tag und Nacht und trocknete den Schweiß von der Stirn, und die Tuberkulose schritt rapide fort in jenem Jahr 1821, und Keats fragte jeden Morgen: „How long will this posthumous life of mine last?" Und er wußte, daß er verloren war, und hoffte gegen alle Vernunft, und als er nicht mehr aufstehen konnte, war es nur mehr durch die offenen Fenster zu hören, dieses verruchte Leben, das ihm schmerzlich die süße Melodie der Verführung in seine Fieberträume spielte. Und war tot mit 26. Weit draußen, auf dem Friedhof der Nichtkatholischen, liegt unter Pinien sein stilles Wiesengrab ohne Namen, das auch Bachmann liebte:

Here lies One
Whose Name was writ in Water

Mit diesen Augen sehe ich die Spanische Treppe.

Rom, Stadt der Todestöne und der Lebenslieder.

Und ich sehe eine blonde oder blondierte Frau, von der Via Bocca di Leone Nr. 60 kommend, mit einer Freundin die Treppe hinaufgehen, die Ärzte haben ihr Bewegung verordnet. „Wind- und Wettergänger". Sie gehen über den Viale Trinita dei Monti und nehmen den Steilweg in die Parkanlagen des Pincio hinauf. Sie bleiben an der Wasseruhr stehen und schlendern die Alleen mit den Giganten der Nation entlang, auf Boccaccios Stirn ist ein Hakenkreuz gezeichnet. In den Gärten der Villa Borghese fahren sie Tandem, können nicht weiter vor Lachen. Dies und vieles mehr lese ich im Ingeborg-Bachmann-Sonderheft der Zeitschrift *DU* vom September 1994, als ich mittags auf dem leeren Kinderringelspiel auf dem Pincio langsam im Kreis fahre. Der Himmel ist wieder blau, die Luft hat keine Dornen, und die Wasseruhr kann die Stunde zeigen, die sie will – mir ist jede recht.

Später kommt der Südwindregen. Wasserschleier ziehen über die Stadt, die unter mir liegt im vielbesungenen Pincio-Blick. Hier stand einst ein Emigrant aus Prag, er kam aus New York. Er hatte viele berühmte Panoramen gesehen, vom Lykabettos über Athen, von den Höhen unweit Kapernaums über den See Genezareth, vom Poseidontempel auf Kap Sunion in die homerischen Fluten, von den Wolkenkratzern über Manhattan, aber keiner war und würde je sein wie die „schlichte, liebende und umarmende Aussicht" vom Stingelfelsen im Böhmerwald,

> auf dem ich zuletzt 1937 saß, im Frühherbst, an einem schräg besonnten Nachmittag, allein, mitten in dem schweren Duft der Bäume und der Heiden, den schwirrenden Fragelauten der Insekten, dem Streicheln der Luft und inmitten der unsäglichen Trauer des Abschieds, der fragte: Wird mir dieses Schauen jemals wieder gegeben sein? Und die – damals schon – ahnend antwortete: Niemals mehr![12]

Jeden Tag warte ich auf den Anruf von W.

Wenn ich seine Stimme gehört habe, kann ich wieder fort.

Spätnachmittags fällt wenig Licht in die Tor Millina. Dann gehe ich mitunter auf die noch sonnenüberflutete Piazza Navona, mische mich in die touristischen Vielvölker und Sprachen. Auf der Steinbank um mich herum stehen die Straßenhändler, wir kennen uns schon. Sie sind seit Stunden hier, kommen wieder nach jeder Razzia, die Jungen müssen offensichtlich Geld abliefern. Auch die Armen haben ihre Machtstrukturen.

Die weiter entfernten Menschen sehe ich durch meine Lese-Sonnenbrille verschwommen. Sie fluten hin und her. Es ist eine ruhige, langsame Bewegung im Halbkreis des Blickfeldes, aus dem ich gänzlich heraustreten kann und zum Fokus im Unbestimmten werde. Glück der Anonymität.

Gegen sieben gehe ich zurück. Das Abendlicht über der Tor Millina ist weich wie glänzendes Harz. Schräge, weiße Schatten fallen von den Schornsteinen, und aus Bäumen und Dachgärten kommt ein leuchtendes Grün von innen, wie aus einem Anderen her. Die Hausfassaden sind eine Komposition in Gelb, Rostrot und Braun, die Trikolore Roms ist eine Abstufung dieser Farben. Geerdete Farben, die alle Hast beruhigen, alle Ungeduld des Herzens. Im Himmel weiße Striche der Möwen, schwarze Pfeile der Schwalben.

Das Geschiebe unter meinem Fenster hat viel zu bereden. Eine Stimme fällt auf. Ein Mann kommt von der Piazza Navona her. Er trägt helle, elegante Lederschuhe und geht so schnell und zielstrebig in der Mitte der Gasse, daß sich die Menge teilt wie das Meer vor Moses. Er geht und schreit vor sich hin, den Blick auf den Boden gerichtet, es ist ihm nicht zu helfen.

Vielleicht ist er unterwegs zu den öffentlichen Waschanlagen hinter der Engelsburg. Sie liegen auf der dem Touristenstrom abgewandten Seite, auf dem Glacis, das eine Allee ziert. Nur ein paar Liebespaare suchen hier Zuflucht und müde, ausgeschundene Mütter. Am Ende der Allee ist der Ort der Geschlagenen. In den rechteckigen, im Halbkreis angeordneten Becken waschen sie ihre Körper, die Wäsche und Habseligkeiten aus dem Plastiksack. Jenseits des Verteidigungsgrabens dröhnt der Verkehr, und ein paar hundert Schritte weiter beginnen bereits die Buden mit Souvenirs, Panini und Hot Dogs auf der Straße zur Kirche aller Kirchen hin.

Von ferne dringen Sonntag mittags die Stimmen der Abertausend Menschen über die Dächer bis zu diesen halbnackten Gestalten: der Chor der Beschwörer des Papstes Benedikt, des Be-ne-detto, immer drängender, lauter: Be-ne-detto, Be-ne-detto, um ihn herauszulocken hinter dem weißen, im Wind sich bewegenden Stor jenes einen Fensters in entrückter Höhe, das durch die Schärpe des Purpurs gekennzeichnet ist. Um gesegnet zu werden auf Erden.

A-ro-ti-no, klingt es morgens durch die Tor Millina, A-ro-ti-no, in Abständen immer wieder und in langsamem Duktus, der zurückhaltend ist und Vertrauen erweckt: A-ro-tii-nooo – dann Stillstand und das leise Geräusch eines Schwungrades, dann das Schleifen von Eisen auf Stein. Der Scherenschleifer. Er bekommt genug zu tun. Im uralten Viertel in der Tiberbeuge mit den verwinkelten Gassen, in denen sich nur Handkarren und Scooter durchzuschlängeln vermögen, ist noch nicht die Zeit der Supermärkte angebrochen. Hier ist mittelalterliches Handwerk zu Hause, wie es vor Jahrhunderten um die Gründungen der Anima entstanden war. Alle Vielfalt, die sich denken läßt, findet man in den gewölbten Werkstätten.

Hier, nicht in der Einzimmerbleibe in Jackson Heights am Rand von Long Island, wäre der Ort für Johannes Urzidils Leder-Handwerk gewesen. Er konnte zunächst kein Englisch, er hatte Griechisch, Latein und slawische Sprachen gelernt und er verweigerte sich auch später noch in der Literatur dem fremden Idiom. In seinem Emigrationsroman und in den späteren Betrachtungen in *Väterliches aus Prag und Handwerkliches aus New York* beschreibt er anschaulich, wie er durch Zufall gerade auf das Leder kam, wie er mit den Schweins-, Schafs- und Kalbshäuten, den Werkzeugen und blutigen Fingern kämpfte, Leder lieben lernte und schließlich von seinen bescheidenen Erzeugnissen, Kästchen, Kassetten, Bechern und Dosen, zwar in Armut, aber doch leben konnte. Seine Frau verdingte sich als Dienstmädchen und Babysitterin und auch sie schämte sich nicht ihrer Arbeit. Sie tat sie gut und mit ganzem Herzen. „Was immer sich vollzieht", schreibt Urzidil, „bedarf einer Anschauung, daran der ganze Mensch mit seinem Schicksal beteiligt sein muß."

Er hatte viel überlebt. Auch die Flucht auf der „Georgic" von Liverpool nach New York, als das Schiff den Bombardements und U-Boot-Attacken der Deutschen ausgesetzt gewesen war und er erst viel später erfuhr, daß der Passagierdampfer Gold der Bank von England an Bord hatte und die Nazis davon Kenntnis bekommen hatten. Er schreibt nicht von der Verlorenheit, als sie um fünf Uhr morgens am 12. Februar 1941 mit zwei Köfferchen am bitterkalten Pier 42 des Hafens von Manhattan standen, niemanden kannten und die Zukunft ein schwarzes Loch war. Und er spricht nicht von den Kreuzwegen des Exils, nicht vom psychischen Terror des Komitees zur Bekämpfung der „Unamerican Activities" und von der Angst, ausgewiesen zu werden. Im Vergleich zu Hitlers Massenmorden stuften Gertrude und Johannes Urzidil all das als „emigrantische Trivialitäten" ein. Sie waren nicht mehr jung, beide um die fünfzig. Sie hatten alles verloren, aber mit Sophokleischer Würde, mitunter von anderen Exilanten belächelt, ertrugen sie ihr Los.

„Man ist nicht auf Lebenszeit Opfer" – dieser Satz könnte von Urzidil sein. Er steht in der Erzählung *Unter Mördern und Irren* von Ingeborg Bachmann.

Manchmal frage ich mich, warum gerade Rom Urzidils große Sehnsuchtsstadt war. Warum nicht Wien, in dem er vielleicht noch ein Stück vertrauter Donaumonarchie hätte finden können? Wo einige Freunde noch jenes Prager Deutsch sprachen, das Fritz Mauthner arm und papierern, Klaus Wagenbach parfümiert und künstlich nannte, das manchen aber als das schönste, gepflegteste erschien? Warum nicht Paris, das ihm gefiel? Warum ist er nie wieder in sein Geburtsland gereist, wenigstens für einen Besuch? Die politischen Verhältnisse hätten es, zumindest in den 60er Jahren, wahrscheinlich erlaubt.

Viele Gründe ließen sich finden. Er selbst hat in seiner Literatur darüber geschwiegen. Und für uns Nachgeborene, was läßt sich schon wissen über das dunkle Land des Exils? Über Schmerz, Depression und Stolz? Über Angst und nie wieder heilende Wunden? Über die Glut eines alten und die Dynamik eines neuen Lebens?

Rom also, immer wieder Rom. Neben Griechenland Urgrund der Antike für den humanistisch Gebildeten, Glücksort seines Leitsterns Goethe, mit dem sich Urzidil ein Leben lang beschäftigte, und Zentrum der Christenheit.

Ich bin in Prag katholisch geboren und katholisch aufgezogen worden. Ich war schon als kleiner Knabe Chorjunge und Ministrant in einer katholischen Kirche und diente jeden Sonntag dem Priester bei der Messe. Das Christentum ist seitdem mein Lebensgrund geblieben. Ich betete zeitlebens und bete noch heute allabendlich das Gebet des Herrn in der lateinischen Sprache der Vulgata.[13]

Urzidils Christentum und sein ganzes Denken waren der Toleranz verpflichtet – einer der Gründe dafür, daß sein Werk in einem neuen Europa eine Renaissance zu erleben scheint: in Göttingen ist eine historische Gesamtausgabe geplant. Urzidil heiratete eine Frau, die ein Leben lang bei ihrem jüdischen Glauben blieb, und er war überzeugt, daß „Mißverständnisse, Feindseligkeiten und Kriege in der Welt aus der Mißachtung religiöser Grundgebote hervorgehen". Die Zeit hatte ihn gelehrt, auf der Seite des Rechts und der Mißhandelten zu stehen, gleichgültig, welcher Nation oder Religion sie angehören. „Einzig Liebe und Selbstlosigkeit bekunden den wahren Menschen."

Im Prag seiner Jugend hatte er im Schmelztiegel aller Denk- und Gottesbilder und im Zwischenreich von Mystik und Wirklichkeit gelebt. Er hatte es geliebt und zog bis ans Ende seines Lebens Kraft und Stoff für seine Dichtung daraus. In der Ewigen Stadt mag er einen Widerschein dessen, was sein Weltbild ursprünglich geprägt hatte, gefunden haben.

Johannes Urzidil ist ein Überlebender. Weil er dem Tod entronnen war, spricht er vom Leben. Weil er jeden neuen Tag im Exil bestehen mußte, spricht er vom Morgen. Bachmann, eine Generation später geboren, bleibt dem Tod verhaftet: von der Jugend in einer österreichischen Stadt an, in der die Bomben fielen, bis zum Mitleiden mit den Ermordeten des Naziregimes und den Selbstmördern, die Jahre später an den schleichenden Verheerungen ihrer Erinnerungen zugrunde gingen, wie Paul Celan oder Jean Améry; sie sieht den Tod in den fortgesetzten Brutalitäten der Überlebenden bis hin zu den Varianten der Gewalt zwischen den Geschlechtern, dem sublimen Mordschauplatz der Gesellschaft. Und so schreibt sie das große Requiem auf das Leben, ihr eigenes mit eingeschlossen.

Urzidil hingegen, der Emigrant, zählte, wie Max Brod es nannte, zur Generation des Trotzdem. Und schreibt darum die Apotheose auf das Kontinuum des Daseins. Fluchwürdig, häßlich und von Schuld beladen sind die Menschen seiner Erzählungen, aber das Glück, zu leben und zu überleben, deckt alle Angst und alles Grauen zu:

Die Zeit und das Leben. Dieses Unsagbare der fünfundzwanzig – oder, wenn es hoch geht, dreißigtausend Morgenröten, freilich nur für jenen, den Krieg oder Haß oder Unheil nicht schon vorher wegraffen und der dann, nach so viel Abenteuer, Rausch und Prunk des Daseins – und ich meine selbst das ärmste – am Ende noch glückhaft die Morgensonne am Trinkglas oder auch nur an einer Scherbe zersplittern sieht. Daß ich bin, bin! Daß einer ist, der er ist, und es nie mehr sein wird können nach dem letzten Atem.[14]

Es ist gut, denke ich, während ein Schwarm Möwen über die Piazza di Montecitorio einfällt, weißes, lautloses Segel im schwarzen Nachthimmel – es ist gut, daß er gerade in Rom starb. Inmitten von Vergänglichkeit und Ewigkeit. Hier, wo die Kraft des Überlebens und zugleich das Numinose aller Zeiten über ihm war. Und es ist gut, daß er auf dem Campo Santo Teutonico seine letzte Ruhestätte fand. Denn das beharrliche Schreiben in der deutschen Sprache, in der er seine Geschichten der Menschlichkeit und Menschenliebe entwarf, sah er als eine Art Sühne für die Verbrechen, die im Namen dieser Sprache begangen wurden.

Die Sprache ist die Strafe, sagt Bachmann. Ohne neue Sprache keine neue Zeit, kein Frieden. Als sie von Urzidils Tod in Rom erfuhr, soll sie zusammengebrochen sein.

Jetzt ist die große Hitze ausgebrochen. Steht, brütet, lastet, saugt alle Kraft aus. Die Sandalen kleben auf dem Asphalt, die Kleider auf der Haut, Schweiß rinnt den Rücken hinab. Es muß die Wüste sein, die sich über das Forum legt und sich mit dem Staub und dem Sand der sterbenden Tempel vermählt. Die Brunnen sind leiser geworden, als hätte die Sonne ihr Wasser getrunken. Pausenlos rasen die Rettungen durch die erschlaffte Stadt. Man schleppt sich Schritt vor Schritt und möchte liegen, irgendwo im Schatten liegen, aber auch der Schatten glüht, bald werden die Platanen am Lungotevere brennen und kein Tiberwasser wird sie löschen, die Obelisken werden fallen, weil ihre Fundamente schmelzen, die Mosaiken von St. Peter werden herabstürzen, und die Menschen werden froh sein, erschlagen zu werden, denn sie sind schon ohne Atem, ohne Hoffnung. Nur die kleine Kapelle von San Zeno in der Kirche von Santa Prassede wird bleiben, dieser goldene Raum des Geheimnisses mit den Blütenranken in Blau und Rot, sie muß bleiben, um der Säule der Geißelung Jesu Schutz zu geben, auf daß wir uns erinnern an den Schmerz, an die Folter aller, die starben, aller, die sterben.

Inzwischen kenne ich die Sprache der Tor Millina. Die laute fremde und die laute hier beheimatete. Ich kenne das Plaudergeschiebe der Touristen und ich kenne die Stimme der hadernden Alten, wenn sie ihre böse Stunde hat und die Passanten vor ihr zurückweichen, die Ober seufzen, weil sie die Gäste vertreibt, es ist der Unmut der Welt, der aus ihr schreit. Ich kenne das hysterische Lachen des Mannes mit den schönen hellbraunen Schuhen und die Litanei des zahnlosen Kommunisten vom Eck, mit der er vergeblich antiquarische Zeitschriften mit Bildern von Cuba und Vietnam anpreist. Ich kenne die Stunde der Schwalben und die des tief gurrenden Täuberichs. Kenne das Grölen der Nächte und die Stimmen des Hinterhofes, das Lachen der Köche und Küchengehilfen, das Klopfen des Fleisches und Abspritzen des Fußbodens zur Sperrstunde. Und dann das Aufheulen der Vespas und später noch, im Morgengrauen, das Klicken des Schlüssels, wenn Mario nach Hause kommt. Die Geräusche der aufgehenden Rollbalken sind mir vertraut, die erwachenden Cafés und die Morgenmusik der leisen Liebeslieder von Gabriella Ferri.

Ich hab mich gesucht, ich hab mich verloren. Die, die ich in mir kannte, laß ich laufen. Hab mich verfilzt in die Stadt. Jetzt. Aber am Ende dieser vierten Woche steht auf dem Kalender: Airport Leonardo da Vinci.

Ist denn diese Welt, mich selbst mit inbegriffen, wirklich und wahr, oder findet sie bloß statt? Besteht sie nicht aus Millionen von Provisorien, die sich nebeneinander und miteinander bewegen und ein großes Illusionstheater aufführen?[15]

Johannes Urzidils Bücher lege ich schon in den Koffer.

Ein großes Illusionstheater.

Noch glaube ich, daß ist, was ist.

Noch ist Jetzt.

Aber jetzt gehe ich nicht mehr in alle Kirchen, nicht mehr über alle Tempeltrümmer. Nicht in die Museen. Das eine vom andern geraubt, das eine für das andere zerstört, das eine und das andere noch prächtiger gemacht als zuvor. Diese bauwütigen Jahrhunderte, Blendwerk für die Massen, erpreßt von den Massen. Kolonnaden von Machtrausch, Glanz und Geltungssucht, Übertrumpfungswillen, Verewigungsgier.

Aber nur für eine Stunde wird nach Liebe gefragt zwischen Mann und Mann am Südosthang des kapitolinischen Hügels. Nur für einen Cent hat die junge Frau an der Ampel ein Tellerchen auf die Windel gestellt für ihr neugeborenes Kind. Nur für einen Bund Basilikum öffnet der Tamile auf dem Markt bei den Stazione Termini seine Hand.

Jetzt fahre ich an die Peripherie. An die Endstationen der Busse, Straßenbahnen und Metros. Fahre mit Mario hinaus zur Corviale. Ein einziges Gebäude, einen Kilometer lang, neun Stockwerke hoch, 73 Liftanlagen, viele außer Betrieb, Raum für sechstausend Menschen. Die einen sagen: ein großes Sozialprojekt. Die anderen: ein Abschiebeort für Obdachlose und Asoziale, um sie aus der Innenstadt zu entfernen. Viele Loggias sind vergittert. Ein Kind klammert sich an die Stäbe. Der Wind treibt Zeitungsfetzen durch die Gänge. Uringestank. Gegenüber liegt ein kleines Straßenrestaurant, gut für ein kaltes Cola. Den Außengrill ziert eine Madonna in hellblauem Gewand. Noch eine im Defilée der Heiligen.

Nichts weiß ich von diesem Rom, nichts.

Bin erst am Anfang.

Bin wie Castor und Pollux auf dem Platz des Quirinals. Sie haben die Zügel verloren. Ratlos stehen die Rösser in der untergehenden Sonne.

Und schon hat der Himmel mich wieder gefangen, das Blau und die Milde der Luft.

Schon streichen die Augen über das Schimmern des Marmors, über Palastfassaden und Säulen mitten im Verkehr, schon bleiben sie am Spiel der Hügel, Kuppeln und Türme hängen, setzen sich fest in der Symmetrie der Achsen, im zeitlosen Stolz der Obelisken, schon zähle ich ihre Zier: Kreuz, Weltkugel, Vogel oder Blüte,

schon sehe ich Saulus unter der Schindmähre liegen, schon stehe ich vor dem Sterbenden Gallier und beschwöre ihn, weiterzuleben, gehe ich in die Knie vor der herrlichen Selbstgewißheit Apolls, dem Liebreiz Mariens allerorten und der blau-goldnen Hymne von Michelangelos Gottesgedanken,

schon gehe ich wieder und gehe und schaue und staune und sehe die Eleganz der Menschen hier im Herzen der Stadt, das Rot ihres Lebens, den Ort, wo Pier Paolo Pasolini zerschunden wurde, kenne ich nicht, ich höre nicht seine Schreie,

jetzt höre ich nur den Klang dieser Sprache, das Zischen der Espressomaschinen, das hellere Lachen der Liebenden, rieche Orangen und Sommermagnolien, Thymian und Fisch, Salsicce in Rotwein und Bohnen in Zwiebel,

und die Glocken von Santa Maria in Aquiro schlagen den Himmel, links und rechts vom Turm schwingen sie heraus, verlassen ihr Gehänge, tanzen die Lust des Läutens,

und schon ist alles umsonst, die Einwände und das Mitleid,

schon weiß ich nicht mehr, was ich dem zum Torso geschlagenen Pasquino, an dessen verwittertem Stein seit Jahrhunderten das Volk seine Klagen hängt, schreiben wollte,

schon bin ich wieder zum Bewundern bereit, bin Bernstein und Meer und Herzbegier,

schon bin ich wieder verloren an dieses Rom zwischen Wölfin und Renzo Piano, an dieses rauschhafte Gehen, dieses rauschende Schauen.

Juni meines Lebens.

Ich bin noch am Anfang.

Dort, wo Rom keine selbstverständliche Stadt ist.

Wo auch Bachmann am Anfang war:

In den ersten Jahren hat mich der Enthusiasmus für dieses neue Leben, für Schauen und Offenheit getragen, und ich verdanke dieser Zeit überhaupt alles, den Mut zu mir und das Vertrauen in meine fünf Sinne. Ich habe hier alles vergessen dürfen, was man mir beigebracht hat, und obwohl ich das Zurückgehen fürchte, weiß ich doch, daß ich im Grunde nichts zu fürchten habe, weil ich als freier Mensch zurückkomme.[16]

Ilse Aichinger

Wien. Und andere Ortlosigkeiten

Wult wäre besser als Welt. Weniger brauchbar, weniger geschickt. Arde wäre besser als Erde. Aber jetzt ist es so. Normandie heißt Normandie und nicht anders. Das Übrige auch. Alles ist eingestellt. Aufeinander, wie man sagt. Und wie man auch sieht. Und wie man auch nicht sieht.[1]

Schlechte Wörter heißt der Band, in dem diese Zeilen stehen. Das Aufhorchen bereits im Minimalen, nur in einem Vokal. Und schon ist das schöne Einverständnis des neuen Tages zerstört. Widerstand, Anarchie.

Sammle den Untergang hieß es unlängst, es klang wie ein Gebot. Das möchte ich nicht. Wenn es eine Bitte wäre, so wäre sie zu überlegen, aber Gebote jagen mir Angst ein. Deshalb bin ich auch zum Zweitbesseren übergegangen. Das Beste ist geboten. Deshalb. Ich lasse mir nicht mehr Angst machen, ich habe genug davon.[2]

Die Welt, die Erde, die Angst. Es gibt einen Ort, der für Ilse Aichinger alles bündelt: Wien. Lassen wir es „Wien" heißen. Oder nennen wir es „Wen? Wein? Wan? Wahn?" „Wien bleibt Wien", sagen und singen die Wiener und tanzen Walzer dazu und gehen mit den Kindern nach Schönbrunn, durch den Volksgarten, wo die Rosen blühen, und hören dem Geläut der Pummerin vom Turm des Stephansdomes zu, wenn sie das Neue Jahr einläutet.

Die Topographie von Ilse Aichingers Wien ist grundlegend anders: nur kurz Bezirk glückhafter Kindheit, später Schauplatz von Terror und Tod, von Abschied und Trauer, und in der Gegenwart Stadt der Heimkehr und der Entfremdung. Durch die Präzision von Ort und Zeit hindurch leuchtet die Absurdität des Daseins, der Glanz und der Schrecken des

Augenblicks. Wien ist Wien und zugleich das Prinzip des Lebens. Alles, was Aichinger in ihrer Poetik zur Sprache bringt, ist sinnlich, es ist konkret und spürbar und zugleich raum- und zeitlos. „Um welche Zeit? – Immer. – Zu keiner Stunde? – Zu allen", hieß es in einer ihrer frühen Dialogszenen. Alles ist da und zugleich fort, bis heute:

> „Fort" braucht keine Namen, es muß sich nicht schmücken, nicht feierlich aus der Taufe gehoben werden ... Kein Zentrum, keine Metropole kann sich mit „fort" messen. Man kann nichts daran steigern oder abschwächen: Fort ist fort.[3]

In Wien wurde Ilse Aichinger, zusammen mit ihrer Zwillingsschwester Helga, im November 1921 geboren. Hier wuchs sie nach einem kurzen Linzer Intermezzo und der Scheidung der Eltern auf, hier erlebte und überlebte sie als „Mischling ersten Grades" die Schreckensherrschaft des Nationalsozialismus. Von hier aus wurden ihre engsten Verwandten deportiert und ermordet. Hier war Krieg, hier wurde Frieden. Hier begann sie Medizin zu studieren, brach ab, begann zu schreiben. Hierher kehrte sie nach fast vier Jahrzehnten und verschiedenen Lebensstationen zurück. Hier starb ihr Sohn Clemens und wenige Jahre später, in unfaßbarer Parallele, der Gefährte der letzten zwei Jahrzehnte, Richard Reichensperger.

Das Ausland war Deutschland. Auf Einladung ihres Verlegers Gottfried Bermann-Fischer geht sie 1950 nach Frankfurt am Main, ein Jahr später zu Inge Scholl, der überlebenden Schwester der von den Nationalsozialisten ermordeten Geschwister, nach Ulm, wo sie an der Vorbereitung der „Hochschule für Gestaltung" mitarbeitet und Kontakt zum zukunftsweisenden Literaturforum der Gruppe 47 bekommt. 1951 liest sie bereits auf der Tagung in Bad Türkheim, ein Jahr später in Niendorf, wo sie für die *Spiegelgeschichte* den begehrten Preis erhält. Sie begegnet unter anderem Günter Eich, Wolfgang Hildesheimer, Walter Jens und Paul Celan, trifft Ingeborg Bachmann wieder, die sie von Wien her kannte. Beide entkommen im Aufbruch der deutschen Literatur dem restriktiven und restaurativen österreichischen Nachkriegsklima, das ehemalige Nationalsozialisten wieder an der Macht sah, Emigranten nicht zur

Heimkehr ermunterte, in dem Waggerl der meistgelesene Autor war und die Avantgarde um H. C. Artmann, Konrad Bayer, Oswald Wiener, Fritz Achleitner und Gerhard Rühm keine Publikationsmöglichkeiten fand.

Aichinger galt in der freien Luft der jungen deutschen Autoren als das „zarte, vielgeliebte Wunderkind", wie Joachim Kaiser sie nannte. Günter Grass sprach von ihrer leisen Dominanz, obwohl sie am Rande stand, Walter Kolbenhoff von ihrer Schönheit, Hildesheimer vom Nimbus des Rätselhaften und Martin Walser schrieb zum 70. Geburtstag Aichingers: „Einerseits schüchterne Dichterin, andererseits ein fast imperialer, auf jeden Fall Unterwerfung gebietender Liebreiz." Von der Zartheit ihrer Erscheinung war es nicht weit zur vielzitierten Hermetik ihres Werks – eine der hartnäckigsten Fehldeutungen der Literaturkritik. „Ich wirke vielleicht sanft", sagt sie im Film *Schreiben ist sterben lernen* von 1991, „aber Zorn ist mir wichtiger." Und in den *Schlechten Wörtern* steht: „Ich kann eine ganze Horde sein, wenn ich will. Ich allein."

1953 heiratet Ilse Aichinger Günter Eich. Sie sind eines der großen Paare der Szene. In den nächsten Jahren werden die Kinder Clemens und Mirjam geboren, die Familie lebt zunächst in Breitbrunn am Chiemsee, später in Lenggries in Oberbayern, ab 1963 in Großgmain bei Salzburg, wo Günter Eich 1972 stirbt, Ilse Aichinger bis 1984 bleibt. Nach dem Tod ihrer Mutter übersiedelt sie auf Einladung von Monika Schoeller und des S. Fischer Verlages nach Frankfurt am Main. Nach vier Jahren verläßt sie die Stadt der zu vielen Banken und kehrt nach Wien zurück. Hier wird sie zur Ikone aller Kaffeehaus- und Kinobesucher und schreibt sich in angriffsfreudigen Kolumnen für die Zeitungen *Der Standard* und *Die Presse* in die geographische und ideelle Topographie der Stadt und ihrer Bewohner ein:

> Unlängst erklärte mir eine Augenärztin gehetzt und ziemlich sadistisch: „Auf beiden Augen grauer Star. Sterben S' lieber." Ihr Ratschlag war teuer und lästig, wie eine leichte Brandwunde, unsachgemäß versorgt. Die Flucht aus der Ordination gelang, aber jeder Schlaf blieb danach aus. Seither möchte ich auch das Grab von de Sade in Paris besuchen, Beckett ohnehin, aber unerläßlich ist nur Cioran … Man flieht ganz gern von hier, schon die nähere Umgebung ist hilfreich. „Wien ist am schönsten aus dem Rückspiegel", hörte ich dort jemanden sagen. Die Sucht nach de Sade steigt, zugleich mit der nach Hollabrunn.[4]

Mit Ilse Aichinger beginnt, wie erst spät, aber unwidersprochen erkannt wurde, die österreichische Nachkriegsliteratur. Von Anfang an ist sie mit Zeit, Geschichte und Tod verbunden, auch mit Hoffnung, die aus der Subversion erwächst. Von Anfang an sucht sie, wie Paul Celan, eine neue Sprache, die der Opfer eingedenk ist und sie darin birgt – welch andere Heimat als Tisch und Blume und begrenzter Fleck. Bis heute zeigt sie mit nicht nachlassender Konsequenz und Kompromißlosigkeit das Weiterwirken von Strukturen, die nicht schicksalhaft sind, sondern immer neu aufbrechen in den Denkmustern von Gleichgültigkeit, Wegschauen, Gewaltbereitschaft und der Diskriminierung des und der Fremden. Aichingers Literatur ist nicht emotionelle Klage. Sie kennt Trauer, Mitleid, aber sie lebt aus intellektueller Präzision und analytischer Unerbittlichkeit, die im Laufe ihres Lebens unversöhnlicher geworden ist. Würde sie den Satz, den sie 1952 in ihren Aufzeichnungen notierte, heute wiederholen?

> Unsere Freiheit ist da, wo unser Ort ist. Sie ist also nicht irgendeine, sondern eine ganz bestimmte Freiheit. Aber vielleicht ist sie ungeheuer. Unser Ort ist der Ort der Versöhnung.[5]

Ich will es glauben. Kehre zurück nach Wien. Aichinger vertreibt die Demut, das Hinnehmen. Schau nicht, horch nicht, geh! Aufforderung, Aufbruch. Nie wieder werde ich durch diese Stadt gehen können, ohne ihre Worte zu hören: „Auf der Hut vor Maximen. Vor den Behelligungen der Abläufe. So und anders. Und anders, anders, anders."

So erhält Vertrautes bald einen brüchigen Boden. Unvermittelt führt Aichinger fort von konkreten Orten ins Offene, in die genauen Ahnungen und die Lehnstühle der verlotterten Idole. Sie hat mich gelehrt, daß das Unbekannte nie so fremd werden kann wie das Bekannte und das Ungeliebte nie so fremd wie das Geliebte.

„Gestatten!", sagte unlängst eine Frau, die hinter mir gestanden war, gab mir einen leichten Stoß, stieg in die Straßenbahn, und die Tür schloß sich. Das war kein Unglück, ich hatte keine Eile. Aber das Wort „gestatten" fiel mir am gleichen Abend wieder ein, und ich bedenke es auch seither immer wieder, wenn ich die Stadt und das Land bedenke, in dem ich geboren und aufgewachsen bin, in extremen Zeiten und unter zum Teil extremen Umständen. Es fällt mir vor allem dann wieder ein, wenn ich mich meiner Großmutter erinnere, die ich zuletzt in einem offenen Viehwagen sah, als sie über eine der vielen Kanalbrücken Wiens zum Nordwestbahnhof und von dort in ein Vernichtungslager gefahren wurde. Damals sagte niemand „Gestatten!", aber man kann sich vorstellen, daß es „bei uns", wie man hier gerne sagt, auch heute wieder möglich wäre, Brutalitäten jeder Art ein solches Wort voranzustellen. Das macht das Land hier unverwechselbar. Aber ich kenne diese Art von Unverwechselbarkeit, sie ist mir nicht fremd. Nicht nur deshalb möchte ich nicht in die Fremde, sondern will in der Fremde bleiben, die mörderisch, aber vertraut ist. In Wien.[6]

Ein Zitat aus den *Subtexten*, die im Herbst 2006 erschienen. Aichinger schrieb sie zur Gänze im Café Jelinek im sechsten Wiener Bezirk, wohin sie sich nach dem für beide Seiten schmerzlichen Bruch mit dem *Standard* zurückgezogen hatte, weit weg von ihrer Wohnung in der Herrengasse und der ebenfalls dort ansässigen Redaktion der Zeitung. Es war zu jenem Zeitpunkt – welche Paradoxie oder Konsequenz? –, als ihre

Kolumne über die Nobelpreisverleihung an Elfriede Jelinek nur in der Schweiz, in der *Neuen Zürcher Zeitung*, ein Publikationsforum fand.

Das Café Jelinek liegt in Gumpendorf, der „ödigen Gegend", wo sie einst mit Mutter und Schwester für kurze Zeit gewohnt hatte. Ein Café als Anachronismus. Ein Kellner heizt den Ofen, er glüht und wummert, Jacken werden ausgezogen, wieder angezogen, es wird nachgelegt und irgendwann wird es gleichmäßig warm. Der Boden ist abgetreten, die Sitze durchgesessen, hinter den blaßgelben, ordentlichen Vorhängen taut der Schnee auf schwarzem Asphalt. „Die Tassen klirren heute gemäßigter, das Feuer im denkmalgeschützten Ofen brennt sachte und ohne viel Geräusch, fast läuft der Tag zu leicht – wenig Möglichkeiten, sich in sich selbst zu verlaufen, wenig gefährlich und wenig spektakulär." In diesem Ambiente fand Aichinger ihre beiden Kellner, die ihr zum Exempel menschlicher Verhaltensweisen wurden: den Kellner mit und jenen ohne *Subtext*. Es ist früher Nachmittag, Aichinger nimmt erst jetzt ihr Frühstück. Sie telefoniert mit Franz Hammerbacher, der Konstanten in schwerer Zeit, macht sarkastische Kommentare zum „goldnen Wiener Herzen", spricht vom Überleben und vom Leben, fragt nach W., den Kindern, nach Alexander, dem sie in seinen ersten Katalog mit Bildern zwei Worte aus ihren Aufzeichnungen schrieb: „Behutsam kämpfen."

Ilse Aichingers Wien: eine lange, gebrochene Geschichte.

Sie beginnt mit der Großmutter, bei der die Zwillinge aufwuchsen. Die Eltern hatten sich 1927 scheiden lassen, wodurch die Mutter über die antisemitische Stimmung hinaus in eine soziale und finanzielle Außenseiterposition gedrängt wurde. Die Großmutter hatte Jahre im Sarajewo der vielen Völker, Religionen und Sprachen gelebt, dort ihre vier Kinder großgezogen, und wußte diese Vielfalt der übernächsten Generation weiterzugeben. Ihre Wohnung lag im Fasanviertel im dritten Bezirk, in der Hohlweggasse Nummer eins, zwischen Kleist-, Mohs- und Fasangasse, der oberen und der unteren Bahngasse, zwischen polnischer und böhmischer Kirche, Belvedere und Waffenarsenal, Botanischem Garten, dem Palais von Richard Strauss und dem Geburtshaus Hofmannsthals. Metternich meinte, hier, wo die Steppenwinde aus dem Osten hereinbrechen, beginne Asien. Unweit liegt Ingeborg Bachmanns literarisches „Ungargassenland" aus dem Roman *Malina*. Die Verbindungsbahn zerschneidet den Bezirk. Der Aspangbahnhof, klein und unverdächtig, wurde im Dritten Reich zum Verschubplatz für die Todeszüge. Im Fasanviertel liegen die Wege, die Ilse und Helga Aichinger in die Volksschule und ins Gymnasium des Sacré Coeur gingen, wo nach dem Unterricht durch das geöffnete Schultor der Geruch von Rauch mit Maroni hereindrang und die Mohnbeugel in der Auslage des Bäckerladens um ein weniges mehr als Mohnbeugel zu sein schienen.

In immer neuen Szenerien erzählt Ilse Aichinger von dieser prägenden Kindheitslandschaft, von Erinnerungen, die splittern und dennoch süß sind und helfen, die neuen Tage zu bestehen. Nachzulesen in den Journalen der letzten Jahre und zurückreichend bis zu den frühen Prosagedichten *Kurzschlüsse* oder den in Melancholie getauchten Erinnerungen aus dem Band *Kleist, Moos, Fasane* von 1987.

Ich erinnere mich der Küche meiner Großmutter. Sie war schmal und hell und lief quer auf die Bahnlinie zu. An ihren guten Tagen setzte sie sich auch darüber hinaus fort, in den stillen, östlichen Himmel hinein. An ihren schlechten Tagen zog sie sich in sich selbst zurück. Sie war überhaupt eine unverheiratete Küche, etwas wie eine wunderbare Jungfer, der die Seligpreisungen der Bibel galten. Abgeblättert und still, aber nicht zu schlagen … Es ließ sich gut planen in der Küche, ob es Kinobesuche, Konzertreisen oder ein Weg hinaufzu war gegen das Waffenarsenal, das am Ende der Gärten stand. Die Küche kam allen Plänen entgegen, ihr Licht schmeichelte ihnen und ließ sie wachsen. Fuhr dann unten ein Güterzug vorbei und der Rauch drang plötzlich herein und füllte die Augen, so war es, als wäre man heimgekehrt aus vielen Erdteilen, als kennte man die Freuden der Welt und brauchte sie nicht mehr.[7]

Küchen und Kammern bleiben für Ilse Aichinger geliebte Plätze. Sie wurden zu ihren wichtigsten Schreib-Orten, an allen Stationen ihres Lebens.

1945. Mutter und Tochter haben bei Melly Welzl in der Maynollogasse vier in Hernals – eine unschätzbare Fülle solcher Details hat Reichensperger im *Dossier 5* des Droschl Verlages gesammelt – in einer winzigen Eineinhalbzimmerwohnung Unterschlupf gcfunden. Das einzige Bett wird den Obdachlosen überlassen. Noch während das Ehepaar Welzl auf dem Boden schläft, beginnt die Vierundzwanzigjährige frühmorgens auf dem weißen Küchentisch den Roman *Die größere Hoffnung* zu schreiben. Seine Keimzelle ist der Prosatext *Das vierte Tor*, der im September 1945 im *Wiener Kurier* erschien und beispiellos in der damaligen Literatur die Existenz eines Vernichtungslagers anspricht.

> Über die Gräber wuchern Sträucher und Blattpflanzen, die niemand mehr pflegt, ranken sich rund um den Stein, beugen sich tief hernieder und zittern leicht in der Wärme des Mittags, so als wären sie sich der Berufung bewußt, Zeugen einer Trauer zu sein, die in alle Winde verweht wurde, einer unnennbar schweren erschütternden Trauer, der Trauer der Verstoßenen! Und wachsen und wachsen wild und unaufhaltsam wie das Heimweh der Emigranten in Shanghai, Chicago und Sydney, wie die letzte Hoffnung der Verschleppten, wie der letzte Seufzer der Getöteten und verbergen mitleidig die eingesunkenen Hügel. Gelassen liegen die Toten unter den zerfallenden, überwucherten Steinen. Ganz selten nur hört man das Knirschen von Schritten auf Kies, das Geräusch des Grasschneidens oder das leise Weinen Hinterbliebener. Weit draußen, wo schon die Felder beginnen, ruhen die Toten der letzten Jahre und beweisen in ihren Geburts- und Sterbedaten, die fast niemals ein ganzes Leben zwischen sich lassen, daß das Sterben an gebrochenem Herzen ebenso wenig ein Märchen ist wie die Sage von den Urnen aus Buchenwald.[8]

Der jüdische Friedhof, den man durch das letzte, „das vierte Tor" erreicht, war das einzige Reich, in dem die Kinder mit dem gelben Stern spielen durften, da ihnen alle anderen Orte verboten waren. Als wir vor Jahren für mein Filmporträt über Ilse Aichinger den Friedhof besuchten, standen wir auch vor dem überwucherten Grab des Großvaters Jakob Kremer. Er war Hauptmann in der k.u.k. Armee gewesen, ohne Möglichkeit einer Beförderung, da er eine Konvertierung aus Karrieregründen ablehnte, obwohl die Familie die jüdische Religion nicht ausübte. Ihm mißlang alles, was er begann, sagte Aichinger liebevoll und verwies damit auf manche Verbindungslinien zu den Erfolglosen, Auf-der-Strecke-Gebliebenen ihrer Literatur: „… gesonnen, zu unterliegen mit uns.“

War der jüdische Friedhof noch Freiraum und Widerstandsgebiet für die Kinder, so ist der zweite Schauplatz ein Symbol des abgrundtiefen Schreckens, der über die Jahre hin noch wuchs und Ilse Aichingers Trauma bis in die schlaflosen Nächte der Gegenwart blieb: die Brücke. Es war Mai 1942 und es war die Schwedenbrücke über den Donaukanal, die sie eben überquerte, als sie plötzlich von einem Lastauto herunter ihren Namen rufen hörte: es war der offene Viehwagen, auf dem Menschen in den Tod transportiert wurden, unter ihnen die geliebte Großmutter und zwei der Geschwister der Mutter. Eine Szene, die in Aichingers Literatur vielfach verwandelt und die nie zu Ende erzählt sein wird.

Ellen lief gegen den Kai, gegen die umkämpften Brücken. Sie lief dem König Frieden auf seinem Kreuzweg nach … Blinzelnd nahm sie eine Menge hin- und herlaufender Gestalten wahr, Balken und Geschütze und das graugrüne, aufgewühlte Wasser. Hier war die Unordnung nicht mehr zu lösen. Aber dahinter wurde es blau.
Noch einmal hörte Ellen das grelle, erschrockene Schreien der fremden Soldaten, sie sah Georgs Gesicht über sich, heller und durchsichtiger, als es jemals gewesen war.
„Georg, die Brücke steht nicht mehr!“
„Wir bauen sie neu!“
„Wie soll sie heißen?“
„Die größere Hoffnung, unsere Hoffnung!“
„Georg, Georg, ich sehe den Stern!“
Die brennenden Augen auf den zersplitterten Rest der Brücken gerichtet, sprang Ellen über eine aus dem Boden gerissene, emporklaffende Straßenbahnschiene und wurde, noch ehe die Schwerkraft sie wieder zur Erde zog, von einer explodierenden Granate in Stücke gerissen.
Über den umkämpften Brücken stand der Morgenstern.[9]

Wir werden nicht überleben, aber *er*, Hitler, wird nicht siegen – dies war die *Größere Hoffnung*. Sie sabotiert den Tod. Das halbwüchsige Mädchen Ellen ist in ihren Erfahrungen und Überlebensstrategien, den

Träumen und Alpträumen, Spiegelbild ihrer Autorin. „Dichterin" will Aichinger nicht genannt werden, „Dichtung klingt mir zu vage, zu sehr nach einer Wolke, die rasch zerblasen werden kann. Es wird immer um Genauigkeit gehen, die gerade im Bereich der Literatur leicht abhanden kommt."

Kehren wir zu den Schreib-Kammern Ilse Aichingers zurück.

Es ist immer noch Nach-Krieg. Hunger, Kälte, Wohnungsnot. Die Mutter, eine der ersten promovierten Medizinerinnen der Donaumonarchie, von den Nazis mit Berufsverbot belegt und beständig vom Tod bedroht, hat 1948 endlich eine Anstellung bekommen, die sonst offenbar niemand wollte: als Ärztin in einem Pflegeheim für Unheilbare im neunzehnten Bezirk mit dem Namen „Herbstsonne". Hier, im fensterlosen Dienstzimmer der Mutter, beginnt die junge Ilse Aichinger ihre ersten Erzählungen zu schreiben, die sie schnell berühmt machen sollten: *Der Gefesselte*, *Die geöffnete Order*, *Spiegelgeschichte*, *Rede unter dem Galgen*.

> Laß mich dich lieben, Bruder, laß mich mein Ende lieben, das mich lebendig macht … Ob er das Zelt oder das Feuer ist, an dem das Zelt verbrennt, ich will den Himmel ernten, der verheißen ist.[10]

Auch in Großgmain bei Salzburg, wo Ilse Aichinger von 1963 bis 1984 lebte, gab es einen spezifischen Schreibort: die Küche im Erdgeschoß einer herrschaftlichen Villa mit weitläufigem Park, wo die Familie zur Miete wohnte. Die Küche war dunkel, das Fenster vergittert und nahe über dem Erdboden, die Dinge des Lebens verstreut, wenig Geschirr, da Aichinger kaum kochte, höchstens bei der Dorfgreißlerin, Frau Knobloch, Tiefgekühltes besorgte. Auf dem großen Mitteltisch stapelten sich Zeitschriften und Bücher, beschriebene Zettel lagen herum, es war still, die Kinder Clemens und Mirjam längst aus dem Haus, Günter Eichs Asche verstreut in fernen Weingärten. Hier und da kam die alte Mutter herein, wir tranken Tee, draußen lag die Sonne über dem Schnee oder der blühenden Wiese, über den Steinplatten, zwischen denen das Unkraut wuchs und die nie betreten wurden, weil es diese Küche gab, die Höhle und Geborgenheit war und in der man

Ernst Bloch lesen und weiterschreiben konnte in der Erzählung *In das Land Salzburg ziehen*: die Geschichte des Jägers Michael Hulzögger, der eines Tages im Untersberg verschwand, erst nach Wochen wieder auftauchte und niemals darüber sprach, was er im Berg erlebt und gesehen hatte.

> Eins weiß ich: daß es seine schwerste Jahreszeit ist, wenn die Tage immer heller und heller werden und es einem kalt wird vor Angst. Um die Zeit war er im Untersberg. Hier wissen wenige, wie das ist, wenn es nicht mehr dunkel wird, aber vielleicht hat er ihn gesehen da drinnen, diesen hellsten, jüngsten Tag, nachdem er in der hellsten Früh ahnungslos aufgestanden war wie alle andern, seinen jüngsten Vormittag ahnungslos begonnen hatte. Aber es geht schon ein heimliches Wissen durch dieses Land mit der Bewegtheit seiner Landschaft, die Helligkeit und Tiefe dicht beieinander hält, Verhülltheit und Offenheit, rote und weiße Wände, Hellsichtigkeit und Nichtswissenwollen, verzehrendes Grau und verzehrendes Grün. Vielleicht ist das sein Geheimnis, die Ahnung von diesem Tag, der seine Toten aus ihren Gräbern sprengt und seine Lebendigen erstarren läßt. Die ewige Nacht, wie die ist, das wissen wir schon eher, wir haben sie trotz dem Sternengewimmel schon öfter um uns. Aber der hellste Tag ist dem jüngsten Tag gemäßer als die finsterste Nacht. Wie sollte man auch im Dunkeln verhandeln und verurteilen können?[11]

Als Ilse Aichinger 1988 in ihre Geburtsstadt Wien zurückkehrte, war eines ihrer ersten Domizile wiederum ein kleines, enges Zimmer. Es lag im Gästehaus des traditionsreichen Schottenstiftes im Zentrum der Stadt. Ein auf den ersten Blick überraschender Ort, da Aichinger eine differenzierte Kritikerin von Scheinheiligkeit und Machtverbrämung katholischer Würdenträger ist. Das Schottenstift mag sie an jene wenigen glücklichen Momente während des Naziregimes erinnert haben, die sie in der „Hilfsstelle" im erzbischöflichen Palais von St. Stephan erlebt hatte und die sie in *Kleist, Moos, Fasane* und den jüngsten Journalen beschrieb. Unter dem Schutz von Kardinal Innitzer hatte der Jesuitenpater Ludger Born einen geheimen Treffpunkt für verfolgte Jugendliche organisiert, die hier Schutz, Ablenkung und Hilfe fanden, wenigstens für ein paar Stunden.

Das Zimmer im Schottenstift lag im dritten – oder war es der vierte? – Stock des Gebäudes. Der Liftschacht war abseits, finster und nachts zum Fürchten. Das einzige Zimmerfenster ging in den Innenhof. Die Wände waren dünn, man hörte Wasserrauschen und Gespräch, falls es dann und wann eines gab. Die meisten lebten für sich. In einem der Nebenzimmer geschah einmal ein Mord: der mehrfache Frauenmörder Engleder, der hier nach seiner vieljährigen Strafverbüßung Unterstand gefunden hatte, wurde von einer Prostituierten erstochen. Die meisten Gäste kamen nur für ein paar Tage, und im Frühstücksraum, der kalt und nüchtern war, sah man wieder neue Gesichter. Die Wärme kam von den Gesprächen mit dem Prior, den Aichinger mochte und der wohl wußte, wen er hier beherbergte. Im Schrank hingen nur wenige Kleidungsstücke. Es gab einen Tisch, einen Sessel, ein Bett, ein Nachtkästchen. Bücher. Und einen Koffer auf dem Gestell. Er war unversperrt und gepackt.

Es waren, wieder einmal, Jahre des Schweigens. Ilse Aichinger mußte erst Fuß fassen auf dem Boden ihrer eigenen Geschichte. Sie ging die Wege der Erinnerung. Ging durch die Hohlweggasse, wo einst in der Küche der Großmutter der später berüchtigte Doktor Mengele seine Zwillingsforschungen betreiben wollte. Ging über den Rennweg, über den heute noch die 71er Straßenbahn fährt mit der Endstation Jüdischer Friedhof, ging über den Morzinplatz, wo das Gebäude der Gestapo gewesen war, der angeblich effektivsten des Deutschen Reichs. Vorbei an den Häusern und Toren, aus denen die Totenköpfler gekommen waren, nachts die Stiefelschritte hallten, die Schreie der aus dem Schlaf Gerissenen gellten, und die Angst blieb vor dem Klopfen an der eigenen Tür. Vorbei an den Zimmern der Macht, in denen kein Visum ausgestellt wurde für die ersehnte Ausreise. Sie ging durch die Marc-Aurel-Straße, wo sie während der Kriegsjahre mit der Mutter zwangseingewiesen war und wo ihnen die Wohnungsbesitzerin vom zweiten Stock aus Ziegel und Glasscherben auf den Karren hinunterwarf, auf den sie ihre Habeligkeiten gepackt hatten und im Schutt einer zerstörten Stadt auf Herbergssuche gingen. Am städtischen Wohnungsamt von damals vorbei, wo der Beamte der Mutter ins Gesicht gesagt hatte: „Schlafen S' in der Hängematt'n."

Erst als alles wieder und wieder durchlitten war und durch Richard Reichenspergers Ermunterung, einmal wöchentlich eine Kolumne zu verfassen, begann Aichinger, die im Literaturbetrieb nicht mehr existent war, wieder zu schreiben. Über die Jahre hin wurde daraus eine beispiellose Chronik der Gegenwart, Blitzlichter ohne Chronologie, Leben als Film erzählt, apokalyptisches Mosaik eines Jahrhunderts, überraschend in der Zusammenführung des Disparaten, erinnerungsträchtig und zeitprall, lässig und rücksichtslos, subversiv und souverän: *Film und Verhängnis*, *Unglaubwürdige Reisen*, *Subtexte*.

Keine Idylle im Wien Ilse Aichingers. Dieses Wien steht vielmehr den frühen Gedichten H. C. Artmanns nahe, die *med ana schwoazzn dintn* geschrieben waren, dem Sarkasmus Ernst Jandls, der Abrechnung Thomas Bernhards, den sie liebte und dem sie einen berührenden Nachruf schrieb. Sie war angekommen in ihrer Stadt der Fremde und konnte sie durchstreifen auf der Suche nach neuem Stoff. Täglich ging sie dieselben Wege:

> Wenn einer eine Reise tut, so kann er nichts erzählen: Das fiel mir schon ziemlich früh auf … Deshalb ist es mir lieber, immer dieselben Wege zu gehen oder dieselben Strecken zu fahren. Die Qualität der Entdeckungen wächst, bringt Ruhe und neue Aufbruchsmöglichkeiten.[12]

Täglich konnte man sie also durch die Stadt gehen sehen, durch den ersten Bezirk, schnellen, schleifenden Schrittes, weit vornübergebeugt, den Kopf gesenkt, dennoch alles im Blick, die Farben, das Licht, die Bettler, die Gestrandeten, den Kleinen mit dem Zebrahut und die Sänger des Liedes „… gestorben muß sein". Man sah sie an die Menschen streifen, die sie nicht anschaute, weil sie sie durchschaute, war ganz bei sich, ganz außer sich, ging ziellos gegen den Stillstand der Zeit und zielgerichtet ins Café, ins Kino, ins Café, ins Kino, ins Kino.

Kino wurde früh zur Sucht, nicht nur durch das Schild „Judenverbot", das sie als Halbjüdin – der Vater war ein Mühlviertler Lehrer – nicht betraf. Im Kino mit dem pompösen Namen „Sascha-Palast" war sie gewesen, als der Krieg ausbrach. Und Kino war die Erlösung vor dem

Druck der Religionen, die ihr gleichermaßen fremd waren, „von Angst geprägt und Angst auslösend". Heute ist Kino für sie der exterritoriale Ort, wo das Verschwinden geübt wird:

> Die Filmlandschaft ist zugleich Zuflucht und Ort der Distanz zur eigenen Person, der Trennung von ihr … Noch einmal: Lebensarten, Sterbensarten, aber vor allem Kinoarten, Kinoplakate, Kinoeingänge – dorthin, wo man immer hinwollte: ins Herz der Finsternis.[13]

In den kleinen, altmodischen Kinos der Innenstadt, die Film noch als Kunst verstehen, ist sie Persona grata. Mitunter kommt sie drei, vier Mal täglich. Im Filmmuseum hat sie eine Freikarte für immer.

Und dazwischen und danach ins Café. In den Bräunerhof, den auch Thomas Bernhard bevorzugte, ins Café de l'Europe, ins Haag, Korb oder Sperl, Imperial oder Jelinek. Seit nach einer Erkrankung Spital und Heim vorübergehend ihre Orte wurden und sie die Zumutungen der Existenz ertragen muß, seit sie zurückkehrte in die Zweizimmerwohnung in der Herrengasse, läßt sie sich im Rollstuhl fahren, über den Graben, den Stephansplatz, auf ein Eis in die Rotenturmstraße oder auf zwei oder drei kleine Espressi ins Demel gleich ums Eck von dort, wo sie wohnt. Den Rollstuhl hat sie akzeptiert als ein wiedergewonnenes Stück Freiheit.

Wo ich wohne heißt ein früher Text Aichingers, in dem ein „Ich" vom dritten Stock in rätselhafter Weise immer tiefer hinabgereiht wird bis ins Parterre, den Keller und, als nüchterne Zukunftsfurcht, in den Kanal. Geschrieben wohl in der Erinnerung an das Nachkriegs-Wien des Schmuggels und der dunklen Geschäfte, das sie kannte und das sie sich im Film *Der Dritte Mann* mit Orson Welles bis heute immer wieder ansieht. Niemand im Haus von Aichingers Erzählung nimmt Anteil, niemand fragt, hat Mitleid.

Hinunter in den Kanal also. Und dann? Immer schon versuchte Ilse Aichinger, dem Abschied auf die Spur zu kommen. Immer schon kannte sie den Wunsch, die Orte, die Erde, die Welt zu verlassen, nachdem sie so heißen, wie sie heißen, und sind, wie sie sind: in primitivem Einverständnis und in der Pest der Verharmlosung. Gegen die sie ihre Fragen stellt, rastlos, hartnäckig und zunehmend radikaler. Fragen, deren Ausgangs-

und Endpunkt ist: „Kenne ich mich? Mich – mich – mich – mich?"
Nein, auch diese Frage stimmt nicht, sagt sie, die schließt fast nichts aus.
„Ich glaube, ich verhielt mich wie einer, der auszog, das Fürchten zu ler-
nen, um der Angst zu entgehen." Ist es die Suche nach dem „ungewissen
Ort meiner eigenen letzten Erprobung"? Gute Fragen, sagt sie immer
wieder, sind wichtiger als alle Antworten. Es ist das Suchen an sich, das
zählt: „Aufstehen, verlieren, suchen."

Die Sprache Aichingers sucht die Ränder, die Übergänge, das Unbe-
festigte: Brücken, Leitern, Membranen, Mühlen, Schatten, Schattierungen
und unbestimmte Richtungen. Sie laufen niemals in den Süden, aber immer
wieder zu nördlichen Meeren, Küsten und Polrouten; in den Westen, nach
England, dem Sehnsuchtsland der Freiheit, wohin die Zwillingsschwester
Helga mit einem der letzten Kindertransporte im Juli 1939 fliehen konnte.
Vor allem aber in den Osten, wohin die Todestransporte der Nazis führten,
und noch weiter in den Kaukasus, von wo Aichingers Urgroßvater herkam
und wohin Clemens Eich kurz vor seinem frühen Tod aufbrach, um Land-
schaft und Menschen Georgiens zu erkunden.

Aichingers Schauplätze zeigen Grenzen und Übergänge an, Abstürze
und Untergänge. Es sind Wohnorte der Ratlosen, Friedhöfe und Irren-
anstalten, Kaplagen, Häfen und der *Gare Maritime*, doppelt aufbruchs-
bereit. Auf der einen Seite stehen die Gekaderten, die Blockschließer und
Zöllner. Auf der anderen Seite, und hier ist der eigene und eigentliche
Ort Ilse Aichingers, die Tollwütigen, Seilspringer, Kieselspieler und
Schwindelerreger; die Gefolterten und Geschundenen, die Opfer, die
siebenundzwanzig Mal durch die Gitter Gezerrten, die das Atmen ver-
lernen wollen, um mit gebrochenen Knochen im Widerstand überleben
und sagen zu können:

JOAN Meinst du daß wir vorankommen
JOE Mir klebt dein Auge zwischen drei von deinen Rippen
JOAN Und ich habe einen Fetzen Drilch unter deiner Fußsohle
JOE Dein Auge zwickt
JOAN Und kommen wir voran
JOE Es näßt mich Zwischen deinen Rippen hindurch tränt es auf
die meinen
Doch doch Joan Ich glaube wir kommen voran[14]

„… trotziger und glaubwürdiger ist vielleicht in der Literatur noch nie ein Aufbruch vertreten worden", schreibt Heinz Schafroth im Nachwort über dieses Ende des Hörspiels *Gare Maritime*, in dem Jutta Lampe und Otto Sander die Hauptrollen spielten.

Der eigene Tod hat für Aichinger keinen Schrecken. Er erbittert sie nur darin, den Triumph, weg zu sein, nicht auskosten zu können. In der Reflexion auf das Sterben hingegen, das in den Journalen verstärkt wiederkehrt, tauchen zwei Worte auf, die sie bis dahin mied: Einsamkeit und Gottverlassenheit. Aber immer noch sind es vor allem die Todeserfahrungen des Terrors, die für sie bestimmend sind und durch die hindurch sie für das Leben, für den Trotz und das radikale Nein-Sagen plädiert. Die Ermordeten ihrer Familie, schreibt sie als über Achtzigjährige in den *Unglaubwürdigen Reisen*, haben ihr Leben bis heute entschieden, auch jede glückliche Wendung.

Vielfarbig grundiert ist Aichingers Widerstand, bis hin zu ironischer Lakonie. Im Gespräch kann sie von stupendem Witz sein, von großer Schlagfertigkeit und entwaffnender Logik. Als Günter Eich noch lebte, war das Haus in Großgmain ein vielbesuchter Ort, Dichter, Musiker, Philosophen und Wissenschaftler kamen, vor allem zur Zeit der Salzburger Festspiele, die an Aichinger jedoch unbeachtet vorüberzogen wie das Kommen und Gehen der Jahreszeiten. Auch im offiziellen Salzburger Kulturleben war sie nicht präsent, man hat sie nicht gerufen.

Zwischen 1970 und 1985 erhielt sie jedoch eine Anzahl renommierter Preise, unter anderem jene im Namen von Nelly Sachs, Georg Trakl oder Franz Kafka, die sie in ihren Dankesreden neu und verblüffend erschloß. Ihre Verweise auf andere Schriftsteller, denen sie sich wahlverwandt fühlte, sind nicht selten Gegenbilder zum Konsens: Joseph Conrad, Adalbert Stifter, Samuel Beckett, spät erst Thomas Bernhard.

Bevor sie 1984 Großgmain verließ, um nach Frankfurt zu ziehen, gab es einige kleine Sommerfeste bei uns – Ilse Aichinger war der Mittelpunkt. Rosa und H. C. Artmann, die im Leopoldskroner Moor am südlichen Stadtrand von Salzburg wohnten, waren da, mit ihm sprach sie über die Präzision von Träumen.

Reiner Kunze nannte sie eine „Last- in Lichtverwandlerin", Rudolf
Bayr pries ihre torpedierende Weltsicht, und Peter Handke, der damals
auf dem Mönchsberg lebte, hob die Frechheit und Unbedingtheit von
Aichingers Literatur hervor, die ihn an die Suggestivität von Zauberfor-
meln erinnere, und las, barfuß im Garten, für sie einige seiner Überset-
zungen von René Chars lyrischer Prosa.

Die Birke über uns verlor ihre ersten Blätter. Die Gläser klangen, der
Wein leuchtete hell, der Tag kannte nur ferne, unerreichbare Ziele, die
die Sehnsucht wachhielten. Clemens, der damals ein gefragter Schau-
spieler war und 1980 sein erstes Buch mit dem bezeichnenden Titel *Auf-
stehn und gehn* veröffentlicht hatte, blieb am Rand, auch Mirjam, die
als Bühnenbildnerin an verschiedenen deutschen Theatern arbeitete.
Richard Reichensperger beobachtete hellwach und schweigend, und
Aichinger selbst blätterte in ihrem Gedichtband *Verschenkter Rat*, der
1978 erschienen war, und las unter anderem *Abgezählt*.

Der Tag, an dem du
ohne Schuhe ins Eis kamst,
der Tag, an dem
die beiden Kälber
zum Schlachten getrieben wurden,
der Tag, an dem ich
mir das linke Auge durchschoß,
aber nicht mehr,
der Tag, an dem
in der Fleischerzeitung stand,
das Leben geht weiter,
der Tag, an dem es weiterging.[15]

Nein, keine Idyllen. Abgezählt die Tage, aufgerufen die Ortlosigkeit. Ich wüßte keinen Ort, von dem ich sagen könnte, hier bin ich wirklich zuhaus, sagte sie in einem Gespräch in der dunklen Küche von Großgmain, im Haus hinter der langen, hohen Mauer, im Dorf, an dem sie am meisten die Nähe der Grenze liebte. *Außer Landes* ist ihr Ort. Ich bin nicht aus dieser Gegend, schreibt sie in der Erzählung *Holzfahrscheine*, „... ich bin auch aus keiner anderen". Die Konsequenz ist der Wunsch nach Nichtexistenz, ganz einfach nach Wegbleiben. Es ist die Faszination der Flüchtigkeit, von der sie im *Journal des Verschwindens* von 2001 spricht und die zurückreicht in die frühen Prosatexte:

Denn ich will keinen Spiegel, keine Glasscheibe und nicht einmal eine finstere Handvoll Wasser, die mir mein Bild zurückwirft. Wer weiß, vielleicht besteht mein Jubel darin, daß ich unauffindbar bin.[16]

Alles, was vom Denken ablenkt, erregt Aichingers Skepsis. Auch die Natur. Als Kind schon wollte sie auf Blumen spucken, sagte sie einmal, als wir im Vorgarten eines der Bauernhöfe von St. Georgen saßen, wo sie als Kind die Sommerferien verbrachte und später dann und wann auf Besuch war. Der Blick ging weithin, auf dem Attersee trieben ferne weiße Segelboote. Daß die Natur natürlich ist, ist entsetzlich, sagte sie, daß wir sie anhimmeln, Schweine, Wölfe – uns selbst. Etwas anhimmeln, weil es so ist, ist die größte Sünde, die es gibt. Das Wesen der Natur ist ein Unwesen, das man nicht genug kontern kann.

Immer, wenn sie kam, erzählte sie damals, sei ein Unglück geschehen: einer fuhr sich zu Tode beim Holzziehen, eine starb an den unkundigen Händen einer Hebamme und diesmal kamen, als wir den Flur betraten, Schritte die Holztreppe herunter, die steil in den Boden des ersten Stokkes geschnitten war. Langsam, schleppend, mühsam. Zunächst sahen wir nur die Hausschuhe, dann eine am Geländer sich stützende Hand, dann dünne Beine, einen schlappernden Gürtel, schließlich einen hohlwangigen jungen Mann, Sohn der Bauersfamilie. Später erfuhren wir, daß er Aids hatte. Schande für Haus und Hof und Ort, hieß es im Dorf. Er wurde nach Wien gebracht. Ilse Aichinger hat ihn besucht, mit ihm geredet und geschwiegen, bis alles still wurde. – Die Erinnerung an die Kindheit jedoch taucht sie in Bilder milden Geheimnisses:

Ich erinnere mich des Beerensuchens auf dem Lande, irgendwo im Oberösterreichischen, wo wir den Sommer verbrachten. Der Schlag ist heute längst zugewachsen, aber damals schien es uns, als bliebe er immer. So wie es uns im Grunde schien, daß wir immer Kinder sein würden. Um Mittag gingen wir weg, unsere Blechkannen schlugen aneinander oder flogen ein Stück voraus, unsere Stimmen drangen noch eine Weile über die heißen Wiesen gegen die Waldränder vor, ehe sie still wurden. Hinter uns blieben die grünen, kühlen Flure der Bauernhäuser, die nach alten Kalendern rochen, nach Geschichten von Schneegestöbern, von Herbsten und Räubern, nach säuerlichem Brot und den Milchtöpfen in den Kellern, vor uns zogen die runden, bewaldeten Hügel, einer immer kleiner und ferner als der andere, den Tälern zu; wahrscheinlich waren es sieben … Die Hitze umfing uns, der Mittag, der lange, unzerbrechliche Sommer.[17]

Zeit eines Lebens.

Ein milchiger Himmel steht heute über der Wiener Herrengasse. Das Licht des frühen Nachmittags fällt schräg in das Zimmer, es ist die konturlose Stunde, die Ilse Aichinger liebt. „Käme es auf die Orte an, / die wir zu verlassen / im Stand sind …" Die Bücher des rumänischen

Schriftstellers Cioran liegen da, der Aichingers zweite Stimme geworden ist, die von Nichtigkeit spricht und von der Lust, jede Begeisterung zu revidieren. Von Zeit zu Zeit schreibt sie Wortspiele nieder, um etwas Ironie in den Alltag zu streuen. Mirjam bringt heißen Tee. Der Lärm der Stadt steigt auf, bricht sich am Vordach, wirft sich auf das Gegenüber. Der Nachmittag stellt keine Fragen.

Sur le bonheur

… Das Tal, mein Tal, wo ich auch immer einmal hinwollte. Kam nicht hin, schade. Kam nicht hin, wo ich gern entsprungen und den jüngsten Lauf getan hätte. Wäre. Wo ich nicht geblieben wäre. Gern, gern, aber ich kam nicht hin. Kam nicht hin, wo ich nicht geblieben wäre. Kam nicht hin.[18]

Peter Turrini

An der Grenze

Jeder Mensch
ist ein Mensch
oder zwei Menschen
oder drei Menschen.
Ich bin auf jeden Fall
zu viele Menschen.[1]

Als einer dieser vielen Menschen kaufte Peter Turrini im Vollrausch einer
Nacht und mit Handschlag besiegelt von einem alten Weinbauern dessen
Haus, das Preßhaus, zwei Weinkeller, den Anger und die dazugehörigen
Gründe. Das Weinbauernhaus aus dem 16. Jahrhundert war eine Ruine,
das Preßhaus ebenso, die Keller kaum zu betreten und die Landwirt-
schaft verwahrlost. Bei hellem Licht besehen, wollte er den nächtlichen
Übermut rückgängig machen, was der Bauer ausschlug. Dort oben, dort
hinten im Dorf, galten noch das Wort und die Hand.

Das war im Jahr 2000. Seither hat Turrini in mehrjähriger Renovie-
rungsarbeit und großer Hochachtung vor Traditionen Haus und Hof zu
seinem neuen Zuhause ausgebaut, das Preßhaus ist liebenswertes Entrée,
frische Früchte und gelagerter Wein laden sofort zum Bleiben ein, die
Weinkeller sind nach alter Manier wiederhergestellt und drei neue dazu-
gekauft, die Landwirtschaft ist verpachtet. Die Gemeinde benannte die
Kellergasse „Peter-Turrini-Gasse", aber der so Geehrte hat das Schild
wieder abmontiert.

Der Ort des liebens- und lebenswerten Idylls ist Kleinriedenthal. Der
Name verweist auf die Rieden des Weins, die Kleinheit der Ansiedlung,
und das altertümliche th ist unaufdringliches Symbol für etwas, das in
Resten noch besteht: archaische Strukturen. Das Dörfchen liegt weitab
im nördlichsten Weinviertel, nördlich von Retz, nur ein paar Steinwürfe

von der Grenze zu Tschechien entfernt. Die Grenze ist kein Eiserner Vorhang mehr und offen für Austausch her und hin. Und jetzt erst ist zu erkennen, „wie fremd wir waren, wie nah wir sind".

Peter Turrini sagt oft Sätze, die man sofort liebt. Oder die sich auf der Stelle als Titel eines Theaterstückes eignen würden. Über ihn zu schreiben, ist leicht und schwer, sage ich zu W., als wir, vom Kamptal kommend, über die Hochflächen des unteren Weinviertels Richtung Norden fahren. Die kleinteiligen Felder sind abgeerntet, braun liegt die Erde, umgebrochen und in Ruhe gelassen. Auf manchen Äckern sind feuerrote Kürbisse in Linien aufgereiht, wie die alte Rechenmaschine eines Riesen. Steigt die Straße an, führt sie direkt in den Himmel.

Leicht ist es, weil Turrini zu den meistgespielten, meistübersetzten und populärsten Schriftstellern zählt. Seine Dramen werden von Moskau bis Buenos Aires gespielt, von Helsinki bis Johannesburg. An die hundert hat er, die des „pubertären Wahnsinns" mitgerechnet, bis jetzt geschrieben, weitere sind in Arbeit. Der *Spiegel* hat herausgefunden, daß jeden Abend etwa vier Stücke irgendwo auf der Welt aufgeführt werden.

Schwer ist es, über Turrini etwas zu sagen, weil die Qualität seiner Werke nicht nur in der Sprache, der raffinierten Dramaturgie und thematischen Provokation liegt, sondern vor allem in der äußersten Verletzlichkeit des Autors. Und diese wäre, wenn sie nicht Antrieb für öffentliche Werke wäre, im Grunde etwas höchst Privates. Aber sein Eintreten für die Entrechteten, Am-Rande-Stehenden, die Minderleister der Gesellschaft, ist nicht nur ein verbales, es hat seinen Urgrund im Mit-Leiden, Ins-Spiel-Bringen der eigenen Existenz. Wenn er Partei ergreift, und er tut es leidenschaftlich, lebt er mit seinen Figuren mit und geht fast mit ihnen zugrunde. Es ist das Signum seiner Literatur, daß sie zugleich sein Leben ist.

Nein, sagt W., das könnte auch Täuschung sein. Vielleicht scheint es so, weil er ein großes Talent zur Theatralik hat. Und irgendwo schreibt er doch: „Alles, was ich sage, ist falsch. Es ist nur richtig gespielt."

Da könntest du recht haben, muß ich einräumen. Und krame in meinem Rucksack und hole den Gedichtband *Ein paar Schritte zurück* hervor, den Turrini in jener Zeit schrieb, als er während der Arbeit an der Fernsehserie *Alpensaga* auf der Suche nach Heimat war und darüber zusammenbrach. Wie zur Bekräftigung von W.s Worten lese ich uns einen Ausschnitt aus dem letzten Gedicht vor, in dem er seine bruchstückhafte Kärntner Familiengeschichte abschließt mit den Worten:

> Jetzt sind sie
> alle tot …
> Jetzt kann ich
> damit meine sehnsuchtsvollen Rufe
> nach irgendwas klingen
> schöne Lügen über sie alle
> erfinden.[2]

Das Archiv in Kleinriedenthal birgt unzählige Beispiele für dieses und jenes und ihr jeweiliges Gegenteil. Und da wären wir wieder bei den vielen Menschen, die einer ist oder sein kann …

Das Archiv ist im ehemaligen Pferdestall untergebracht. Es ist hell, draußen liegt die Sonne auf dem weißen Kies und wirft das Licht vom gegenüberliegenden Trakt des Dreiseithofes durch die Fenster. Raum, in dem Turrini sozusagen zu seiner eigenen Geschichte geworden ist. Silke Hassler, die Gefährtin der letzten Jahre, Germanistin und Schriftstellerin, hat alles Material zu einem beispiellosen, nach wissenschaftlichen Kriterien geordneten Archiv angelegt, in dem von den ersten Notizen des Fünfzehnjährigen über alle Theaterstücke, ihre frühen Vorformen und späteren Programmhefte aus aller Welt, über Gedichte, Essays, Reden, Briefe, Interviews, Fotos und so weiter alles gesammelt und chronologisch geordnet ist. Wir gehen die Stellagen mit den hellbraunen Ordnern entlang und sind reines Staunen. Sind damit nicht allein: das Österreichische Literaturarchiv hat ein begehrliches Auge darauf geworfen.

Im Innenhof stehen Töpfe mit Zitronenbäumen, Lavendel und Oleander, Rosen blühen an der Hauswand, fast ein kleines Italien. Befriedeter, stiller Ort. Hier könnte ich bleiben, sagt W., der die lauten Städte meidet. Magie scheint von dem Ort auszugehen. Salman Rushdie hat hier schon Schutz gesucht, als er auf der Todesliste stand, sich für Tage glücklich entkommen fühlte und sich in den tiefen Kellern mit den Weinbauern

verbrüderte, die Bodyguards weit weg an den Eingängen. Zum Preß-
haus hin ist der Hof offen. Am Hang, der in die Wiesen führt, stehen
einhundert Weinstöcke, die der Leiter der Weinbaufachschule dem neu
Zugezogenen schenkte. Fast jeder trägt eine andere Rebsorte, alle sind so
gezüchtet, daß sie ohne Dünger auskommen und die herrliche Vielfalt
zeigen, die möglich wäre. Aber der Markt verlangt Vereinheitlichung und
Großfläche und die Kleinen bleiben auf der Strecke. Von ursprünglich
48 Weinbauern sind nur mehr zwei übriggeblieben, die den Weinbau als
Hauptberuf ausüben. In einer Brandrede hat Peter Turrini 2001 vor dem
niederösterreichischen Landeshauptmann und den Bürgermeistern des
Landes die Politik angeprangert, die Weinbauern kaputtzumachen und
ihnen die Würde zu nehmen.

> Von Jahr zu Jahr bekommen sie weniger für die Früchte ihrer
> Arbeit … Das ist die Aufforderung zum Aufgeben. Das ist die
> Umwandlung eines einst selbstbewußten Standes in deklassierte
> und lächerlich abgefundene Landschaftsgärtner … Wir zerstören,
> was wir später hochleben lassen.[3]

Im Gebälk des Preßhauses nisten Schwalben. Auf dem Holztisch stehen
Schalen mit frischen Äpfeln, Trauben und Nüssen, grünem und rotem
Paprika, Pfefferoni und Paradeisern. Die Nachbarinnen bringen mir das
immer frisch vorbei, sagt Turrini. Im Keller lagern die ersten Kipfler-
Erdäpfel, in den weitläufigen Gängen spezielle Sorten roten und weißen
Weins. Turrini schenkt uns ein.

Ich habe Wien aufgegeben, sagt er, ich bin Weinviertler geworden.

Kärnten hingegen, wo Turrini 1944 geboren wurde, war für ihn das
Gefängnis – umstanden von hohen Bergen und in einer Gesellschaft,
die nach Kriegsende den Faschismus weiterlebte. Ich kann heute noch
nicht in dieses Land fahren, ohne nasse Hände zu bekommen, sagt
er und schenkt nach. Ich bin immer noch der Fettsack, der Katzlma-
cherbub, das Gastarbeiterkind. Der Vater war Italiener, Kunsttischler
mit der Sehnsucht, dazuzugehören. Aber zeit seines Lebens blieb er
fremd unter den Bauern und Kleinhäuslern, die nie von Schuld, nur
von Dreinhauen redeten, und für die die Italiener immer noch und nur
die Verräter waren.

146

Unter den wenigen Gedichten, die Peter Turrini schrieb, ist das auf den Tod seines Vaters eines der schönsten:

Am Ende der Trauer und des Zornes
Verstehe ich meinen Vater.

Dieser kleine Italiener
dem der Schnee zu früh
und die deutsche Sprache zu spät kam
hatte Angst.

Er spürte
daß es für Ausländer
keinen Platz gab
am Stammtisch der Einheimischen.

Um nicht aufzufallen
schwieg und arbeitete er.
Er ahmte die ortsüblichen Tugenden nach
bis sie ihn begruben.

Einmal
erzählte mir mein Halbbruder Jahre später
wollte er die Werkstätte anzünden
die Familie verlassen
und zurück in seine Heimat gehen.

Es tut mir leid
Daß ich ihm nicht mehr sagen kann
wie gerne ich mit ihm
in den Süden gegangen wäre.[4]

Die drei Brüder Peter Turrinis konnten sich assimilieren, er selbst blieb oder sah sich als der beschimpfte, verlachte Außenseiter. Als Kind will man dazugehören, sagt Turrini, und die Erfahrung, daß einem das verwehrt wird, ist furchtbar und zerstörerisch. Erst spät habe ich gelernt, daraus eine Würde zu machen. Die „Würde" des Menschen: davon spricht Turrini oft und streichelt die weiße Katze, die sich hereingeschlichen hat und dann doch hinausgetragen wird, weil hier nicht ihr Platz ist zwischen alter Presse und kühlen Flaschen.

Es gab zwei Fluchtorte aus der Kärntner Enge: den Großvater in Cerea, der Landarbeiter und ein deftiges Original war und ein kleines Weingut in der Poebene besaß. Es war die Landschaft von Don Camillo und Peppone und den hellen Pappelwäldern. Der zweite Fluchtort war ein Hügel hinter Maria Saal, wo sich der dicke Bub im Buschwerk versteckte, wenn sie ihn vom Fußballspiel ausschlossen, und wo er sich Dialoge ausdachte, mit denen er die anderen Kinder – „aggressiv, verschlagen die Kinder der Kleinbauern und Hilfsarbeiter, protzig und selbstbewußt die Kinder der Großbauern" – zu beeindrucken suchte. Ein einprägsames Bild von Einsamkeit.

Turrini hat die Geschichte seiner Jugend oft erzählt und kommt in vielen seiner Essays und in fast allen Gesprächen auf sie zurück. „Die Kindheit ist ein schreckliches Reich." Seit seinem mehrmonatigen Aufenthalt in der Psychiatrie Ende der 1970er Jahre blieben ihm die Traumata der Kindheit in ihrem Fortwirken eine der wichtigsten Quellen seines Schreibens. Sie trieben ihn für immer an die Seite jener, denen Unrecht geschieht.

> Literatur ist ja auch eine permanente Entdeckung und Ausbeutung der eigenen Geschichte. Künstler sind Psychopathen, Neurotiker, gefährdete Menschen, bei denen sich das Unbewußte immer wieder einen Weg in das Bewußtsein bahnt. Ich betrachte das als eine wesentliche Voraussetzung für die Kunst.[5]

Wo, überlege ich, würde er sich seine Fluchthöhle bauen, wenn er als Kind in Kleinriedenthal lebte? Das Land ist einsichtig. Aber es böten sich die beschatteten Kellergassen mit ihren Büschen und Bäumen an und mit ihren Holztüren in unterirdische Reiche.

Am Beginn einer dieser Kellergassen steht heute Turrinis Haus.

Die Begegnung mit dieser Landschaft der offenen Horizonte und des Weins, vielleicht eine ferne Spiegelung norditalienischer Kindheitsbilder,

reicht zwei Jahrzehnte zurück in Turrinis Leben. Bevor er nach Klein-
riedenthal zog, lebte er in einem Bürgerhaus aus der Renaissancezeit in
Retz. „Am Anger" ist die schöne Adresse. Und noch davor, ab 1987, war
eine Zelle des Dominikanerklosters der produktive Schreib- und Rück-
zugsort für ein ganzes Dezennium.

Schon wieder eine Flucht. Turrini war damals bereits ein Theaterdich-
ter im Rampenlicht, der von der *Rozznjogd* über *Sauschlachten, Kinds-
mord, Josef und Maria* und die Bearbeitungen von Beaumarchais' *Der
tollste Tag* und Goldonis *Die Wirtin* Dramen geschrieben hatte, die zum
Teil zu Skandalen gemacht, alle jedoch zu Welterfolgen wurden.

Das Dominikanerkloster, gegründet 1279, hat uns Turrini als Domizil
zugedacht. Es liegt ein wenig erhöht über der Stadt und ist heute eine
liebevoll geführte Frühstückspension. Es war immer ein kleines Kloster,
mit nur wenigen Mönchen besetzt, zur Zeit der Reformation, der Pest
und des Dreißigjährigen Krieges sogar verlassen. Unsere Schritte hallen
in den langen, gewölbten Gängen. Die Räder des kleinen Koffers hol-
pern über die Steinfliesen. Licht flutet durch die hohen Fenster. In der
Hoflinde ist Spatzenlärm. Das Dach der Kirche ragt hoch auf. Sie ist

groß und ausladend. Die Dominikaner, Bettelmönche, die asketisch in den Städten lebten und Hauptträger der Inquisition wurden, brauchten Raum für ihre feurigen Predigten, für die sie berühmt waren. Die Menschen klein und gegängelt unter den aufstrebenden Bögen dieser ersten gotischen Hallenkirche des Landes. Hier waren sie gleich vor dem Wort der Himmelsinterpreten.

Draußen aber werden die Armen an der Stadtmauer, die Reichen im Zentrum gewohnt haben, sagt W., so wie überall. Wir haben uns auf einer der übriggebliebenen Bierbänke eines Zeltfestes mitten auf dem Retzer Stadtplatz einen halbwegs ruhigen Platz gesucht. Die Renaissancehäuser sind reich geschmückt, selbstbewußt steht das Rathaus in der oberen Mitte des rechteckigen Platzes, für dessen Anlage und Ausbau einst die Avantgarde italienischer Künstler ins Land geholt wurde. Rechts von uns strebt eine Reisegruppe ihrem Bus zu, der das Kennzeichen von Florenz trägt. Wahrscheinlich kommt sie von einer Führung durch die unterirdischen Gänge. Denn unter unseren Füßen ist alles ausgehöhlt. Oft ist nur eine achtzig, neunzig Zentimeter dicke Quarzsandschicht zwischen Asphalt und Kellergewölbe.

Dank eines mittelalterlichen Privilegs waren die Retzer Bürger wohlhabend geworden. Ihr Handelsnetz erstreckte sich bis in die Kaiserstadt Wien, vor allem aber in den Norden und Osten, nach Prag und über Krakau bis nach Galizien und weiter bis St. Petersburg an den Zarenhof. Sieben der umliegenden Gemeinden – der Großteil der Weinbauern waren Leibeigene – mußten Wein an die Herrschaft und die Retzer Händler liefern, die innerhalb ihrer Mauern das gesamte Stadtgebiet mehrstöckig unterminierten und zu kilometerlangen Gängen für die Weinlagerung und -reifung ausbauten. Angeblich Europas größter Wirtschaftskeller. Millionen, Abermillionen Liter Wein wurden hier gelagert. Es geht die Mär, daß es Gänge bis hinüber ins fünfzehn Kilometer entfernte Znaim gegeben haben soll.

Welch geschichtsträchtiger Boden für einen Schriftsteller. Aber Peter Turrini suchte damals nicht die Historie in Retz, sondern Abgeschiedenheit. Er war eine öffentliche Person, zum Schreiben jedoch brauchte er das Vakuum. Weg aus Wien, von Fernsehen und Fragen, von Politik und Polemik. Von Mitmischen und Einmischen in die Geschicke eines Landes, aus dem er 1967 nach Griechenland geflohen war in die vermeintliche Freiheit von Gruppensex und Drogen. Eines Österreich, das er damals nicht aushielt in seiner kulturellen Enge, das den Aktionismus der Künstler verfolgte und den Faschismus als Geisteshaltung förderte, eines Landes, von dem er dennoch nicht loskam und loskommt und das er, weil er es liebt und für verbesserbar hält, fortan in seinen öffentlichen Reden attackiert.

Befreundet mit dem damaligen Vorsteher des Dominikanerklosters, Christoph Schönborn, erhielt Peter Turrini die Zelle Nummer dreizehn zugewiesen. Es ist zwanzig Jahre her, daß sich Turrini hier vor der Welt verschanzte. Er zeigt uns die Zelle, vielleicht ist ein wenig Nostalgie in seinem Tonfall. Er geht zum Fenster, draußen zieht sich die Grafik der Weinstöcke den Hügel hinauf. Dort, wo sie in einer Wölbung den Horizont berühren, haben sie die Konturen einer grüngoldenen Erntedankkrone, geflochten in das Blau des Himmels.

Der Raum ist schmal, aber eine Zelle hätte ich mir beengter vorgestellt. Es ist vollkommen still. Von den *Minderleistern* bis zur *Schlacht um Wien* hat Turrini zehn Dramen hier erdacht und formuliert. Wenn er schreibt, sagt er, zieht er sich nicht nur von der Welt zurück. Er kommt ihr vollkommen abhanden. Er schreibt Tag und Nacht. Die Nächte durchsteht er mit zwei Litern Kaffee und zwei „Packeln Tschik". Askese und Rausch, Geißel und Glücksgefühl. Da war er hier richtig, denke ich, bei den Dominikanern, die auszogen, um mit der Fackel des Wortes die Welt zu entzünden.

In der rechten Ecke der Zelle, unmittelbar vor seinem Schreibtisch, hing ein großer Christus an seinem Kreuz. Wenn ich „etwas Schweinisches" schrieb, erzählt Turrini lächelnd, „hab ich ihn abgehängt und verkehrt aufs Bett gelegt." Ein befreundeter Priester, dem er davon berichtete, hätte ihm geantwortet: so denke ich auch oft – ich darf es nur nicht schreiben. Wir sind alle geprägt vom Katholizismus, fügt Turrini hinzu und verläßt die Zelle.

Wir gehen noch eine Weile durch das Kloster, durch die Bibliothek und das Refektorium mit dem naiven Deckengemälde, auf dem ein Dominikanermönch von der himmlischen Taube erleuchtet wird, was aussieht wie ein gelber Kasperlhut. Auf der Brust trägt er einen goldenen Sonnenanhänger, der einem ägyptischen Kultgegenstand gleicht. Wir schlendern in den Garten, den die Hausherrin zum Lustgarten der Küche gemacht und aus einer verwahrlosten Wiese eine Vielfalt von Gemüsen, Salaten und Früchten herausgezaubert hat. Wochen, Jahre der Arbeit. Turrini ist stolz auf diese Leistung, als ob es seine wäre, er hat ein weites Herz für Anerkennung. Der Garten liegt geschützt innerhalb der Reste der Stadtmauer, ein runder Wehrturm bewacht ihn und verweist in die kriegerischen Zeiten früherer Jahrhunderte, in denen das Kloster in die Wehranlagen der Stadt eingebunden war.

Unser Klosterzimmer ist fürstlich. Es diente dem Provinzial des Ordens als Aufenthaltsort, wenn er auf Besuch kam. Vor den beiden hohen Fenstern liegen dieselben Weinrieden, die wir aus Zelle dreizehn gesehen haben. Der Raum hat eine beruhigende Symmetrie, vielleicht sogar eine Aura, die es tatsächlich gibt oder die wir uns einbilden. Wir essen die mitgebrachten Trauben aus dem Preßhaus, und dann hole ich Turrinis *Tod und Teufel* hervor, dessen Personenregister allein schon Bände spricht: der Pfarrer einer Kleinstadt, der Sekretär des Bischofs, ein arbeitsloser Jugendlicher, der Schlepper eines Sexlokals, eine Hure, ein arbeitsloser Akademiker als Wirt, ein Alkoholiker und ehemaliger Professor für Mathematik, eine Alkoholikerin und ehemalige Kassierin in einem Supermarkt, ein Waffenhändler und dessen magersüchtige Tochter und so weiter. Ein realistisches Panoptikum der Gesellschaft einer Kleinstadt an der Grenze.

Am theatralischen Schluß des Dramas läßt sich der Priester an der Tür eines Kastens kreuzigen. Ich lese W. die Passage aus einem Gespräch vor, in dem Turrini von seiner Kindheit und Jugend in Maria Saal erzählt, wo er im Dom Ministrant und noch sehr gläubig war und durch den Einbruch der Sexualität in die größten Konflikte gestoßen wurde.

Ich halte die katholische Sexuallehre für eines der größten Verbrechen. Sie ist menschenfeindlich und gemeingefährlich … Für mich gibt es den Schöpfungsbegriff; es gibt die Schönheit der Schöpfung und die Schändung der Schöpfung, es gibt den Begriff der Schuld, der Strafe und der Vergebung. Der größte Feind jener Christlichkeit, die mir wertvoll ist, ist die katholische Kirche. Dieser Katholizismus ist etwas sehr Zerstörerisches, aber er ist meine Prägung, meine Geschichte.[6]

Und wie endet das Stück? fragt W.

Es gibt keine Sünde und keine Vergebung mehr, sage ich, weil die Menschen Gott die Sünde abgekauft haben und sie gebrauchen können nach Belieben.

Die Engel des Himmels, Cherubin und Seraphim, unnütz geworden in dieser Welt, irrten umher. Als sie genug gesehen und gelernt hatten, belegten sie Kurse in verschiedensten Instituten. Sie lernten schnell, dienten sich hoch, erschlugen die Schwachen mit ihren Flügeln und fraßen ihnen die Augen aus den Köpfen ...[7]

Das ist der Schluß?

Nein, sage ich und lese den letzten Satz aus *Tod und Teufel* vor, den der an der Welt verzweifelte, an den Kasten genagelte Priester sagt: „Jetzt hätte ich gerne eine Hand frei. Jetzt hätte ich wirklich gerne eine Hand frei." Er kann Rudi nicht mehr helfen, dem arbeitslosen, ausgeflippten Jugendlichen, der von Polizeischüssen tödlich getroffen ist.

Und was soll das bedeuten?

Daß *wir* uns helfen sollen, nicht auf Hilfe von irgendwo hoffen. Daß es eine Moral gibt, die dem Menschen dienen soll und nicht einem symbolischen höheren Wesen, das uns allein läßt, wenn es drauf ankommt. Das war schon in den *Minderleistern* so, wenn der arbeitslose Hans aus Verzweiflung in den Hochofen springt, fahre ich fort und weiß nicht, ob ich mich zu sehr in Eifer rede und streiche W. über das Haar. Und auch den jüdischen Häftlingen auf ihren Todesmärschen durch die österreichische Provinz Ende April 1945 hat kein Gott geholfen. Im neuen Theaterstück *Jedem das Seine*, das Peter Turrini und Silke Hassler gemeinsam geschrieben haben, bereiten sie sich selbst ein paar ungläubige Augenblicke der Todesvergessenheit, indem sie die Operette *Wiener Blut* spielen. „Die Welt da draußen will uns töten. Deshalb müssen wir so tun, als wären wir in einer anderen."[8] Umsonst. Die Nazis kommen und zünden den Stadel an, und keiner überlebt.

In der Kellergasse von Kleinriedenthal, gleich hinter dem Haus, wird in einem der neu erworbenen Gewölbe gearbeitet. Wenn mir nichts einfällt zum Schreiben, sagt Turrini, habe ich architektonische Ideen.

Es ist ihm eine Lust, die verfallenen Bauwerke zu renovieren. Er kauft alte Ziegel von weit und breit, um möglichst den Urzustand wiederherzustellen, und beschäftigt nur einheimische Kräfte. Die Tschechen bieten sich um fünf Euro an, sagt er, ich zahle zehn bis fünfzehn. Ich will den Menschen hier vom Ort Arbeit geben. Es wird gegraben und gemauert, die Wurzeln der Bäume haben sich durch den Löß und das Tegel-Mergel-Gemisch gebohrt, wahrscheinlich stammen die Keller aus dem späten Mittelalter. Die leibeigenen Weinbauern waren per Gesetz verpflichtet, bis Martini am 11. November den Großteil des Weins der Herrschaft oder der Stadt Retz abzuliefern. Gekeltert und vergoren wurde er in den Kellern der Bauern, nur zur kommunalen Lagerung in die Stadt gebracht.

Turrini hat eine üppige Jause für alle vorbereitet. Im Hof ist ein großer Tisch gedeckt, immer schon gedacht für Gastfreundschaft und Geselligkeit. Es wird gegessen, getrunken und gelacht. Ich sehne mich nach Zugehörigkeit, sagt Turrini später. Ich bin begierig nach Menschen. Und erzählt uns die Lebensgeschichten der Männer.

Einer ist Eisenbahner, immer in der Frühschicht. Seine Frau ist Billa-Verkäuferin, beide in Wien. Hier heroben ist kaum Arbeit. Sie stehen zwischen drei und vier Uhr morgens auf. Ein anderer ist Postler, arbeitet ebenfalls in Wien, als Springer. Steht auch so früh auf. Den Weinbau hat er aufgegeben, zu klein der Besitz, zu unrentabel. Der Vater hat daraufhin eine Mauer durch den Hof gebaut und redet kein Wort mehr mit dem Sohn. Dieser klettert manchmal nachts über die Mauer, um zu sehen, wie es dem alten Vater geht. *Das* sind die Tragödien, sagt Turrini. Die kleinen Schicksale sind die Modelle für die großen. *Diese* Menschen sind die Helden meiner Stücke, sie will ich, sie brauche ich. Das sind archaische Situationen: Einsamkeit, Sprachlosigkeit. Das Drama der Mauer auf dem eigenen Hof – wie bei Shakespeare.

Draußen ist es kühl geworden. Wir gehen ins Haus, durch die Küche in den Wohnraum, der niedrig und mit vielen Lampen gemütlich erhellt ist. Auf dem Tisch stehen Nüsse und Trauben, und Turrini schenkt Eiswein ein, immer noch eine Kostbarkeit. Alfred Komarek, der im benachbarten Pulkautal einen Weinkeller besitzt, hat seine Herstellung im vierten seiner Polt-Krimis lebhaft beschrieben. Am Tag unserer Abreise wird uns Turrini einen Korb voller Früchte und Weine anfüllen und einen Eiswein dazulegen und sagen: „Bleiben wir großzügig." Jetzt erzählt er, daß bis 1923 hier im Haus noch eine Schusterei war. Der Weinbauer brauchte einen Nebenerwerb.

Ich bin auch Handwerker, sagt Turrini. Ich schnitze, forme meine Sätze wie mein Vater das Holz. Er hatte die absolute Hand, das absolute Augenmaß. Thomas Bernhard hat ihn bewundert. Er ist oft in die Werkstatt meines Vaters gekommen, damals, vom Tonhof aus, wo viele Künstler in den ersten Nachkriegsjahren eine Heimat gefunden haben und das Ehepaar Lampersberg uns alle durchgefüttert hat. Auch H. C. Artmann war da, er war eine Art größerer Bruder für mich. Und Gerhard Lampersberg war mein geistiger Ziehvater, er hat System in meine Lesewut gebracht, und durch ihn und seinen Kreis wollte ich für meine Zukunft nur eines: Künstler werden. Das verzeihe ich Thomas Bernhard nie: daß er den Lampersberg in *Holzfällen* so denunziert hat.

Ich kenne die Geschichte, Turrini hat viel darüber geschrieben. Aber die Leidenschaft, mit der er, immer wieder, Menschen verteidigt, denen Unrecht geschieht, ist zeitlos.

Ich habe eine Vision, sagt er und zündet eine neue Zigarette an: ich möchte den Leuten hier helfen. Ihnen Mut machen zur eigenen Biographie. Ich hoffe, daß ich die Kraft habe, das anzugehen: diesen Wahnsinn eines entfremdeten Lebens erträglicher zu machen. Ihnen Sprache zu geben und Würde. Und Bewußtsein dessen, was sie selbst denken und tun. Ich habe einen seltsamen pädagogischen Trieb und streite mit den Leuten auf Teufel komm raus. Manche haben ziemlich ungebrochene Haltungen, sie sind noch Nazis, und andere schlagen ihre Frauen. Die Männer gehen am Freitag abend ins Gasthaus und versaufen ihren Lohn, und die Frauen kommen und schauen aus der Ferne nach, ob die Autos ihrer Männer überhaupt da sind. Die Autos stehen schon da. Aber die Männer sind längst mit einem Kleinbus nach Tschechien hinüber ins Puff gefahren. Wenn ich das höre, will ich sie stellen, ich lasse diese Verlogenheit nicht mehr durchgehen. Aber egal, wie schrecklich sie sind: ich habe das Gefühl, daß man mit den Menschen reden muß. Man muß immer argumentieren. Und man muß sie als Menschen respektieren, trotz allem.

Die Illusion eines Weltverbesserers?

Liebe Mörder!
Sie sind unauffindbar und doch sind Sie neben mir, ganz und gar
gegenwärtig. Wären Sie nur ein paar vereinzelte Verrückte, ich würde
kein Wort an Sie verschwenden. Doch ich fürchte, es ist einer großen
Anzahl von Österreichern gleichgültig oder recht, wenn wieder ein-
mal ein paar „Zigeuner" tot auf der Erde liegen. Ich frage ihre vielen
und halblauten Zustimmer, und ich frage Sie, liebe Mörder, auf die
naivste Art und Weise: Was haben Sie gegen diese Menschen?[9]

Der Redner wußte genau, wie er seine rhetorischen Figuren setzte, wann
und wo er seine Ansprache formulierte. Es war 1995 zur Fünfzig-Jahr-
Feier der Republik Österreich, es war der durch die Erinnerung an Hit-
lers Rede zum Eintritt „meiner Heimat" in das Deutsche Reich belastete
Wiener Heldenplatz, es waren Zehntausende, die zuhörten, und eben
waren vier Menschen beim Sprengstoffanschlag im burgenländischen
Oberwart zu Tode gekommen. Und der Redner fragte nach den Motiven
der Tat: ob es das Fremde sei, das doch jeder selbst in sich trüge, ob
die Mörder töten müßten, um sich wieder lebendig zu fühlen, ob sie
das Starke, Große wollten, von dem man doch wisse, wie es ende, oder
warum sie, die vielleicht selbst am Rande stünden, gerade die ebenso
Ausgegrenzten töten würden?
     Rede, Flugblatt, Literatur? Geht es an oder über eine Grenze, Mörder
mit „lieb" anzureden? Muß man Naivität vortäuschen, um nach dem
Ethos, dem richtigen Handeln und der Gesinnung fragen zu können?
Wird ein Autor zum Pamphletisten, wenn die Moral ins Spiel kommt?
Wenn er zu kämpfen beginnt für Toleranz und Menschenliebe, kämpfen
mit Worten, denn

Letztlich bringen uns nur die Worte weiter, das Reden und nicht
das Zuschlagen, das Streiten und nicht das Sprengen.[10]

Peter Turrini war für seine damalige Rede heftiger Kritik ausgesetzt.
Das ist er gewöhnt seit dem Skandal um die *Rozznjogd*. Er hat unflä-
tige Beschimpfungen erlebt und gerichtliche Verfügungen. Er hat sich
gewehrt und wurde doch jedes Mal verletzt. Aber für deine Überzeugung
mußt du eintreten, sagt er hier im Zimmer von Kleinriedenthal, *mußt*

du eintreten. Und zwar immer. Die alte Schreibmaschine steht auf dem Tisch, ein Blatt ist eingespannt. Turrini nimmt eine neue Zigarette. Das geht weit über die Literatur hinaus, sagt er leise. Das geht in dein eigenes Leben. Das ist ein Gehen an der Grenze. Du wirst geprügelt, du wirst nicht verstanden, auch hier im Dorf nicht immer, aber du mußt es tun.

Turrini läßt alle Lichter brennen, als wir das Haus verlassen. Wir fahren nach Retz, um Silke abzuholen. Wir brauchen eine Pause von den schweren Fragen des Lebens. W. ordnet seine Objektive. Ich schaue in die Abenddämmerung. Weit ist das Land, seine Ränder fern und noch in schwachem Orange. Aus einer Senke hinter einem Hügel taucht die riesige Krone einer dicht belaubten Baumgruppe auf. Sie steht im letzten Licht, fast weiß, drohend wie das Gesicht des Golems.

Die Linien der Weinstöcke ziehen gleichmäßig vorüber. In diesem Rhythmus lasse ich Turrinis Leben passieren. Gastarbeiterkind, Hilfsarbeiter, Stahlarbeiter, Vertreter, Barkeeper und „Werbedepp", eine kommunistische Phase – ohne je Parteimitglied zu sein – und eine hedonistische, ging auf die Straße, kennt die Vorplätze der Bahnhöfe, die Arbeitslosigkeit der Jungen, die Einsamkeit der Alten und die Video- und Pornoshops. Schlimmes zeigen, um Schlimmstes zu verhindern. Und muß es ertragen, daß er auf der Bühne von Menschenrechten reden läßt und im Publikum die Waffenschieber sitzen. Er schaut den Menschen in die Nacktheit ihrer Gesichter und zeigt die Drastik ihrer Handlungen. Wenn er über Brutalität schreibt, wirft er seine Figur buchstäblich vor die Säue. Schreibt er über Globalisierung, zeigt er sie in der Entsorgung der Baumarkt-Kassierin. Schreibt er über versuchte Nähe, nimmt er den Behinderten vom Dorf nebenan. Er schreibt mit Wut und handwerklichem Kalkül. Theater ist fußballhafter als Romane, sagt er, als wir in Retz einbiegen. Aber die Rettung, auch vor mir selbst, ist immer die Sprache. Ich habe, wie Johann Nestroy, eine große Fähigkeit zur Selbstzerstörung, aber auch eine große Fähigkeit zum Überleben in der Kunst.

Retz lag schon im Schlaf, als wir heimkamen. Auf dem nächtlichen Stadtplatz stand das „Verderber-Haus" zinnenbekrönt im Laternenlicht. Sein gotischer Torbogen war ein schwarzer Sog. Der Gestalter der Fassade war ein italienischer Künstler, einer der Bauherrn stammte aus Görz am

Isonzo und die spätere Besitzersfamilie Verderber aus der Gottschee in den Wäldern Zentralsloweniens: ein Haus als Minimundus der Völkerverständigung. Der Pranger hielt seinen Pinienzapfen in die Nacht. Von Schadenfreude und Haß wird in den Chroniken nichts berichtet. Wohl aber vom Privileg der Retzer Bürger, das ihnen 1486 verliehen wurde und besagte, daß sie an Markttagen das Vorkaufsrecht auf alle Waren innehätten. Als Zeichen dafür wurde ein Fähnchen an den Pranger gesteckt.

War das also ein menschlicherer Pranger? fragte W., und wir wollten der Frage kein Nein entgegensetzen und gingen weiter durch diesen geschichtsträchtigen Ort an der Kreuzung vieler Wege. Überall, an den Rändern der Gassen, in den Vorgärten und Höfen kamen wir an den Dunstlöchern vorbei, den Auslässen für die Be- und Entlüftung der Kellerlabyrinthe. Wie unheimliche Stielaugen standen sie gebogen da, seltsames Netzwerk über unsicherem Boden.

Auch das Kloster war zur Nachtruhe gegangen. Kein Laut aus der Linde. Alle Fenster dunkel. Wir waren in Unterretzbach in einem Gasthaus mit einer schönen alten Holzveranda gewesen. Das junge Wirtsehepaar hatte in Wien das Vestibül des Burgtheaters gepachtet, aber sie wollten weg aus der Großstadt, aufs Land. Auch das gibt es: den umgekehrten Weg. Seit sich der Wirt eine Haube erkocht hat, kommen abends viele Wiener heraus. Die Kerzen spiegelten sich in den Fenstern. Silke erzählte von ihrem neuen Theaterstück und von ihren Plänen. Sie wohnt in Retz, im Haus Am Anger. Das brauchen beide: Nähe und Distanz. Nach Paris ist sie zu einem internationalen Theatertreffen eingeladen, nach New Mexico an eine Universität. Turrini war stolz und still.

In unserem Zimmer machten wir kein Licht. Der Vollmond hing über den Rebhügeln, erleuchtete Bohlen und Bett, als ob es keine Zeit gäbe.

Ein Tag jenseits der Grenze.

Die Landschaft ist die gleiche. Die Dörfer sind als Straßendörfer angelegt wie im Niederösterreichischen, schmal die Front zur Straße, lange Innenhöfe nach hinten hinaus zu Wiesen und Feldern. Hüben und drüben geht dies zurück auf Maria Theresias Verordnung, die Steuer nach der Anzahl der straßenseitigen Fenster zu bemessen. So wurde das „Hintenaus" wichtiger als die Fassade nach vorn. An vielen Einzelheiten ist zu sehen, daß dies einmal *ein* Land war. Wie in der Retzer Gegend

158

sind Richtung Znaim Weinstöcke in den Löß gesetzt, sie sind jedoch verfilzt und verwahrlost. Früher waren die Gründe im Besitz großer Adelsfamilien, heute tragen sie die Spuren kommunistischer Kollektive. Aber es wird viel getan, sagt Turrini, es wird besser von Jahr zu Jahr.

Er erzählt von der Euphorie der Grenzöffnung, als die Menschen Wein und Brot und Speck und Kuchen brachten, alles durcheinander auf Tische luden und einander zuprosteten auf eine bessere, grenzenlose Zukunft. Der Überschwang der ersten Wochen war schnell vorbei. Die billigen Arbeitskräfte aus Tschechien und der Slowakei machten böses Blut und brachten Angst. Österreicher führten sich auf wie das Zerrbild des Kapitalisten: warfen mit Geld um sich und gaben, weil alles so billig war, das Schnitzel dem Hund. Langsam gleichen sich die Unterschiede zwischen Preisen und Kaufkraft an – auch das wird besser.

Znaim, das heutige Znojmo, trägt trotz Plattenbauten noch das monarchistische Kleid. Ein prächtiges Schloß, ein Stadtplatz wie aus einem Roman von Joseph Roth. Znaim war immer die multikulturelle Schwesterstadt von Retz, seit Jahrhunderten verbunden durch Handelswege, familiäre Bande und vielfältiges Handwerk, das heute wieder aufblüht: Sternparkett, Gläser oder Souvenirs für den wachsenden Tourismus.

Der Herbsttag ist bedeckt, ein milchiger Himmel breitet sich über die brachliegenden Felder. Der böhmische Wind fegt kalt durch die Vogelbeeralleen. Kreuze und Marterl stehen am Rand. Sie waren Wegweiser und Rastplatz für ein kurzes Gebet um Schutz vor Krankheit, Räubern und vor den einbrechenden Heeren von Hussiten, Schweden, Napoleon und Hitler.

An der oberen Thaya – auch der Fluß kümmert sich nicht um Grenzen – nimmt nach einer Serpentine ein Blick fast den Atem: Schloß Vrain/Vranov wächst aus steilem Fels in den Himmel. Die mittelalterliche Burg wurde im Barock von Johann Lukas von Hildebrandt ganz an die Kante des dunkelbraunen Felssporns erweitert und durch einen dreibogigen Vorbau noch einmal höher, wolkennäher hingestellt. Eine stupende Architekturdemonstration und ein einschüchterndes Zeichen von Macht, das alle in die Knie zwingt, die unten am Flüßchen stehen und hinaufschauen. Die Thaya spiegelt das Braun des Felsens wieder. Unter riesigen Weiden stürzt sie ein Wehr hinunter und läßt in ihrem Rauschen die alten Zeiten heraufziehen, in denen reiche Wiener Bürger hier Sommerfrische machten, in die nahen Seen baden und in die Wälder reiten gingen, und wo am Ufer ein Kutschenpromenadenweg entlangführte.

Vielleicht ist man auch hinübergefahren oder -geritten auf Schloß Ungarschütz/Uherčice, das nur ein paar Kilometer entfernt ist. Wie aus dem Nichts steht es nach einem Geländegefälle plötzlich da in den grauen Wiesen, ein gewaltiges Schloß, 365 Zimmer, vier Trakte, englische Gärten, im Theatersaal hat einst Casanova gespielt, schon alt und augentränend. Noch aus den 1920er Jahren gibt es Fotos mit Tennisplätzen, Mercedeslimousinen und weiß behandschuhten Chauffeuren. Unter den Kommunisten wurde alles devastiert und in Lagerhallen und Kleinfabriken umfunktioniert. Jetzt wird langsam wieder restauriert. Auch das wird besser, sagt Turrini.

Er macht uns auf die schöne Schweifung der Freitreppe aufmerksam. Die perfekte Form, die strebe auch er in seiner Literatur an. Jedes Wort ist überlegt, auch wenn er Dialekt schreibt. Es ist Kunst-Tischlern. Sein Vater war Analphabet, da der Großvater in Cerea die Kinder einfach mit aufs Feld genommen hat, wo sie arbeiten mußten. Aber er war ein begnadeter Künstler der Form.

Peter Turrini weiß viel zu erzählen, er ist in seinem Enthusiasmus der beste Reiseführer durch eine Terra incognita, die Jahrzehnte im toten Winkel der Geschichte lag. Von Zeit zu Zeit fährt er herüber, um in diesem Land zu sein, das er spät gefunden hat und das ihm nahe ist wie ein Lebensentwurf. Vertraut in seinen topographischen Formen, wirtschaftlichen Wurzeln und in der Vielfalt seiner Kultur. Das Fahren an der Grenze bestätigt ihn in der Überzeugung, daß es keine Grenzen geben soll, keine geben darf: keine geographischen und keine kulturellen. Keine.

Wir stehen auf dem Friedhof von Šafov. Schattau hieß es früher. Es ist Turrinis eigentlicher Ort. Hier lebten jahrhundertelang Tschechen, Deutsche und Juden auf engstem Raum beisammen. Sie teilten sich ihre Aufgaben zwischen Erbauen, Erzeugen und Handeln. Der Rabbi war verpflichtet, einen Tag in der katholischen Kirche zu sein, und umgekehrt. Es war ein ethnisches Zusammenleben von siebentausend Menschen. Aber dann kam Hitler. Die Nationalsozialisten zerstörten das Dorf, sprengten ganze Straßenzüge, schliffen die Synagoge, die ebenso

groß war wie die katholische Kirche, die heute noch steht. Vergeblich versuchte die deutsch-tschechische Bevölkerung, die Nazis am Mord und Abtransport der Juden zu hindern. Gab es Massaker? Niemand von den wenigen Bewohnern redet. Was das Schweigen bedeutet, das über dieser Ortschaft liegt, hat Turrini noch nicht herausgefunden.

Der Friedhof liegt außerhalb des Ortes, der heute nur mehr aus wenigen Häusern besteht. Es ist ein großes Gräberfeld, das auf einen weiten Einzugsbereich schließen läßt und bis 1500 zurückreicht. Riesige Linden und Akazien säumen den Rand des Friedhofs. Ein Teppich brauner Blätter liegt unter ihren Kronen. Der leicht geneigte Hang führt hinunter bis zu einem stillen, schilfgesäumten Teich. Schwäne ziehen über das Schwarz des Wassers. Hohes Gras wächst zwischen den umgestürzten Steinen, viele sind schon in die Erde eingewachsen und die Inschriften nicht mehr zu lesen. Hebräische und deutsche Buchstaben erzählen manche Geschichte.

Was dieser kleine Raum
umschlossen hält
in meinem Herzen wars
die ganze Welt

In den Namen mischen sich Kulturen, Religionen und Sprachen: Rachel Riesenfeld, Rebecca Herzog, Levy Deutsch. Viele – welch grausame Ironie – „Deutsch" sind hier begraben. Jene, die in den Terrorjahren in Šafov lebten, werden hier wohl kein Grab gefunden haben.

Die jüdischen Trauerzüge kommen über das Land. Sie ziehen vom Städtchen herunter zum Friedhof. Man hört die Musik, die Klarinetten und das Akkordeon, hört die Gesänge und Litaneien. Wind fährt in die Kaftane und Soutanen und läßt sie auffliegen. Das Kreuz und die Trauer eint sie alle, die mitgehen und in drei Sprachen beten. Wir haben solche Bilder vor Augen, als wir zwischen den Steinen stehenbleiben und den Mittag hören. Die Zwölfuhrsirenen heulen los, es ist Samstag. Kinder spielen und lachen, an Bäumen lehnen Leitern. Es ist Zwetschgenernte.

Hier, sagt Turrini und schaut in die Lichtreflexe auf dem schwarzen Wasser des Teiches, habe ich meine Rede für die Eröffnung des ersten Retzer Literaturfestivals erdacht: wenn ich von unserer Aufgabe spreche, so rede ich davon, daß sie aus einer deutsch-tschechisch-jüdischen Gemeinschaft entstanden ist. Es waren drei Kulturen und man konnte von einer in die andere gehen und sie lebten friedlich zusammen. So soll, so muß es wieder werden. Und aus dreien soll eine entstehen: die der gegenseitigen Achtung.

Wenn wir es nur besser wissen, aber nicht besser machen, dann sind auch wir eine schuldige Generation.

Könnte ich zeichnen, würde ich Turrini menschenumfangend in ein Land stellen, in dem Menschen um einen niedergerissenen Grenzbalken tanzen. Er ist der mutmachende Aufklärer mit der Sucht nach den Realien des Lebens, der den Idealismus als Philosophie ablehnt, vom Idealismus als Lebenseinstellung jedoch getragen wird.

Es gibt keinen Menschen, der nur defekt ist, es gibt kein Leben, das nur hoffnungslos ist. Ich beharre auf einer Betrachtungsweise, in der das menschliche Ich, das geschundene und Verantwortung tragende, einen Platz in dieser Welt hat. Ich lasse mir die menschliche Existenz nicht als eine unterschieben, in der die Frage nach dem Glück, die revolutionärste, die es überhaupt gibt, nicht mehr gestellt werden kann. Eine Literatur, die dem Menschen eine Welt zeigt, in der er nichts gewinnen, sondern nur verlieren kann, gebiert geradezu jene Schrecknisse, an deren Auswirkungen sie leidet.[11]

Ich glaube an die Solidarität der Menschen, sagt er, als wir über die Thaya-Brücke bei Unterthürnau wieder über die Grenze zurück nach Österreich fahren. Der Wirt von Drosendorf ist Witwer. Vor kurzem hat er seine polnische Küchenhilfe geheiratet.

Tannen und Fichten umgeben uns auf der Rückfahrt durch die Höhen der Thaya-Wälder, dunkles Grün, Moos und Menschenleere. Und plötzlich, buchstäblich innerhalb weniger Meter, die Straße führt gewunden talwärts, beginnt das helle, warme Land des Weins mit den offenen Horizonten, die Turrini liebt und die er in sich trägt.

Von einem Ort im südlichsten Österreich ist er in einem an der nördlichsten Grenze angekommen. Aus einem Dorf ist er geflohen, in einem anderen hat er eine Ahnung von Zuhause gefunden. Dort war er der Ausgeschlossene, Gedemütigte, hier ist er einer geworden, dem die Dörfler den geschnitzten Weinheiligen St. Urbanus schenken, den sie alle drei Jahre an einen Menschen geben, den sie mögen und schätzen und der zu ihnen gehört.

Die Frage nach dem Glück, sagt Turrini, als wir in die Kellergasse von Kleinriedenthal einbiegen, halte ich immer noch für die revolutionärste aller Fragen.

Barbara Frischmuth

Der kurze Weg von Altaussee nach Istanbul

Die türkischen Derwische des Mittelalters waren kahlgeschoren. Auch ihre Augenbrauen waren rasiert. Sie wanderten durch die Lande, erzählten Geschichten, tanzten und fanden zu spirituellen Übungen zueinander. Sie trugen, so hieß es, die Schrift auf der Stirn.

In der Schrift aber ist die Welt enthalten.
Wer sie zu Bildern gestaltet, formt sie.[1]

Das ist Barbara Frischmuths Schlußfolgerung. Die Formung von Welt durch die Bilder der Schrift blieb das Übergreifende in ihrem Leben, das in der Begrenzung der Provinz begann und in der Vielzüngigkeit der Sprachen das Weite suchte, das viele Wahrheiten kennt. Daß sie Schriftstellerin werden wollte, wußte sie schon als Kind. Und nie, nie in das Gastgewerbe einsteigen, das ihr frühes Umfeld war:

Geboren in einer Fremdenverkehrsgegend, zu Altaussee, im tiefsten Binnenösterreich zur Zeit des großen Krieges. Aufgewachsen ebendort, im Rhythmus von Vorsaison, Hochsaison, Nachsaison und toter Saison; in meinen Adern fließen an die fünfhundert Jahre Wirtshaus, was man meinen Büchern angeblich noch immer ansieht, aber wer springt schon ungestraft über den Schatten seiner Kindheit?![2]

Mit achtzehn ging sie weg vom bergumschlossenen See im steirischen Salzkammergut und studierte in Graz, Wien und Istanbul Türkisch, Ungarisch und Orientalistik mit Schwerpunkt auf Turkologie. Sie war früh im Zentrum oder am Rand der Künstlerkreise um das Forum Stadtpark, die Grazer Autorenversammlung und die Wiener Gruppe. Que-

relen, Ambitionen und Diskussionen konnte sie schlecht ertragen, sie heiratete einen Trabrennfahrer und Trabertrainer und zog auf ein Gestüt ins Marchfeld mit vierzig Pferden, drei Hunden, einem Esel, einer Ziege und vielen Katzen. Sie ritt und schrieb. Ein paar Monate gab man der Ehe, es wurde fast ein Jahrzehnt daraus. Sie zog wieder nach Wien, erzog ihren Sohn und schrieb. Vor zehn Jahren kehrte sie nach Altaussee zurück, wurde zur Gartenliebhaberin und schrieb. Und schreibt weiter und ist zur großen Integrationsfigur zwischen Orient und Okzident geworden, zwischen islamischer und westlicher Kultur.

Von wem aus soll das Eigene als das Eigene und das Fremde als das Fremde bestimmt werden? Da beide Begriffe im höchsten Maß blickwinkelbedingt sind, ist es notwendig zu sagen, wer sich da anmaßt, das eine als das Eigene, anderes hinwiederum als das Fremde zu definieren.[3]

Zwei Jahre verbrachte Barbara Frischmuth während ihres Studiums in der Türkei. Bereiste das Land bis Ostanatolien und ans Schwarze Meer. Sie fährt immer wieder hin, hält Lesungen, Vorträge und Diskussionen. 1973 schrieb sie ihren ersten Türkei-Roman: *Das Verschwinden des Schattens in der Sonne.* Im letzten Jahrzehnt erschienen drei weitere große Romane, die vor unserer Haustür die Fragen nach einem Miteinander und dem Verständnis zwischen muslimischen Einwanderern und Ortsansässigen stellen: *Die Schrift des Freundes, Die Entschlüsselung* und *Der Sommer, in dem Anna verschwunden war.* Seit vier Jahren arbeitet sie an einem Ägypten-Roman, in dem eine ihrer Lieblingsfiguren eine wichtige Rolle spielt: der Gott Thot, Erfinder der Rechtsprechung und der Schrift, ein Mediator und einer, der zu versöhnen sucht.

Kulturen müssen sich ändern, sagt Barbara Frischmuth, als wir über die Ausseer Wiesen wandern. Sie *müssen* es, wollen sie nicht untergehen.

Eine Woche in Altaussee. Mein Schreibzimmer liegt wie das Geschenk einer glücklichen Stunde direkt über dem See. Er schaut mir in die Augen. Grün, graugrün, blau und nachts in schöner Schwärze. Ist eingebettet in dunkelgrüne Nadelwälder, gelbbraune Lärchen- und rostbraune Buchenstämme dazwischen. Die Ufer sind unverbaut, nur das Seecafé liegt gegenüber und die Bootshäuser mit den dunklen Öffnungen, groß wie Karpfenmäuler. Die Felsen der Trisselwand stürzen senkrecht nieder, in ihren Schrunden liegt noch Schnee. Frisches Weiß auch auf den Bergen, dem Zinken, dem Saarstein und in der Ferne auf dem Dachstein. Harmonie von Gipfeln und Gletschern, die in den Blick fließen.

Es ist Anfang März und Aprilwetter. Flach treiben heute Schneebahnen von der Kirche her über den See. Sie bleiben lange in der Waagrechten, bevor das Wasser sie aufnimmt ohne Gebärde. Der Wind furcht schwarze Bögen in den See, jagt sie ans andere Ufer. Am nächsten Morgen ist der See unter einer grauweißen Eisschneeschicht verborgen, eine unbewegte Scheibe. Nebel hat die Landschaft aufgesogen. Das hat mich schon als Kind fasziniert und erschreckt: wenn Nebel die Welt ausgelöscht hat. Wenn hinter dem hohen, ausgebleicht-roten Stalldach nichts mehr war, nur das Nichts.

Gegen Mittag wird es wärmer. Zwei dunkle Tauwege entstehen. Einer an meinem, einer am gegenüberliegenden Ufer. Es sind formvollendete geschwungene Linien. Sie werden größer, länger, dehnen sich, streben zueinander. Und vereinigen sich schließlich in einem seeübergreifenden

S von vollkommener Ebenmäßigkeit. An den Rändern entwickeln sich Zackenzähne, von denen aus unermüdlich kleine Wellen gegen den Eisschnee laufen. Lösen ihn langsam auf, bis nur mehr einige Inseln bleiben, die im Offenen treiben. Sonne bricht durch die Wolken und durchleuchtet die Nebelwand. Das große Tauen setzt ein. Konzert von Rinnen, Glucksen, Tropfen, Trommeln, Vögeljubilieren. Nur drüben im Schatten, auf den Dächern der Bootshäuser, bleibt der Schnee noch liegen. Als Rhomboide spiegeln sie sich im befreiten See.

> Ich sehe den See vor mir, ganz genau, wie ich glaube, Welle für Welle sozusagen, und ich teile das Ufer ein in Stellen, wo der Grund steil abfällt und man noch nach mehreren Metern Tiefe jeden Stein erkennen kann und jeden Ast, der nie mehr von selbst nach oben kommt … Ich weiß, wo es geeignete Badeplätze gibt, wohin am längsten die Sonne scheint, wo kalte Quellen in den See fließen und wo es Muscheln gibt … Ich weiß, wo, obwohl es verboten ist, Abfall in den See geworfen wird, wo man sich mit großer Wahrscheinlichkeit an einem Glasscherben schneidet, und wo es Wassernattern gibt, die plötzlich und geräuschlos neben einem ins Wasser gleiten.[4]

Auch wenn dieses Gefühl, an einem Ort jeden Stein zu kennen, von der Unverläßlichkeit des Auges und der vergehenden Zeit korrigiert wird, haben Barbara Frischmuths Kindheitsbilder bis heute ihre Strahlkraft bewahrt. Selbst in der frühen Ablehnung – „das ist kein Ort, das ist eine Krankheit" – blieb sie dem verhaftet, wovon sie sich lösen wollte.

Sie ist ein See-Kind. Eine gute Schwimmerin, gute Taucherin. Das Haus, in dem sie geboren wurde und aufwuchs, stand nahe am Ufer. Es war ein Nebengebäude des Parkhotels, das ihre Mutter führte und das die Sommerdependance des vornehmsten Hotels von Altaussee war, das Frischmuths Großvater gehörte. Das Haus war kalt im Winter, das Kind fror und mußte immer, wenn es von draußen hereinkam, ein Holzscheit mitbringen. Das Gebäude hatte keine der später üblichen Veranden, aber ein Vordach, das sogenannte „Brickl", und einen „Gwandgang". Umgeben war es von einem großen, gepflegten Park, in dem abseits die

Glashäuser für Gemüse und Blumen lagen. Die Mutter hatte nie Zeit, sie war zerrieben von der „Saison". Der Vater war 1943 gefallen. Der Stiefvater trank und war mit Gästen unterwegs. Als sie sechs war, kam der kleine Bruder, auf den sie eifersüchtig war und den sie später als Mitspieler in viele ihrer Erzählungen einbaute, erst jüngst in die bezaubernde Kindheitserinnerung *Julischnee*.[5]

Wir stehen vor dem Haus und Barbara Frischmuth läßt Früheres lebendig werden. Wie sie als Kind immer Hosen trug, mit Buben spielte und sie mitunter für einen solchen gehalten wurde. Wie sie im See mit Flaschen, denen sie den Boden ausgeschlagen hatten, Pfrillen fingen und mit der Hand Forellen unter den Steinen hervorholten. Wie es wechselnde Kinderfrauen gab und sie oft von zu Hause fortlief und beim ehemaligen Gärtner und dessen Frau Zuflucht suchte, die aus dem Burgenland kam, ein wenig Ungarisch sprach und sich als „Zugereiste" zu behaupten wußte. Das Mädchen wurde um Pilze, Beeren, Löwenzahn und Tannenwipferl geschickt, es waren schwere Zeiten nach dem Krieg. Es gab Hühner, ein Pferd, Hunde und Katzen – „nicht nur Kopfkissen, sondern auch Taschentuch für Kinderschmerz".

Die Mutter hat den Betrieb nicht mehr halten können, sagt Frischmuth, Ende der 1950er Jahre hat sie ihn verkauft. Der Nachfolger hat das Parkhotel abgerissen. Jetzt verwildert das Grundstück. Wir schauen über den Zaun und sehen in unserer Vorstellung schon mächtige, neue Gebäude entstehen: der „Salzbaron" soll das Areal für ein Wellnessprojekt gekauft haben. Der Grund, auf dem die „Gradieranlage" steht, gehörte einmal ebenfalls zum Besitz. Auch er ist vertan. Jetzt gehen Atemwegsleidende während der wärmeren Monate hier ihre Runden und versuchen sich mit dem Duft von Tannen- und Fichtennadeln, die über einer Soleleitung ausgebreitet sind, Linderung zu verschaffen.

Barbara Frischmuths jetziges Zuhause liegt an einem Südhang oberhalb des Ortes. Als sie vor fast zwanzig Jahren hier bauten – ihr zweiter Mann ist Neurologe und Psychiater in München –, waren sie allein. Jetzt stehen Häuser rundherum. Jeder will seine Duftmarke setzen, sagt sie und brüht köstlichen türkischen Kaffee auf, stellt Ingwerstäbchen auf den Tisch. Sie ist eben aus Indien zurückgekommen, wo sie an Universitäten gelesen und diskutiert hat.

Das Ausseerland ist als Sommerfrische längst wieder in Mode gekommen, wie damals zur Zeit von Arthur Schnitzler, Hugo von Hofmannsthal und Jakob Wassermann, von Hermann Broch, Sigmund Freud, Johannes Brahms oder Gustav Mahler, der sich über die grauenhafte Musik der Kurkapelle beschwerte. Viele Bücher sind mit Anekdoten gefüllt, ein von Frischmuth mitbegründetes Literaturmuseum gibt erhellend Auskunft. Sonst hält sie sich vom Getriebe des Ortes fern. Sie scheut den Strom des Geredes. Ich will keine „Honoratiorin" sein, sagt sie lachend und wir ziehen wortreiche Schlingen durch ihr Leben wie mit Bleistift auf einem Bogen Papier.

Abenddämmerung senkt sich über das Haus. Der See liegt schwarzgrau im Tal, „er zieht eine leichte Gänsehaut auf". Als Frischmuth ihm und seinem Umfeld 1976 in *Die Mystifikationen der Sophie Silber* einen Roman schrieb, hielt man sie in der Wiener Literaturszene für eine Verräterin. Einen Feen-Roman, bist du verrückt? Inzwischen ist die Geschichte um Amaryllis Sternwieser ein Evergreen und zum Handbuch aller Salzkammergutliebhaber geworden, die „adult fantasy" lieben, jene märchenhafte Form phantastischer Literatur, die in angelsächsischen Ländern so viele Anhänger hat. Ein vielstimmiges Buch um See und Berg und Wald, um das Geschlecht der Feen, des Alpenkönigs und des Wassergeistes, der Wildfrauen, Zwerge, Waukerln und des Stillen Volkes. Feen und Geister können Menschengestalt annehmen, aber sie können nicht sterben und ihr einziger Ausweg wäre, sich in die Dinge zurückzuziehen. Nur alle sieben, alle siebzig und alle siebenhundert Jahre kommt der Tag der Erinnerung. Amaryllis Sternwieser, die Narzissenfee, hat ihre Besucherinnen, eine persische und die chinesische „Fee der beginnenden Kühle", in landesübliche Dirndlkleider gezaubert. So mischen sie sich unauffällig unter die Einheimischen.

Mit Ironie und dennoch unverhohlener Zuneigung, mit großem Wissen um Legenden und Mythen, entwirft Frischmuth die Welt des Ausseerlandes in der Schrift, die zu sehen ist, und jener, die dahinter steht: Seewiese, Jagdhaus und Trisselwand, Friedhof, Dorf und Kinderkriegen, das hier „immer schon mehr zu den Frauen als zur Ehe gehörte". Und dahinter das Volk der Unsichtbaren, die das Leben und Treiben der Menschen, der „Enterischen", wie sie sie nennen, beobachten und sich große Sorgen machen.

Die Entwicklung, die die Enterischen genommen und allen Wesen und Dingen aufgezwungen haben, ist eine zerstörerische. Deshalb darf die Macht nicht in ihren Händen bleiben. Sie muß verteilt werden. Wir haben uns zu lange den Annehmlichkeiten der Machtlosigkeit hingegeben, also sind wir mitschuldig ...
Kein Wesen ist mit seinesgleichen grausamer umgegangen. Kein Wesen hat seinesgleichen heftiger verfolgt. Kein Wesen hat seinesgleichen häufiger gemordet ... Nur was sie besitzen können, beruhigt sie. Am meisten aber wollen sie einander besitzen, und diese Art von Besitz nennen sie Glück ... Sie haben ihre Intelligenz für die Erfindung von Waffen vergeudet, als Gesellschaft sind sie dumm geblieben.[6]

In Barbara Frischmuths Literatur gibt es kein Werk, das nicht Kritik übt. „Ich habe keinen erhöhten Standpunkt anzubieten", schreibt sie, „höchstens einen aus ein paar Schritt Entfernung." Das mag die große Wirkung ihrer Bücher erklären, die nie verletzend oder hochmütig sind, immer jedoch Geschichten entwerfen, die nach einer besseren Welt suchen. Die Mut machen, vor allem jenen, die ihren Weg noch suchen. „Wir leben ohne Gewißheit", heißt es im Roman *Kopftänzer*, „aber wir leben. Das ist etwas anderes."

Sie schrieb bewegende Romane über Selbstfindung und Verlorenheit, über Heldinnen des Alltags und über Paare, die ihre eigene Version von Wirklichkeit erproben. Frischmuth gesteht allen ihren Figuren Fehler und Irrwege zu. Sie ist keine Richterin, aber eine Aufklärerin. Sie hält nichts von Schlagworten wie „engagierte Literatur" und läßt sich ungern von der weiblichen Emanzipationsbewegung vereinnahmen. Zu einseitig, sagt sie. Sie hat das Allgemeine im Blick, die Unwägbarkeit dessen, was wir füreinander sind.

Ein Gott, ein Engel, ein Dämon – weiß man denn, wer man für andere ist? Wer kennt sich schon so, wie andere einen kennen? Was ist überhaupt ein Dämon? Ein böser Geist? Einer, der keine Seele hat, wie Paracelsus meint? Der sich deshalb mit einem Menschen paaren möchte, um seiner Seele teilhaftig zu werden? ... Objektiv gesehen, sind Engel und Dämonen wesensgleich. Kommt nur darauf an, für wen man gehalten wird. Wofür man für wen gehalten wird.[7]

Dieses Spiel der Relativität zeigt Frischmuth auf vielen Ebenen: auf der politischen im Wandel der Zeiten und Systeme und auf der privaten in den Beziehungen der Menschen untereinander, vor allem jener von Liebenden. *Wie* ich das darstelle, sagt Frischmuth in ihrem Wohnzimmer, dieser harmonischen Mischung aus Ausseer Handwerkskunst und orientalischer Ornamentik, ist meine Sache. Und verweist damit auf manche Kritik, die ihr einen zu leichtfüßigen Stil vorwirft, was ihr andererseits wiederum die Zuneigung ihrer großen Leserschaft sichert. Um die Diskussion literarischer Verfahrensweisen ist es mir nie gegangen, sagt sie. Ich schreibe, was und wie ich muß. Und wenn es ein Kinderbuch oder ein Kasperltheater ist. Was in mir ist, muß heraus. Nichts anderes kann das ersetzen. Es gibt eine schöne Stelle aus einem gnostischen Text: Wenn du nicht hervorbringst, was in dir ist, wird, was du nicht hervorgebracht hast, dich töten.

Laß uns lieber zum Lebendigen schauen, sagt sie und steht auf, und wir gehen in den Garten. Sie hat ihn und das Reich der Blumen und Pflanzen berühmt gemacht durch ihre botanischen Bildbände mit den Fotografien von Herbert Pirker, die enormes Wissen mit kleinen Geschichten verbinden und durch das Jahr führen mit leichter Hand.

Nach zwei indischen Wochen ist Frischmuth selbst neugierig, wie sich der Garten verändert hat. Sie betrachtet das Moorbeet, das Steppenbeet und die Kletterhortensie, die Rosen treiben aus, und das Blühen ist bereits über die malagafarbenen Lenzrosen gekommen, über die gelben, weißen und lila Krokusse, die Schlüsselblumen und Veilchen und eine Iris reticulata – eine Iris elegantissima gibt es nur einmal im Leben, auf sie muß man warten können. Der Teich ist frei von Eis für die Paarung der Kröten. Im vergangenen Jahr, als der Schnee erst Ende April schmolz, mußten sie lange warten, sagt sie lachend, dann allerdings war der kleine Teich bewegt wie ein Meer.

Regen über dem See. Tiefhängende Wolken, Nebel. Alles ist ferngerückt von meinem Schreibzimmer. Nahe ist nur die grauweiße Wand des senkrechten Strömens, variationslos. Kein Schauspiel von Licht und Schatten, von Stimmungen, Waldspiegelungen und Felsbetrachtungen. Der

Tressensattel Richtung Grundlsee ist nicht zu sehen. Dieses leichthändige Geben und Nehmen von Wirklichkeit! Ich bin zurückgeworfen auf mich selbst. Am Ufer unter meinem Fenster ragt ein weißer Segelmast auf. Erst jetzt nehme ich ihn wahr. Wie das Nahe an Wert gewinnt, wenn die Ferne fehlt.

Später wird der Regen weniger, hört ganz auf. Nur an der Oberfläche des Wassers ist noch Unruhe, ganz leicht und lautlos. Vom Himmel her beginnt eine Helligkeit, ein Aufbrechen des ununterschiedenen Grau. Wind kommt auf. Gelbliches Licht, kurz darauf ein Schimmer von Hellblau. Und als ich später nochmals vom Schreiben aufschaue, stehen Wald und Hügel und Berge klar vor mir. Aus den Bäumen steigen kleine Nebelsäulen auf. Der See dampft. Sonne bricht durch. Ich öffne die Verandatür und aus den Wolken ragt der Dachstein auf, fern, in frischem Schnee.

Abends brennen am jenseitigen Ufer die Laternen bis zum Strandcafé. Gegen elf werden sie abgeschaltet. Noch spiegeln sie sich zitternd im Schwarz des Sees. Noch hat die Welt geflochtene Haare.

Um Mitternacht ruft W. an. Er ist auf einem anderen Kontinent. Wir hätten etwas zu feiern. Es wäre ein Tag der Erinnerung. Jedes Jahr. Nicht nur alle sieben, alle siebzig oder siebenhundert Jahre. Wir wären uns gerne nah.

Am nächsten Morgen fahre ich zur Blaa-Alm. Ich habe viel von ihr gehört, einmal will ich sie sehen. Im Sommer ist großes Geschunkel im Gasthaus. Jetzt sind wenige unterwegs, die meisten sind an den Liftanlagen des Loser hängengeblieben. Die Loipe hier ist für Anfänger, die Wanderwege sind tief aufgeweicht von nassem Schnee, Regen und Holzarbeit. Die Heustadel und Hütten stehen in gebleichtem Holz und in schönem Rund über die Wiesenfläche hingebreitet. Der Loser wirkt wie ein Dolomitenberg mit seinen senkrechten Felstürmen.

Die Natur kann sein, wie sie will. Hier liegt Vergangenheit über den milchig-weißen Tauseen, die viele Schichten und Schattierungen haben. Jeder, der sie sucht, sieht die Spuren des Nationalsozialismus. Hier versteckten sich die Widerstandskämpfer und von hier aus flüchteten Eichmann und andere NS-Bonzen Richtung Bad Ischl. Die Traun flußabwärts, keine fünfzig Kilometer von hier entfernt, war das Konzentrationslager Ebensee. Hinter den nahen Hügelkämmen, die sich von der Blaa-Alm auf den Sandling ziehen, liegt das Salzbergwerk, in dem die unermeßlichen geraubten Kunstschätze aus den eroberten Gebieten gelagert wurden.

In vielen Motiven zieht sich das Dritte Reich durch Frischmuths Erzählen: in dunklen Erinnerungen an die Fotografien des gefallenen Vaters, an ein Barackenlager für Kriegsgefangene oder das Gerede über eine Tante, die Deserteure versteckt haben soll. Mit Hartnäckigkeit und Genauigkeit schreibt sie über das Vergessen-Wollen, das Vertuschen und Verdrängen unter ihren Zeitgenossen im gepriesenen steirischen Salzkammergut, wo die früher gerngesehenen jüdischen Gäste und Mitbürger vertrieben und ihr Besitz arisiert wurde und wo die Familien von Kaltenbrunner, Goebbels oder Eichmann Urlaub machten oder sogar lebten. Das große Frischmuth-Hotel ihres Großvaters war, vor allem in den letzten Kriegsmonaten, Zentrum hochrangiger Nazi-Offiziere, später der flüchtenden faschistischen Regierungen der Ostländer: das Hotel war auch Verhandlungsort für die Übergabe der ungarischen Krone an die Amerikaner. Heute noch ist es ihr ein Schauder, daran zu denken, daß Eichmanns Kinder in dieselbe Volksschule gingen wie sie und daß sie das Gymnasium von Bad Aussee besuchte, das ein ehemaliger Obersturmbannführer und enger Mitarbeiter von Eichmann und Kaltenbrunner gründete. Es ist der Schauder, der sich nicht in erster Linie auf die Personen bezieht, vielmehr auf das Morden, für das sie stehen.

Im Roman *Einander Kind* entwirft Barbara Frischmuth drei Frauen, die sich ihren Erinnerungen stellen, daran zerbrechen oder ein neues Bewußtsein entstehen lassen, das Damals und Heute ohne Lügen in Einklang zu bringen sucht. Überlebenstrotz spielt mit und der Wille zum Neuen. Dafür steht auch der Emigrant Blau. Das Stubenmädchen Seraf, das die Fotos ihrer jüdischen Liebhaber in einem Rexglas im Garten vergrub, erzählt im Buch, daß Blau nicht nur aus Sentimentalität, sondern ganz bewußt jedes Jahr wiederkomme.

Der Hitlersche Ungeist dürfe nicht auch noch darin siegen, jemanden wie ihn aus dieser geliebten Landschaft seiner Kindheit für immer zu vertreiben. „Auf dem Platz, auf dem ich hier sitze, kann nicht gleichzeitig ein Nazi sitzen."[8]

Die vergrabenen und in den Seen versenkten Schätze der Region halten immer noch viele in Bann: Einheimische, Gäste und vor allem die Medien. Im Roman *Die Entschlüsselung* hebt Frischmuth sie ans Licht, in Fakten und Vermutungen, vermeintlichen Sensationen und unterschwelligen Begierden. Angefangen beim Schatz in der Villa Kerry,

> ... der entdeckt wurde, weil die Salatpflanzen auf ihm nicht so recht gedeihen wollten, über jene der kroatischen, rumänischen und bulgarischen Exilregierungen – alle auf dem Treck nach Westen in der sogenannten *Alpenfestung* zwischengelandet –, den drei Lastwagen voller Gold des SS-Standartenführers Josef Spacil aus dem Stab des einstigen Oberabschnitts *Ukraine*, den 22 Kisten Gold von Adolf Eichmann, den Schätzen Kaltenbrunners, den Brillanten des Gauleiters Eigruber, dem Reichsbankschatz, dem Gold aus Ungarn und dem Gold aus dem Kaukasus, ja sogar ein Tatarenschatz aus der Krim und ein Morphiumschatz sollen darunter gewesen sein, wobei letzterer weder versenkt noch vergraben, sondern auf mehr oder weniger organische Weise versickert sein soll.[9]

„Es gibt keine unschuldigen Gegenden", schreibt Frischmuth in der *Entschlüsselung*, in dem es um ganz anderes, um einen in Geheimschrift abgefaßten mittelalterlichen Briefwechsel zwischen einem türkischen Mystiker und einer katholischen Nonne aus dem nahen Leislinggraben geht. „Keine unschuldigen Gegenden" ... Das geht mir durch den Kopf, als ich an den Toplitzsee wandere, den Inbegriff allen Raubes und aller ungehobenen Schätze und geheimer Schauplatz der Chemisch-Physikalischen Versuchsanstalt der Nazis, in der eine Unterwasserrakete erprobt werden sollte. Der Blick auf den See ist eine Ernüchterung. Ein stiller Gebirgssee wie viele. Was habe ich eigentlich erwartet?

Die bohrende Frage, was dem Vergraben und Versenken vorausgegangen sein und sich in den Köpfen der Täter abgespielt haben muß, läßt Frischmuth nicht los. Sie forscht der Tatsache des grundlegenden Hasses in den Menschen nach, dem Rätsel seines immer neuen Entstehens, und zieht Parallelen zu den Ereignissen der Gegenwart, zum Haß auf Einzelne, ganze Ethnien und Völker.

Was war wohl zuerst da? Der Drang, einen anderen auf die grausamste Art zu vernichten, oder die Begründung, warum ein anderer auf die grausamste Art vernichtet werden sollte? War die Begründung nur ein Vorwand, oder bedurfte es der Begründung, um die Vernichtung erst denkbar und dann durchführbar zu machen?[10]

Es ist Frühling geworden. Mein Schreibzimmer über dem See ist lichtdurchflutet, die Veranda warm wie im Sommer. Die Fenster stehen offen, Vögel trillern, die Knospen der Kastanien am Ufer sind vorm Aufspringen. Blaugrün der See, blau der Himmel. Der Dachstein makellos. Ich kann ihn mit dem Fensterflügel herholen ins Nahe, das Spiegelungs-Spiel betreiben wie einst beim Filmen mit Julian Schutting, der dieses Schreibzimmer liebt wie sein eigenes am Saarplatz in Wien. Gipfel und Gletscher kann ich über die gegenüberliegenden Wälder ziehen lassen, sie in die Trisselwand verlegen oder mitten in die Bootshäuser stellen, weiße Zier der Täuschung.

Mittags ist die Zeit des Gehens. Den Loserweg hinauf, zunächst entlang des Bachbettes, durch das in schneereichen Wintern die Loser-Lahn heruntergedonnert und meterhohe Verwüstung hinterläßt. Bis an die Waldgrenze ist der Weg schon schneefrei, an den schrundigen Hängen stehen ganze Felder von blühenden Haselbüschen. Loser ist für mich nur vordergründig ein Berg. Er ist vielmehr der Mann gleichen Namens aus Peter Handkes Roman *Der Chinese des Schmerzes*, der versucht, der Welt zuzuhören, ihr zu losen, wie es in der Mundart heißt. An der Sonnenseite des Sees ist alles rot von Eriken, das Blaulila von Leberblümchen mischt sich darunter. Die Spiegelung der kleinen Wellenkämme läuft über die Steine wie eilige Bienenwaben, bernsteinfarben. Der See nimmt alles, was es rundum gibt: Blau, Grün, Ocker, Rostbraun, Grau, Schwarz. Über dem Talschluß liegt der Lärm von Motorsägen, denn hinter der Seewiese beim alten Jagdhaus beginnt die andere Verwüstung, die der Jänner-Orkan angerichtet hat. Bäume und Baumriesen in-, um- und durcheinandergestürzt, verfilzt und verkrallt. Frisch und duftend noch ihre Äste, die weißen Steine und Brocken mit den flachen Wurzeln umklammernd im Tod.

Ich gehe über die Wiesen des Rassmeister Haims und des Plattenkogels, es riecht nach aufbrechender Erde, Bächlein rinnen durch das

frische Grün, Schlüsselblumen blühen, weite Felder von Frühlings-
knotenblumen und Krokussen um die Höfe, Männer zimmern, Frauen
klopfen an Teppichen, Kinder spielen und die Vergangenheit ist fern
und die Gegenwart hat eine unschuldige Stunde gezaubert, und ich
sehe die Fee Amaryllis Sternwieser im Dirndl und unter ihrem Stroh-
hut über die feuchten Wiesen gehen und später im Jahr Narzissen sam-
meln, aus denen sie ihr Schlafmittel braut zum Trost für unglückliche
Menschen.

Als sie einmal über „Vaterland" schreiben sollte, begann Barbara Frisch-
muth mit der Feststellung, daß sie allein das Wort schon störe.

> Ich habe meinen Vater nicht gekannt, und wenn Vater so etwas
> wie Abhängigkeit impliziert … fällt mir dazu nur Mütterliches ein,
> aber „die" Heimat müßte ein für allemal neu definiert werden. Also
> bleibt „das" Land. Ist es Österreich? „Die" Stadt bedeutet für mich
> Istanbul. Aber „das" Land? Je ernsthafter ich darüber nachdenke,
> desto mehr schrumpft der Umfang dessen, worauf das Wort hinzie-
> len soll, auf das Gebiet um Aussee zusammen, bis dann nur mehr
> Altaussee übrig bleibt.[11]

Das schrieb sie vor dreißig Jahren. Daran hat sich wenig geändert, sagt
sie, als wir eine Forststraße hoch über dem See entlanggehen und dann
im Gasthof Trisselwand in Obertressen einkehren. Sie hat Lust auf ein
Wiener Schnitzel nach zwei vegetarischen Wochen in Indien und ich auf
Grammelknödel mit Sauerkraut.

Das Ausseerland ist nur die eine Konstante in Barbara Frischmuths
Leben. Die andere, und das seit mehr als vierzig Jahren, ist der Orient,
vor allem die Türkei. Sie braucht und sucht beides: die Abgeschiedenheit
eines Dorfes und die Weltläufigkeit einer Millionenstadt; die Kleinräu-
migkeit von begrenztem Tal und den Kontrast der Meeresküsten, auch
der weiten Hochebenen Anatoliens, durch die sie mit immer anderen
Autobussen tage- und nächtelang gefahren ist, nur Sterne, Erde, Staub
und Triften von Blumen um sich in Rot und Blau, Blau vor allem.

Die Schrift dahinter, die sie in ihrem Werk sichtbar macht, ist das
Psychogramm der Menschen. Frischmuths Schreiben ist antiideologisch.

Die Wahrheit kommt nicht nackt auf die Welt, zitiert sie ein gnostisches Sprichwort – sie hat bereits Kleider an. Es sind *wir*, die Menschen unterschiedlicher Kulturen, die sie ihr anziehen. Ich bin keine Theoretikerin, sagt sie. Woran ich glaube, ist das genaue Schauen, aus dem Welt-Anschauung entstehen kann.

In ihrem ersten Erfolgsroman, der *Klosterschule*, führt Frischmuth die Methode bereits vor: als die Schülerinnen für den Religionslehrer Sätze erdenken sollen, die zeigen, wie sich Gott in der sichtbaren Welt erkennen läßt, findet sie nur das Konkrete: das Dorf, die Berge, die Straße. Kein Gott weit und breit. Götter und Religionen werden ihr später Ausdruck unterschiedlicher Transzendenzbedürfnisse sein, die sie achtet, aber keine persönliche Glaubenssache. Daß „Religionen noch immer oder schon wieder die Bruchlinien zwischen dem Eigenen und dem Fremden am deutlichsten zeigen, ist ein Skandal, den zu inszenieren man noch immer nicht müde geworden ist", schreibt sie in ihrem Essay *Vom Fremdeln und vom Eigentümeln*. Ein Skandal auch die Instrumentalisierung des Glaubens für politische Ziele, was in erstarrten Strukturen leichter zu bewerkstelligen ist. Was notwendig wäre, ist Flexibilität.

Genügt es, wenn wir die bleiben, die wir sind, oder dürfen wir nie damit aufhören, andere zu werden? Inwieweit aber können wir andere werden ohne treulos gegen uns selbst zu sein? Und wenn wir uns selbst treu sind, inwieweit können wir andere werden?[12]

Was also wäre zu tun? frage ich. Wir können nichts anderes tun als: lernen! antwortet Frischmuth und faltet ihre Serviette zusammen. Einander im Kleinen kennen und erkennen lernen, nichts anderes hilft. Fremde Geisteshaltungen studieren wie eine fremde Grammatik. Ich bin Pragmatikerin, sagt sie, ich schaue hin und schaue mit den Augen der anderen auf uns und werde nicht müde, in meinen Büchern für den veränderten Blick zu werben.

Anna etwa im Roman *Die Schrift des Freundes* ist Software-Expertin. Sie arbeitet an einem Regierungsprogramm, das sich PACIDUS nennt. Sie hat ein Verhältnis mit Haugsdorff, einem Ministerialbeamten höchster Dienstklasse. Und fällt in die Liebe zu einem jungen Türken, Hikmet Ayverdi, und sie weiß nicht, wie ihr geschieht. Er hilft am Gemüsestand seiner Mutter am Wiener Naschmarkt, der Vater wurde bei einem „Unfall" erschossen. Hikmet wird zum Schüler eines Meisters der Kalligraphie und ist auf der Welt, um zu begreifen.

> Zum Beispiel, wie wir hier leben. Zu Hause und doch nicht in unserem Land. Mitten unter euch und dennoch in einer Enklave. Manchmal habe ich das Gefühl, daß man alles neu erfinden muß, sogar das Aufwachen am Morgen.[13]

Es gibt kein Happy-End. Bei einer Polizeirazzia kommt Hikmet ums Leben. Das ist hautnah. Das ist nebenan. Frischmuth ist eine Meisterin in der Verwandlung brennender Probleme in spannende Geschichten. Eine andere Anna – oder ist es dieselbe Suchende? – heiratet im Roman *Der Sommer, in dem Anna verschwunden war*, einen türkischen Flüchtling namens Ali. Sie haben zwei Kinder, alles scheint gut zu sein. Aber eines Tages weiß Anna nicht mehr weiter. Dreht sie durch? Jedenfalls ist sie verschwunden. Ein gewisser M. berichtet, wo sie ist und was er mit ihr erlebt. Die halbwüchsige Tochter Inimini stürzt sich vorübergehend in den orthodoxen Islam, verbirgt ihr Haar unter dem Kopftuch und geht in die Koranschule. Wie sie sich davon wieder löst, indem sie ihr eigenes Denken entdeckt, ist ein Kabinettstück. Im Essay *Vom Fremdeln und vom Eigentümeln* schreibt Frischmuth:

> Selbst wenn die neuen Musliminnen mit geradezu unglaublicher Hartnäckigkeit ihr Anderssein an diesem Stück Stoff festmachen und wir es genauso hartnäckig als Ausdruck des Fremden schlechthin zur Kenntnis nehmen, kaschiert es nur notdürftig das, wovor wir uns eigentlich fürchten. Nämlich vor dem fundamentalistischen Islam in seiner politischen Dimension, besser gesagt, eine autoritative, restriktive, zum Fanatismus neigende Politik, die sich auf den Islam als das Eigene und zugleich Universale beruft.[14]

Es gibt viele und gute Gründe, sich vor diesem, in militanten Bewegungen organisierten Islam zu fürchten, sagt Barbara Frischmuth im Frühlingswiesenland von Obertressen. Gefragt ist jedoch Differenzierung, nicht Pauschalverurteilung, denn nicht alle Moslems sind Fundamentalisten.

Es ist jedes Mal eine Qual für mich, Hintergründe, Recherchen, das Pfauenrad meiner Kenntnisse sozusagen, in einen Roman einzubauen, erzählt sie. Ich leide wie ein Hund, schreibe drei, vier Fassungen und verspreche jedes Mal meinem Mann, nie wieder ein langes Stück Prosa zu schreiben, nur mehr Erzählungen. Er lacht mich aus. Er weiß, daß ich es nicht lassen kann. Aber die Suche nach dem Plot ist die Hölle. Nur die *Entschlüsselung*, dieser ironisch-ernste Versuch, die tausend Berührungspunkte zwischen Orient und Okzident, Islam und Lokalgeschichte, aufzuzeigen, war sozusagen eine Sturzgeburt, in wenigen Monaten fertig.

Frischmuth kennt nicht nur den Mainstream des Islam, sondern auch seine subversiven Elemente, vor allem jene der mittelalterlichen Mystiker und Anarchisten, die sie besonders liebt und deren Haltung sie in gegenwärtige Figuren einschleust. Sie knüpft literarisch orientalische Teppiche, in ihrem ganzen Reichtum und der Fülle ihrer Ausdrucksformen. Daß gerade diese Fülle mit den Vorurteilen westlich-wirtschaftsorientierter Lebensweise kollidiert, ist nicht überraschend. Und ebensowenig, daß Angst die Antwort darauf ist und selbst wohlgemeinte Schutzprogramme der Regierungen sich ins Gegenteil verkehren. „Wir sind Handlanger", sagt Jussuf, der libanesische Kollege Annas in der *Schrift des Freundes*, „skrupellose, kleine Zuarbeiter, die dem System helfen, seine Krallen auszufahren." Und das System, personifiziert im Ministerialbeamten Haugsdorff, antwortet Anna auf ihre Fragen, was denn mit den gespeicherten Daten geschehe:

Was wir tun – und was das anbelangt, gehörst du im weitesten Sinne dazu –, dient ausschließlich der Republik. Wir sind Ruhestifter, wenn du so willst. Und demnächst werden wir uns mit den Ruhestiftern der anderen Länder vernetzen …[15]

Nein, kein Netz der Überwachung wäre das Ziel, sagt Barbara Frischmuth, sondern erkennen, daß die, die zu uns kommen, mit Hoffnung gekommen sind, vor allem auf die Werte einer freien westeuropäischen Zivilisation. Sehen, daß sie uns auch beschenken, daß sie nicht mit leeren Händen kommen, sondern den Zauber einer anderen Lebensweise mitbringen, auch den Geruch ihrer Speisen, ihre Lieder, Farben und Spiele.

Der Regen hat die letzten Schneeflecken von den Hängen gespült. Sonne liegt über den Frühlingswiesen zwischen Altaussee und Grundlsee. Es ist ein Land, in dem vor Hunderten von Jahren Illyrer, Veneter, Kelten, Awaren, Slawen und Bajuwaren siedelten.

Traktoren und Lastwagen sind unterwegs, um die Orkanschäden aus den Wäldern abzutransportieren. Auf einer Lichtung sitzen drei Holzarbeiter. Sie verzehren ihr Mittagsbrot. Zwei sind Rumänen, sagt der Wirt, einer ist Kurde.

Frischmuths vielstimmiges Werk ist Plädoyer für eine geistige Archäologie des Gemeinsamen im Fremden und der Entdeckung des Fremden als Bereicherung des Eigenen. Sie tut es aus Überzeugung und aus pragmatischen Gründen: denn schon in den nächsten Generationen wird die orientalisch-muslimische Geschichte in den Köpfen der Migrantenkinder und -enkel ein Teil der österreichischen Geschichte sein. Annäherung geht nur über Bildung, Ausbildung und Wissen-Wollen, sagt sie. Nur Aufklärung läßt den Betrachter nicht einseitig, ängstlich und aggressiv steckenbleiben im Anblick kopftuchtragender Frauen, vollbärtiger Männer und antiwestliche Fahnen schwingender Aktivisten.

All das sind Phänomene einer Konfrontation von Ungleichzeitigkeiten, die in einer globalisierten Welt immer häufiger vorkommen, und sich nicht im Schnellverfahren beseitigen lassen. Was zu tun bleibt, ist, einen Modus zu finden, der es Migranten und Einheimischen erleichtert, miteinander in einer Stadt, einem Land, einem Kontinent als gleichgestellte Bürger zu leben. Das bedeutet gegenseitige Achtung, ein Aufeinander-Rücksicht-Nehmen sowie die für alle gleichermaßen verbindliche Anerkennung der Verfassung und ihrer Gesetze.[16]

Unter meinem Schreibzimmer liegt die Bucht. Sie ist eine Beuge und ein Berg. Ich kann mich in sie hineinsehen und -denken, wie ich will. In der Morgendämmerung liebt sie die Kontraste: brillante Klarheit oder langsames Erstehen mit dem Licht, als ob ein Hauch ihr Leben gäbe, wie der Atem eines Menschen, der eine Geheimschrift sichtbar macht. Sie wächst in den See, bis zu seiner Mitte. Mit steigender Sonne wird sie himmel-

blau wie die Wasserfarbe aus alten Malkästen. Hier und da quert ein
Entenpaar den Buchtberg. Der spitze Pfeil der beiden Bugwellen läuft
zunächst synchron auseinander, dann verebben die äußeren, die inneren
vereinigen sich zu einem Gerippel.

Die Bucht ist ein Bild, ein Trugbild oder ein Abbild vieldeutiger Welt.

Meine Bucht ist eine Beuge ist ein Berg. Sie ist eine Spiegelung. Sie ist
das Gegenbild der beiden Hügelberge am jenseitigen Ufer, von Platten-
kogel und Tressenstein. Sie ist Helligkeit und das Dunkle ihre Fassung.
Die Waldspiegelung ist statisch, die Wasserhelle Bewegung. Wenn sich
die Strömung ändert, legt sie sich mitunter spitze Nasen zu, als ob
Fasching wäre, manchmal trägt sie ein flaches Hütchen oder gelbbläu-
liche Ränder. Im Gegenlicht schmückt sie sich mit funkelnden Sternen.
Vielleicht ist die Schönheit der Bucht die stille Antwort auf die Krän-
kung, die den beiden Bergen durch ihre Namensgebung widerfuhr: der
eine klingt platt, der andere ist der schwerfälligere und kleinere Bruder
der berühmten und fröhlicher klingenden Trisselwand, die vielfach aqua-
relliert und besungen ist und in deren Höhlen die Wildfrauen wohnen.
Und so reichen sich Plattenkogel und Tressenstein im niederen Sattel, der
sie verbindet, die Hand, um in ihr Spiegelbild alles zu legen, wovon sie
träumen: vollendete Grazie.

Nachts ist meine Bucht am schönsten. Wenn der Mond ihr etwas
Helligkeit leiht, ist sie eine magische Erscheinung. Die Spiegelung der

Wälder ist mit ihnen selbst verschmolzen, dadurch doppelt groß, tiefer schwarz und die Bucht bergend wie ein breiter, schützender Wall. Es gibt keine Trennlinie mehr zwischen Wasser und Erde. Die Uferlaternen stehen entfremdet mitten in den Bäumen. Langsam wandert der Mond über die Bucht. Für kurze Zeit ist er ihr Herz.

Meine Bucht, die ein Berg ist, ist mein Perspektive-Spiel. Ich kann in sie hinabtauchen oder auf ihren Gipfel gehen. Ich kann sie nur als Hintergrund nehmen für die jungen Kastanien im Vordergrund oder als Fokus, für den alles andere nur Saum ist. Sie kann erotische Linie sein oder physikalische Grenze. Wind und Wellen können die Bucht zum Verschwinden bringen. Dann hat es sie nie gegeben, dann war sie die Fata Morgana meiner Wünsche.

Mein Lieblingsort ist der Ort meiner Träume. Nicht immer der Ort, an dem meine Träume spielen, viel eher der Ort, der in Form eines Bildes in fast alle meine Träume hereinleuchtet, wie ein Zitat aus einem unverkennbaren, längeren Zusammenhang. Ich erkenne ihn immer, den Ort, wenn auch manchmal erst beim Erwachen. Ich erkenne ihn an der durch den Lichteinfall bestimmten Färbung der See- und Flußoberfläche, an den wie Gesichter wirkenden Kalksteingipfeln, an einem Fensterladen, von dem der apfelgrüne Anstrich abgeblättert ist, an den Figuren der Balkonbretter, an steilen Treppen, an Holzbalken, die die Decke tragen, denn in gewissem Sinn ist der Ort auch das Haus, das Zimmer im Haus, das Bett im Zimmer, in dem die Träume angefangen haben.[17]

Träume sind Wegmarken in Barbara Frischmuths Schreiben. Oft ist Schicksalsnacht, Kadir-Nacht der Wachträume. Auch für neue Figuren, Konstellationen und Muster. Geschichten sind Formen und Verformungen eines ganzen Lebens, Ent-Zifferungen, Zahlenwerte, die, kennt man den Code, Erkenntnis bringen.

Literatur hat keine Verpflichtung, sagt Barbara Frischmuth, sie muß nichts müssen. Aber die Welt durch Literatur erfassen, das sei ihr wichtig. *Traumgrenze* hat sie eines ihrer Bücher genannt und darin und in vielen anderen die Nähe von Sinnlichkeit und Welterfassung beschrieben, von Traum und Wirklichkeit. Der Ort ihrer Träume schließt alle Möglichkeiten in sich. „Es ist der Ort, an dem die Phantasie Fuß fassen kann … als wäre er ein weites und vielgestaltiges Land, in dem alles und jeder Platz hat."

Alles und jeder – in diesem ihrem vielgestaltigen und völkerreichen Land zwischen Altaussee und Istanbul macht sie sich auf den Weg durch viele Fährnisse. „Unbewaffnet und auf sich gestellt." Sucht sie ihre „Unanfechtbarkeit" und erzählt mit dem geteilten, dem genauen Blick, einmal von innen, einmal von außen. Gegen Koppeln, für das Leben.

Die Gestalten in Erscheinung treten und sich bewegen lassen. Die Mystifikationen zugeben, sie sichtbar machen. Den Dingen aufs Detail gehen … die Verhältnisse erkennen lassen, das Mit-, In- und Gegeneinander für sich sprechen – es zur Sprache werden lassen.[18]

Christoph Ransmayr

An den Rand der Welt und in ihr Herz

Lassen Sie mich so beginnen: „Josef Mazzini reiste oft allein und viel zu Fuß. Im Gehen wurde ihm die Welt nicht kleiner, sondern immer größer, so groß, daß er schließlich in ihr verschwand …"

Nein, anders: „Ein Orkan, das war ein Vogelschwarm hoch oben in der Nacht; ein weißer Schwarm, der rauschend näher kam und plötzlich nur noch die Krone einer ungeheuren Welle war, die auf das Schiff zusprang …"

Nein, noch einmal anders: „Zwei Tote lagen schwarz im Januar Brasiliens. Ein Feuer, das seit Tagen durch die Wildnis einer Insel sprang …"

Und ein letzter Versuch: „Ich starb / 6840 Meter über dem Meeresspiegel / am vierten Mai im Jahr des Pferdes …"

Wo sind wir eigentlich? Im Eis, auf dem Meer, einer brasilianischen Insel? Im Transhimalaja? An Schauplätzen von Romanen? Unser Ort heute soll noch ein anderer sein: zwei liebliche Almen, zwei hölzerne Hütten. Die obere liegt im sanften Plateau eines Rundgipfels, die untere ist in steile Wiesenhänge gebaut. Beide sind hingestreut in die nacheiszeitliche Landschaft der vielen Seen zwischen Attersee, Langbathseen und Traunsee, in die Ausläufer der Kalkalpen, die so abweisende Namen tragen wie Totes Gebirge und Höllengebirge, die steil aufsteigen und zerklüftet in hellgrau-weißem Stein gegen die Horizonte stehen. Es ist jene gebirgige, von „zauberischen Seen" gespiegelte Landschaft, in der Christoph Ransmayr aufgewachsen und in die er zurückgekehrt ist nach langem Suchen.

… glauben Sie mir, der Ort, an dem man wirklich geborgen und ganz bei sich ist, kann auf keiner Karte gefunden werden, sondern, wenn überhaupt, nur in einer kindlichen, geradezu märchenhaften

Erinnerung. Jaja, nicken Sie nur – dank dieser Erinnerung bleibe ich der oberösterreichische Dörfler, wohin immer ich gehe.[1]

Zwischen den nachtschwarzen Seen und den funkelnden Sternen stehen die Teleskope. In klaren Nächten gibt es keinen Schlaf für Ransmayr, erst gegen Morgen lassen die Himmelsareale den Betrachter frei, und müde sucht er die eine oder andere Bettstatt unter den Dachsparren seiner Almhütten.

Er ist weit gegangen, bis er hier ankam. Hat seine Wege zum Kreis gebogen. Auf und davon und wieder zurück, von Traum zu Traum. Wir könnten mit ihm gehen, wenn wir wollten, und ein Ziel suchen, einen Übergang, der uns irgendwohin führt: in eine erleuchtete Stadt, ein anderes Tal, ein anderes Leben. Vielleicht zu uns selbst. Es ist die weltumspannende Dichtung eines oberösterreichischen Dörflers, mit der sich der Kosmos entdecken läßt, in dem alles eins wird, der Stein unter unserem Schuh und der des Anstoßes. In allen seinen Büchern erzählt er Geschichten, die vom Rand her die Mitte suchen, von der Fremde her das Eigene.

Jeder Weg, der seinen Namen verdient, führt zugleich in die Ferne und in die Tiefe, an den Rand der Welt und in ihr Herz.[2]

Es war eine lange und langsame Heimkehr, aber auch sie wird vielleicht nur für eine Weile sein, denn nichts, was ist, kann bleiben. Und alles Erzählen, alle Geschichten beginnen mit Fragen, die in neue münden.

Was ist das – *Dunkelheit?* ... Was ist ein *Abschied?* Was geschieht, wenn zwei Liebende an einem Pier voneinander lassen müssen? In welchem Hafen? Oder ist es gar kein Pier, gar kein Hafen, sondern ein Bahnsteig oder bloß ein ungeheiztes, straßenseitiges Zimmer, in dem die beiden sich zum letzten Mal in den Armen halten? ... Und dann? Was geschah dann? Und weiter? Und immer weiter?[3]

Aber einmal muß angefangen sein. Einmal, nach Wochen, vielleicht Jahren, muß der erste Satz gefunden sein, muß die Geschichte beginnen, so wie diese kleine Geschichte über einen Dichter begann. Es waren die Anfangssätze der Romane *Die Schrecken des Eises und der Finsternis*, *Die letzte Welt*, *Morbus Kitahara* und *Der fliegende Berg*. Diese ungeheuren Anfänge, die bereits alles enthalten und dennoch Geheimnis bleiben, die einen nicht mehr loslassen, ein ganzes langes Buch nicht mehr. Schon nach diesen ersten Sätzen stiebt jeweils ein Schwarm von Fragen auf. Wo und warum verschwand Mazzini? Und was ist mit diesem Orkan, der nichts Gutes verheißt, der Schwarz und Weiß in sich trägt und gewaltsam auf uns zuspringt? Oder diese zwei Toten – sind es Männer? Frauen? Oder ein Mann und eine Frau? Ein Unfall? Haben sie sich gegenseitig umgebracht? Schon sind wir aufgescheucht. Und was soll das heißen: *Ich starb …?*

Mit den ersten Sätzen hat sich der Erzähler von der unendlichen Zahl aller Möglichkeiten einer Geschichte gelöst und sich für eine einzige, für seine Möglichkeit entschieden, und hat unter allen möglichen Schauplätzen, Zeiten und Personen seinen Platz, seine Zeit, seine Gestalt gefunden. Jetzt, endlich, quält es ihn nicht mehr, daß der ungeheure Rest der Welt unausgesprochen, *unerzählt* an ihm vorübertreibt. Denn er hat seine Geschichte begonnen, seine einzige, unverwechselbare Geschichte und entdeckt in ihr nach und nach alles, was er von der Welt weiß, was er in ihr erlebt, erfahren und vielleicht erlitten hat.[4]

Den Tisch in der unteren Almhütte hat Christoph Ransmayr kunstvoll aus gedämpfter Birne von einem Freund tischlern lassen. Rötlich liegt die polierte Platte im Licht, das durch die kleinen Fenster fällt. Wir haben den Schnee hier gesehen und die roten Abendhimmel des Sommers. Wir haben über die ersten und die letzten Sätze gesprochen und über die Wege, die zu ihnen führen von der Geborgenheit in eine quälende Verlassenheit.

Heute breitet Ransmayr zwei große Bildbände über Astronomie vor uns aus, zeigt uns die Merkurschleife, die Galaxienhaufen im Sternbild der Jungfrau, die wie aus Brillanten gesäten Milchstraßen. Eine rätselhafte Welt, ertrunken in unvorstellbaren Zahlen von Millionen von Lichtjahren, leuchtend aber in der Schönheit der Bilder. Mir genügt die visuelle

Astronomie, sagt Ransmayr, ich möchte nur das sehen, was Galilei und Kepler gesehen haben, das allein sind begeisternde Bilder für mich. Und er beschreibt, wie er sich mühsam in Geduld üben mußte, und wie lange es dauert, bis sich die Pupille adaptiert, bis man Ruhe oder Himmelsbewegung sehen kann.

Wo immer er ist, ist er im All. Sucht er das Ganze, den Zusammenhang. Er ist ein Entdecker ohne Vorurteil, der sich von der Unendlichkeit der Möglichkeiten voranziehen läßt in das Labyrinth der Phantasie, der Mythen, der Natur und des menschlichen Herzens. Er ist Treibender und Getriebener zugleich. Er braucht nur einen Vermessungspunkt, von dem er ausgehen und an den er zurückkehren kann.

Wien war, seit der Studienzeit, immer schon Wohnort und ist es geblieben. Die Schreibtische für den langen Atem aber standen und stehen an vielen Orten: auf der Halbinsel Mani in Griechenland, in West Cork an der irischen Atlantikküste oder jetzt auf den Almen des oberösterreichischen Salzkammergutes. Zunächst war es nur eine Hütte, seit ein paar Jahren sind es zwei, durch einen Fußweg von einer knappen halben Stunde voneinander getrennt und miteinander verbunden. Fast zeitgleich mit Irland hat er diesen Ort gefunden und immer ist er von hier dorthin aufgebrochen.

Als Hauptwohnsitz hat Christoph Ransmayr Irland aufgegeben. Es ist Vergangenheit, sagt er. Jetzt ist es ein Sehnsuchtsort geworden, der ihm vielleicht noch eine Weile bleibt, an den er zurückkommen kann, wann immer er will. In dieses vielfenstrige Haus über dem Meer, von dem durch ein schmales, dunkles Tal mehr als einhundert Stufen zur Steilküste hinabführen. Bei Sturm schlägt die Gischt an die Felsen bis hoch hinauf zu den Nestern der Vögel. Dichtes Moos bedeckt die Steine, meterhoher Farn hängt über den Weg, im Jänner erblühen oft schon die Kamelien zu Hunderten in Rubinrot, Rosa, Weiß und Gelb. Cordyline-Palmen schaben ihre Blätter im Wind. Nahe der von Efeu überwucherten Kirche liegt der Friedhof von Castlehaven am Strand, „zu dem die Särge manchmal auf Booten über die Bay gerudert und dann über einen grauen Streifen von der Brandung glattgeschliffener Kiesel getragen werden". Die Vorstellung, in dieser Wildnis begraben zu sein, hat für ihn nichts Erschreckendes. AUF UND DAVON müßte über seiner Asche stehen.

Ransmayr hat Irlands Landschaft und seine Literatur studiert, seine Menschen und seine Tragödien. Er hat das Land bereist und weite Strecken zu Fuß durchwandert. Mit Raoul Schrott, dem Freund, der sich in der Nähe ansiedelte und, ebenso wie er selbst, in aller Rastlosigkeit einen stillen Ort und alle Zeit der Welt zum Schreiben suchte, war er in den schroffen, brüchigen Bergen unterwegs und in den Klippen klettern. In der Rede zur Eröffnung der Salzburger Festspiele 1997 schrieb er einer Freilichtbühne hoch über dem Brausen des Meeres eine seiner schönsten Geschichten: *Die dritte Luft*.

O'Sheas steinerne Bühne hatte kein Dach, keine einzige Mauer, die vor Wind und Regen schützte, keinen Vorhang, keine Treppe. Kaum höher als das Weideland gelegen, das sie umgab, konnte ein Künstler sie einfach betreten, indem er über Stechginster und Gras hinwegstieg – und konnte mit diesem einen Schritt doch eine ganze Welt hinter sich lassen: trat in eine Melodie ein, eine Ballade, einen Applaus oder ein Gelächter, in dem ihm sein Leben plötzlich noch einmal neu und anders erschien, verwandelt in Töne und Worte.[5]

Schlachtgesänge und Liebeslieder erklangen hier, Walzer, wie sie in den Salons der Transatlantikliner getanzt wurden, die hell erleuchtet vorüberzogen, Lieder von Hungersnöten und Bürgerkriegen, von Massengräbern und Kornschiffen mit geblähten Segeln, die den Reichtum der Insel nach England verbringen mußten, von Oliver Cromwells Massakern und den Bomben der IRA, von Auswandererschiffen und dem Leuchtturm von Fastnet, der *Die Träne Irlands* genannt wurde, weil er für die, die in Amerika, Australien oder Neuseeland ein anderes Leben suchten, den letzten Punkt der Küste markierte, von dem aus sie Irland aus den Augen und oft für immer verloren. So deckten sich die gespielten oder gesungenen Szenen immer mit den Schauplätzen der Wirklichkeit in diesem kargen, umkämpften Land, das kahlgeschlagen wurde für allesfressende, riesige Flotten der Plünderer und später für die Schmelzöfen der Kupfer- und Eisenhütten. Eine Wüstenei, die dennoch mit der nächsten imaginären Drehung der Bühne wieder unter Büschen und Strauchwerk verschwinden konnte, unter Stechginster und baumhohen Fuchsienhecken, ja in manchen Tälern kehrten sogar die Bäume zurück – zuerst nur in den ummauerten Parks und Gärten englischer Herrenhäuser, um sich dann aber von dort – und begünstigt durch die milde, vom Golfstrom gewärmte Luft Irlands – auszubreiten: Pinien- und Eukalyptusbäume beschatteten plötzlich die Szenerie, Rhododendren, von Kolonialkriegern aus dem Himalaja nach ihren irischen Landsitzen verpflanzt, blühten hier schöner als in Kaschmir und Nepal!, Myrten, Erdbeerbäume und Maoriflachs aus Neuseeland, Tulpenbäume, Magnolien, ja selbst Feigenbäume voll bitterer Früchte …[6]

Vielstimmig läßt Christoph Ransmayr Irland in seinen Büchern reden und leben. Man sieht ihn am Rand des Abgrunds stehen und mit dem Fernglas die davoneilende Küstenlinie des westlichen Irland verfolgen, bis sie sich im Brandungsstaub verliert. Er sieht die Fischer und ihre Beute: Steinbutt, Seehecht und Kabeljau; Hummerkörbe liegen in den Buchten, Trauerseeschwalben, Mantelmöwen und Sturmtaucher steigen die Klippen empor. Schaf- und Rinderweiden ziehen sich über die Hochflächen, durch dornenbewehrte Steinmauern begrenzt. Im Roman *Der fliegende Berg*, diesem Poem von berauschenden Bildern, hat er Irland zur Heimat der beiden Brüder Liam und des Ich-Erzählers Pad gemacht und sie von hier aus in das ferne Land Kham in Tibet aufbrechen lassen. Die grüne Insel ist Kontrapunkt zu den eisumschlossenen Gipfeln des Phur-Ri, den die Brüder erobern wollen. Dennoch bleibt alles verbunden. Denn je höher die Brüder steigen, desto tiefer kommen sie in ihrer Kindheit an, in sich selbst und dem, was sie bedingt. So werden Suchen und Finden, Streben und Scheitern Facetten eines einzigen Hologramms, das unser Leben ist.

Inmitten aller Wege in die Ferne suchte Ransmayr immer einen „unverrückbaren Ort" unter einem „unverrückbaren Himmel", herausgehoben aus der Zeit und so unzerstörbar wie eine Utopie. Für ein Jahrzehnt waren es in sich ergänzender Gleichzeitigkeit die Meeresufer um Castlehaven und die Alm über dem Traunsee. Sie war die Folie, das Nahe, das die Fremde zum Schillern brachte. Aber jetzt ist es anders: er, der sich gern „Halbnomade" nennt, ist nicht nur flüchtiger Gast an diesem schönen Ort, er läßt sich ein, nimmt teil, An-Teil, ist Teil geworden. Jetzt ist es mehr: eine zentrale Nabe, um die sich vieles dreht, ein Ort, der mit dem Märchenhintergrund der Kindheit verbunden ist und mit dem Leben und Sterben der Menschen, die die Erde hier bestellen, mit deren Schicksal er sich verknüpft fühlt und deren wirtschaftlicher Überlebenskampf ihm nahegeht.

Es war wie eine Fügung, sagt Ransmayr, als wir auf der Hausbank der unteren Hütte in der Sonne sitzen. Auf dem Tisch dreht sich in einer Glaskugel ein photonengetriebenes Spiel, das im Vakuum gelagert ist. Die Hänge fallen einer um den anderen in sanfte Täler hinab, Straßen führen dorthin und dahin, blaugrau leuchtet der See in einem schmalen Ausschnitt. Das Land liegt in Frühlingspracht, die steilen Wiesen sind saftig grün. Der Bauer, dem die Hütten gehören, pumpt die Jauche durch ein langes Röhrensystem bergwärts. Die ungedüngten Wiesen sind gelb von Himmelschlüsseln, die Waldränder weiß von Buschwindröschen und bunt von Knabenkraut, Frühlingsblatterbsen, Veilchen und Vergißmeinnicht. An den südlichen Hauswänden der Höfe blühen schon die Marillen- und Birnbäume. Palmbuschen stehen in den Mulden, siebenfach mit immergrünen und frischen Zweiglein gebunden: Buchs, Wacholder, Ilex, Efeu und Thuja, Palmkätzchen und Haselnuß.

Es war also wie eine Fügung: Ransmayr war wieder einmal im Höllengebirge unterwegs gewesen. Im Tal lag dichter Nebel. An seiner Grenze suchte er das Land mit dem Feldstecher ab und streifte über die gegenüberliegenden Bergkuppen, die wie Inseln über der Nebeldecke dahintrieben. Da kam eine Almhütte in den vergrößerten Blick. Still lag sie in der Sonne, wie entrückt, ohne Menschen. Am nächsten Tag fragte er im Gasthaus nach. Da hast du Glück, sagte der Wirt, der Bauer hat Probleme mit seinem Pächter. – Mach mich bekannt. – Komm, der Bauer sitzt drüben am Stammtisch.

Ein Handschlag. Und das war's.

Ich habe das nicht gesucht, sagt Ransmayr, es hat mich gefunden.

Er kannte die Gegend gut, es war die Landschaft, in der er aufgewachsen war: in jedem Fenster im Roithamer Haus waren die Berge gestanden, und die ganze Kette vom Großen Priel bis zum Brunnkogel war vor ihm gelegen, wenn er mit dem Bus zur Schule nach Gmunden fuhr. Als Ministrant begleitete er den Priester auf den Gängen zur Letzten Ölung. Der Vater war am Fuße des Traunfalls aufgewachsen, in der Düsternis immerwährender Feuchtigkeit. Mit ihm, der erst spät aus der russischen Kriegsgefangenschaft heimkehrte, da er sich die Sprache angeeignet, Gogol, Gorki und Dostojewski im Original gelesen hatte und dadurch brauchbar war als Übersetzer, war er als Kind oft auf dem Traunstein gewesen – kein leicht zu besteigender Berg, aber gut zur Stärkung des Selbstvertrauens. Die Seen rundum waren frühe Badelust. Das ganze Alpenvorland voll von Geschichten und Sagen. Süchtig nach Geschichten ist er geblieben.

Als Pächter der beiden Almgebiete ist Christoph Ransmayr im Vertrauten angekommen. Mit den Besitzern ist er inzwischen befreundet. Es sind besondere Leute, sagt er, und ist voll Bewunderung und Hochachtung. Der Bauer und seine beiden Söhne Herbert und Franz machten und machen alles selbst, nicht nur die üblichen Arbeiten, sondern alles, was nebenher anfällt, alles, was Freude gibt: schmieden, löten, schreinern, drechseln, neue Maschinen aus alten erfinden … Beide Hütten haben sie und der Großvater selbst gebaut, ohne einen fremden Handwerker. Die Balken, Bretter und Böden, Türen und Vertäfelungen selbst gezimmert, das Dach gedeckt, die Öfen gesetzt, die Bänke eingepaßt, die Treppen gefügt und die Vorplätze befestigt. Hof und Scheunen glänzen, im Stall stehen Rinder unterschiedlicher Rassen, ein Schwein mit seinen Jungen. Ransmayr hat selbst einige Rinder gekauft, kleinere indische und afrikanische Kreuzungen, die die steilen Wiesen nicht so zertreten.

Herbert. Der Hof war ihm schon übergeben. Er war Bauer und Künstler. Er starb mit 36 Jahren, qualvoll, geduldig und heldenmütig. Ihm stand Ransmayr am nächsten. Er brachte ihn zu den besten Knochenmarksspezialisten nach Wien, holte ihn ab, fuhr ihn heim, holte ihn und brachte ihn wieder zurück. Begleitete sein Sterben bis zum letzten Tag.

Einmal waren wir alle gemeinsam im Goldenen Schüsserl der Osterhorngruppe unterwegs. Es war später Oktober. Goldener hätten die Lärchen nicht leuchten können. Herbert erzählte von seinen Holzarbeiten, von Geräten und Obstschalen, die er aus einem Stück aus den Stämmen seiner Wälder drechselte. Wir haben viel gestaunt und viel gelacht. W. fotografierte. Es sind die letzten gemeinsamen Bilder. Zu Herberts Gedenken ist ein Bildstöckl in das Seenland gestellt. Die zwei riesigen Wetterfichten, unter denen es Schutz fand, hat der Jänner-Orkan gefällt.

Jetzt werden neue gepflanzt. Das Marterl blieb unverletzt. Zeilen von Rainer Maria Rilke sind darauf zu lesen:

> Was bin ich unter diese
> Unendlichkeit gelegt;
> duftend wie eine Wiese
> hin und her bewegt

Keine Medizin konnte Herbert Heilung bringen. Nicht die modernste und auch nicht jene, die in Ransmayrs Erzählung *Die Verbeugung des Riesen* beim Fest der chinesischen Göttin Tin Hau, der Schutzpatronin aller, die den Untergang zu fürchten haben, angeboten wird: gemahlene, mit Morgentau vermischte Jade als Arznei gegen die Sterblichkeit. Keine Geschichte konnte ihn ins Leben zurückerzählen, wie Liam den tot geglaubten Bruder in *Der fliegende Berg*. „Keinem bleibt seine Gestalt", war schon auf windzerfetzten Fähnchen in den Geröllhalden um Trachila gestanden, wohin Naso, Roms berühmter Dichter Ovid, im Roman *Die letzte Welt* verbannt worden war. Vielleicht wird Ransmayr einst die verwandelte Geschichte eines jungen Mannes schreiben, der mit sich eins war, der begabt und zugeneigt war seinem Tun und der früh von der Erde, die er bestellte und liebte, gehen mußte. Seit je sind es die Menschen, die Ransmayr interessieren, und unter den vielen der einzelne, und im einzelnen der Blick, die Geste, der Tonfall seines Sprechens. Und er wird berichten von dem, was wirklich war und was möglich hätte sein können. Denn das ist die Metamorphose seiner Poesie: das Spiel von Wirklichkeit und Möglichkeit. Ein Spiel, in dem die Wirklichkeit neu erfunden wird in vielen Stimmen, die sich im Chor verwandeln und zur Freiheit alles Denkbaren werden: im Erzähler selbst und in jenen, die ihm zuhören.

> Für immer verloren ist nur das, was von niemandem mehr herbeigeflüstert werden kann. Solange es eine Stimme und ein Ohr gibt, stehen Spiel und Zeit nicht still. Selbst im Feuer, das in einer Bibliothek auflodert, verbrennen bloß Schriftrollen und Bücher, nicht aber die Überlieferung, nicht die Erinnerung – meine Erinnerung.[7]

Denke ich an Christoph Ransmayrs Erzählen, gibt es nur die Vielgestalt, die Doppelbödigkeit und Flüchtigkeit alles Seins. Es gibt das „maßlose und wunderbare" Erlebnis, sagen, schreiben zu können: „Es war einmal". Nur eine oszillierende Membran liegt zwischen Realität und Phantasie: in den Romanen, den Reportagen, die im Band *Der Weg nach Surabaya* zusammengefaßt sind, und in den „Sieben-Arbeiten", die wohl mit der heiligen Zahl verbunden sind und sich schon vom *Stadion der Sieben Zufluchten* herzuleiten scheinen, in dem Ovid im Roman *Die letzte Welt* seine todbringende Brandrede für die Freiheit hält. Als „Dichter zu Gast" bei den Salzburger Festspielen gestaltete Ransmayr sieben Spielformen des Erzählens in seiner *Reise nach Babylon,* fünf Abende mit Dichtungen, eine Kinonacht und ein Konzert unter freiem Himmel. W. und ich haben sie alle gesehen und genossen und wir rufen uns inmitten der Frühlingswiesen des Salzkammergutes die eine oder andere Szene in Erinnerung – es ist eine glückliche Erinnerung auch für Ransmayr, die er lebhaft und lachend weiterspinnt in neue Auftritte und es gibt keinen Vorhang und keinen Applaus, nur den warmen Aufwind, der über die Hügel streift.

Die zweite Sieben-Zahl ist in den schmalen Bänden verwirklicht, die 2008 in einer Broschurausgabe zusammengefaßt und in denen frühe und aktuelle Texte, jeder in einem anderen Stil, vereint sein werden: unter anderem die Kritik an bedingungsloser Technikgläubigkeit im *Strahlenden Untergang*, die Theater-Tirade *Die Unsichtbare,* die Geschichten und Reden der *Verbeugung des Riesen* oder der Interview-Monolog *Geständnisse eines Touristen.* Die siebte dieser Formen ist im Entstehen, die Bildergeschichte *Damen und Herren unter Wasser.* Der Erzähler ist ein Kalmar der Tiefsee, das interessanteste unter den wirbellosen Tieren, von größter Anpassungs- und sogar Entscheidungsfähigkeit.

Vom Meer zu den höchsten Gipfeln, von den Galaxien in die tiefsten Tiefen …

Ist es das Abenteuer, das ihn immer wieder anzieht, die äußerste Grenze? Nein, es ist nicht die Grenzerfahrung, die er sucht, sagt Ransmayr, sondern die Erweiterung aller Kenntnisse. Aber wo immer ich bin, will ich die Umrißstruktur kennenlernen, den mentalen und intellektuellen Bewegungsraum definieren, in dem ich lebe: wohin reicht mein Sehen, mein Wissen? Von allem, was mich umgibt und auch von mir selbst.

> Schließlich durchmißt jeder, der sich einmal auf den Weg gemacht hat, nicht nur die Fremde, sondern immer auch das eigene Gemüt und ist so manchmal immer noch (oder schon wieder) weit fort, obwohl er immer noch (oder schon wieder) in einem Winkel seiner Heimat hockt.[8]

Im Winkel seiner Heimat sind wir unterwegs zur oberen Alm. Wilde Kirschen blühen an den Waldrändern, Hartriegel und Berberitzen. Die Lärchen tragen ihren ersten grünen Schleier. Vom Gebirge her glänzen die Firnfelder, sprinkelt die Sonne auf den endlosen Ketten der Gipfel. Vögel jubilieren. Kolkraben unterhalten sich, ein Habichtpaar zieht seine Kreise, lange stehen seine Schreie in der klaren Luft und verklingen langsam und leise.

Auf dem höchsten Punkt des Berges wird ein neues Kreuz gezimmert. Es duftet nach Harz, die Pechperlen fassen das Licht. Herberts Bruder führt jetzt die Wirtschaft, die Eltern helfen, wo sie können. Franz ist Lastwagenfahrer, nur im Nebenerwerb noch Bauer. Mit einem Nachbarn teilt er sich die Fahrten, so daß beide in beiden Berufen überleben können.

An den Seeufern war wildes Freizeitgetriebe gewesen. Kolonnen von Reisebussen zum Flügelaltar und den Souvenirbuden von St. Wolfgang, beim Fischerwirt am Ende des Mondsees war großes Picknick unter Lautsprecherstimmen, im Schatteneck von Burgau am Attersee zogen Taucher ihre Neoprenanzüge an, Radfahrer mühten sich auf den See-straßen überall, und auf Gmundens Esplanade war der große Kampf um Parkplätze ausgebrochen.

Hier heroben war es still. Die schwarzen Northland-Stühle stellten wir in die Sonne. W. studierte die Harmonie des Hüttenbaus und die raffinierten Details für praktisches Leben, Christoph entkorkte eine Fla-sche Weißwein. Ein paar Wanderer kamen vorbei. Über meine Almen sind immer Menschen gegangen, hatte der Bauer gesagt, und das soll so bleiben. Es war eine Bedingung des Pachtvertrages: keine Zäune, keine Sperren, außer für das Vieh.

Im Sommer stehen hier meterhoch die Glockenblumen. Um die untere Hütte wuchern tausendblütige englische Rosen und schenken dem Abendfrieden ihren Duft. Jeder Zacken der Gebirge zeichnet sich ab und rot sinkt die Sonne in das Land. Ich will nichts besitzen, sagt Ransmayr. Zwischen der Welt, Wien und den Almen pendelt er nach Belieben. Ich will nur dasein, über die Wiesen gehen, schauen. Es besänftigt mich.

Ein Flecken Erde im bleiernen Flug der Zeit.

Vielleicht ist das sein Geheimnis: nichts besitzen wollen. Die Almen und allen Grund dazwischen hat er in befristeter Pacht. Es ist „sein" Land, aber es gehört ihm nicht. Das gibt ihm Leichtigkeit und die Freiheit des Kommens und Gehens. Als Pächter bleibt er im Schatten.

Ich bin nur hierhergekommen und habe gesagt: laßt mich eine Weile mit euch leben.

Die Landschaft ist voll von Geschichten. Auch von eigener erlebter Geschichte. Ransmayr ist 1954 geboren, in der Nähe des Traunsees aufge-wachsen, an dessen Ufer das Konzentrationslager von Ebensee lag, ein Nebenlager von Mauthausen. Krieg, Nationalsozialismus und Nachkrieg waren lebendig in Erzählungen, wurden es immer deutlicher durch jah-relange Recherchen. Mit den Erinnerungen, den eigenen und den frem-den, kam der Schmerz. Ihm hat er in *Morbus Kitahara* die vielstimmige Partitur eines Romans geschrieben, der Schuld und Sühne instrumentiert und die Frage aufwirft, die er sich in allen seinen Büchern drängend und bedrängend stellt: wozu Menschen fähig sind, was sie einander antun, „wozu *wir* unter dem Druck der Todesangst, des Hungers, der Gier oder der bloßen Dummheit imstande sind".

Moor heißt der dunkle Ort, der zur Sühne in einen vorzivilisatorischen Zustand gezwungen wird. Zwischen ihm, der Todesstiege im Steinbruch und *Brand*, der hell erleuchteten Stadt der Sieger, liegt das *Steinerne Meer*, ein unwegsames Niemandsland.

Das Geschehen könnte hier spielen, wo wir stehen. Hier, in diesen Tälern und Dörfern, auf die wir hinunterschauen, an den Ufern des Sees, den wir entlanggefahren sind, in diesen Bergen, die uns gegenüberliegen. Nie mehr läßt sich diese schöne Kulisse betrachten, ohne an die Fakten der Geschichte und zugleich an die Bilder und Szenen zu denken, die ein Dichter entwarf, indem er die Wirklichkeit neu erfand. Bilder von so unentrinnbarer Einprägsamkeit, daß sie zu eigenen werden und auf der Netzhaut bleiben bis ans Ende. Szenen von Qual, Terror und Mord, die nicht verdrängt, sondern bewältigt sein wollen, will man nicht Gefahr laufen, an *Morbus Kitahara* zu erkranken wie Bering, eine der drei Hauptfiguren des Romans, der zu erblinden glaubt und den Lily nach Brand zum Sanitäter Morrison führt.

„Du willst wissen, woran du leidest?" sagte das Nebelgesicht. „Du fragst mich? Das mußt du dich selber fragen, mein Junge. Worauf starrt einer wie du? Was will einem wie dir nicht aus dem Kopf? Ich habe solche Flecken in den Augen von Infanteristen und von Scharfschützen gesehen, von Leuten, die in ihren Panzergräben halb verrückt geworden sind oder hinter feindlichen Linien wochenlang auf der Lauer gelegen haben und das Fadenkreuz schon im Rasierspiegel sahen, auf dem eigenen Gesicht, verstehst du? Alles Leute, die sich aus Angst oder Haß oder eiserner Wachsamkeit ein Loch ins eigene Auge starren, Löcher in die eigene Netzhaut ..."[9]

Wie die Motivstränge um diese Krankheit verbunden sind, führt in die Tiefe von Ich und Zeit: die pilzförmige Schwärze im Auge mit dem Atompilz über Nagoya, der unbewußte Wunsch, vor der Realität zu erblinden, mit der Panik, die Welt zu verlieren, die Fixierung auf Angst und Haß mit der Unfähigkeit zu einem Neuentwurf des Lebens. „Mach dich nicht verrückt," sagt Doc Morrison. „Was immer es ist, laß es los. Schau anderswo hin."

Es ist Nach-Krieg im Roman, dessen historischer Hintergrund der Morgenthau-Plan ist, in dem es jedoch um das Prinzip von Macht, Gewalt und sich ständig erneuernden Kriegen geht. Ransmayr verfolgt die Utopie eines voraussetzungslosen Erzählens, das seine Geschehnisse, Figuren und Rätsel erst im Lauf der Geschichte enthüllt.

Im *Frieden von Oranienburg* ist den Besiegten aller Fortschritt verwehrt. In einer Wüstenei ohne Technik müssen sie zur Erinnerung an die Verbrechen, die sie begangen haben, überlebensgroße Buchstaben in den Granit des Steinbruchs hauen:

HIER LIEGEN
ELFTAUSENDNEUNHUNDERTDREIUNDSIEBZIG TOTE
ERSCHLAGEN
VON DEN EINGEBORENEN DIESES LANDES
WILLKOMMEN IN MOOR

Die Vergangenheit ist noch lange nicht vergangen. Ransmayr holt sie in die Gegenwart seiner kühnen Konstruktion, beschreibt den Zusammenhang von Tätern und Opfern, die Suche nach Hoffnung und das Weiterleben von Gewaltstrukturen. Er zeigt, daß sie alle, jeder für sich, „etwas Fremdes in diesen Frieden verschleppt hatten, etwas Unbegreifliches, den Keim eines Übels, das immer dort zum Ausbruch kam, wo Menschen allein waren mit sich und ihresgleichen."

Allein mit sich. Das ist auch Ambras, der *Hundekönig*, die zweite große Männerfigur des Romans. Einst war er gequältes Opfer, jetzt ist er Aufseher im Gedächtnis-KZ. Mit den aufflammenden Schmerzen seines geschundenen Körpers tauchen die Erinnerungen aus dem Dunkel und rauben ihm die Gegenwart. Allein ist auch Lily, die *Brasilianerin*. Sie ist Kind eines Täters, strandete in einem Flüchtlingstreck, der auf dem Weg nach Brasilien war, in Moor, übt Rache in den Geröllhalden der Gebirge, schafft sich ihre eigene irdische Gerechtigkeit, ist unabhängig, wird zur Lichtgestalt, in die sich ihr Schöpfer, wie er sagt, fast verliebt hat. Nur sie schafft den Weg in eine offene Zukunft.

Für uns heute ist eben Ostern vorübergegangen. Die Auferstehung soll geschehen sein in den vielen Kirchen der Seenlandschaft. Wir blicken vom Balkon der oberen Almhütte über das freie Land. Ums Hauseck fährt ein kühler Wind, W. legt mir seinen Pullover um die Schultern, und unter einem Fächerstrauß bunter Federn von den Urwaldvögeln Brasiliens sagt Ransmayr: Lily straft alle Lügen, die behaupten, daß der Roman nur eine apokalyptische Endzeit schildert. Lily schafft es doch! *Sie* macht es wahr, wovon ich schreibe und wovon ich träume: *Auf und davon!*

Das gelingt nicht immer, denke ich, als sich der Schlüssel im Schloß dreht und wir uns unter den lichten Lärchen auf den Weg zurück zur unteren Hütte machen. Ich habe ein Bild vor Augen. Wir waren unterwegs im Toten Gebirge. Wir hatten die felsigen Schattenschluchten durchstiegen und waren in den hellen Gipfelregionen angekommen, deren Wiesenmatten über und über blau von stengellosen, großen Enzianen waren. Wir hatten beim Kreuz gerastet und machten uns an den Abstieg, der steil und von Latschen und Geröll durchsetzt war. Es war die Zeit, als Ransmayr an *Morbus Kitahara* schrieb; ein langes Schreiben, mitunter ein Alptraum. Und plötzlich begann er zu laufen. Hals über Kopf, in immer rasenderer Geschwindigkeit, einen Steilhang hinunter, in die Tiefe, als ob ihn jemand triebe, als ob ihn seine Figuren verfolgten, die ihm zu realen Menschen geworden waren, er lief und stolperte und sprang, als ob die Erinnyen hinter ihm her wären in Gestalt der Versuchung zu schießen, zu töten wie Bering, nicht in Notwehr wie beim ersten Mal, sondern dann schon als Verlockung, später als gezielter Mord und noch später als gedankenloser, unabsichtlicher Automatismus, der jede Schuld von sich weist.

Und daß der Karabiner in seinen Händen plötzlich hochschlägt, ja, richtig nach ihm schlägt … und daß dieses Krachen, das ihn schon einmal und wieder und wieder taub gemacht hat, aus den Ruinen und von der Felswand zurückhallt … das alles gehört nicht ihm. Das hat mit ihm nichts zu tun. Er hat nicht abgedrückt. Das Gewehr hat nach ihm geschlagen und ihn an der Stirn verletzt. Er muß die Waffe nicht einmal fallen lassen. Sie springt ihm aus den Händen. Er hat nichts getan.[10]

In der unteren Hütte heizen wir den Küchenherd, braten frische Saiblinge. Reden und schweigen. Fragen. Neben dem gemauerten Herd ist, durch einen Vorbau getrennt, ein Schreibbrett eingebaut, ein zweites vor einem der Fenster. Jeden Tag werden die zwei identischen Notebooks gesichert, derzeit hat sich der Erzähler-Kalmar eingenistet. Es gibt keine Manuskripte und frühere Fassungen, bei keinem von Ransmayrs Büchern. Nur das fertige Produkt, das zu jenen spricht, die es lesen wollen. Im Tal brennen da und dort in den Häusern schon Lichter. Die Straßen zu den hoch gelegenen Höfen werden zu gepunkteten Laternenbändern. Christoph taucht wieder in die Galaxien-Bilder des Messier-Atlasses ein, er zeigt W. den rot flackernden Antares im Skorpion und erzählt von seinem Irrtum, ihn am Nachthimmel einmal mit dem Beteigeuze des Orion verwechselt zu haben, und ich höre nicht mehr hin und denke, daß er wieder bis drei, vier Uhr morgens an seinen Teleskopen sitzen und sich über die Borniertheit der Menschen wundern wird, die das Unübersehbare über uns stumpf mißachten und es nicht als Teil jenes Kosmos erkennen, in dem wir leben.

Die beiden gehen hinaus in die Nacht.

Ich bleibe in der warmen Küche und blättere in den *Geständnissen eines Touristen*, dieser erhellenden Selbstinterpretation, die viele Fragen überflüssig macht. Immer gehe es ihm darum, lese ich, „durch ein Netz zeitlicher Bruchlinien eine Unzeit, Allzeit zu provozieren, einen narrativen, keinen historischen Raum".

Ich habe meiner Meinung nach nie etwas anderes als die Gegenwart beschrieben, selbst wenn es, wie in der *Letzten Welt*, um einen verbannten Dichter der Antike ging oder in einem anderen Roman – *Morbus Kitahara* – um ein verwüstetes, zur Erinnerung und Sühne verurteiltes Kaff in einem Nachkriegseuropa, das es so nie gegeben hat. Aber wenn man als eine Art Halbnomade an verschiedenen Orten lebt und arbeitet, stellt sich doch die Frage: Welches ist denn das aktuelle politische Geschehen? aus sehr unterschiedlichen Perspektiven. Welches Geschehen? Das *hier*? Das *dort*? Das Geschehen in West Cork? Im Salzkammergut? Am laotischen Ufer des Mekong? … Wer sich mit dem Menschenmöglichen beschäftigt, kann durchaus zur Einsicht kommen, daß noch längst nicht alles ausgestanden ist – nicht an Entsetzlichem und Schrecklichem – aber auch nicht an Befreiendem. Ich fürchte, es gibt nach wie vor keine Gesellschaft, die gegen Barbarei immun ist.[11]

Das Hell und Dunkel alles Seins. Von Zeit zu Zeit geschieht es, daß Ransmayr in die Finsternis fällt. Es ist kein Geheimnis, hat er vorhin gesagt, es bestimmt mein Leben. Aber wenn die dich zerreißende Verzweiflung kommt, bist du nur Entsetzen. Bist du eine völlig isolierte Monade, unerreichbar selbst für den liebsten Menschen. Jeder Appell an deine Glücksfähigkeit ist verschüttet und das einzige, was du willst, ist, daß alles aufhört. Du siehst nur Abgründe. Du bist versteinert. Das Schlimmste ist das Verließ, das man sich selber ist.

„Niemand stirbt auf seinem Weg nur ein einziges Mal", ist in *Der fliegende Berg* zu lesen. Aber in aller Schwärze, denke ich, wird ihn vielleicht dennoch ein Funken jener Ahnung trösten, daß *sie* für ihn da ist, der er das Buch gewidmet hat: *Judith, für dich.*

Nyema heißt die Frauengestalt des Romans, schön, fremd und vom ersten Augenblick an vertraut im Geheimnis dessen, was Liebe bedeuten kann. Sie gehört einem Clan von Wandernomaden im östlichen Tibet an, die den Weidegründen ihrer Yakherden folgen, und mit denen die irischen Brüder dem Phur-Ri entgegenziehen, dem *fliegenden Berg*, dem Objekt ihrer Eroberungsgier und ihrer Sehnsucht.

Liam, einer der Brüder, findet auf seiner Suche den Tod, bleibt im Sturm, im Eis, im Weglosen der Vermessenheit. Der andere überlebt. Er kehrt zurück ins Lager, in ein neues Leben, löst später in Irland Liams vom Atlantik umtostes Haus auf und kehrt, *will* ganz zurückkehren zur Lebensweise der Nomaden und zu Nyema, die seinen Namen auf die Felswände schrieb und auf die Haut seines Körpers und die ihm zum ersten Mal in seinem Leben die Rätsel der Liebe leben ließ. Es war Nyema, die Himmelsbraut, die ihn lehrte, daß die Ideologie der panischen Eile, das Immer-Schneller, Immer-Weiter, Immer-Höher in die Irre führen kann, und sie war es, die ihm die Geschichte des *fliegenden Berges* erzählte, der sich vom Himmel herabsenkt, damit die Götter auf ihm ruhen können, und der wieder aufsteigt zu seiner Zeit über die Wolken und zu den Sternen, und das immer wieder von neuem.

Phur-Ri, sagte Nyema, *a mountain that flies,*
dieser Berg, der strahlendste und größte von allen,
sollte jeden, der aufrecht gehen und sprechen konnte,
daran erinnern, daß nichts, nichts!,
und sei es noch so mächtig und schwer,
eisgepanzert, unbetretbar, unbesiegbar,
für immer bleiben durfte,
sondern daß alles davonmußte,
verfliegen!, irgendwann auf und davon,

daß dann aber auch das Verschwundene
nicht für immer verschwunden blieb,
sondern nach dem Stillstand und Neubeginn
selbst der allerfernsten Zeit und,
wenn auch verwandelt,

zersprungen zu tausend neuen Formen und Gestalten,
wiederkehrte und ein Rad oder einen Stern
oder bloß eine Gebetsmühle, eine Wollspindel
sich von neuem zu drehen begann …[12]

Jeder kann diesen Berg fliegen sehen, sagt Nyema, und jeder kann seine eigene Geschichte daraus machen. Vielleicht eine vom Aufstieg und vom Abstieg, der schwerer ist, mühsamer und gefahrvoller, aber nur wer ganz oben war, kann den Weg aus der Vertikalen zurückgehen, durch die Zeit hinab bis ans Meer. Vielleicht wird einer selbst erkunden, was ihn fortzog *und* was ihn hielt; seine eigene Parabel von den Wahnbildern der Welt entwerfen, wie es Christoph Ransmayr tut in allen seinen Geschichten, den verführerischen Metamorphosen, in denen Raum und Zeit ineinanderfallen zu einer west-östlich geprägten Apotheose des Lebens in seiner Grausamkeit und in all seiner Schönheit.

Diesem ewigen Kreislauf alles Lebens hatte er schon in der Gestalt des Dichters Ovid in der *Letzten Welt* eine seiner glühendsten Metaphern geschrieben. In der Erfindung der Wirklichkeit wird alles Erdenschwere überwunden: Willkür, Gewalt, Terror.

Aus Rom verbannt, aus dem Reich der Notwendigkeit und der Vernunft, hatte der Dichter die *Metamorphoses* am Schwarzen Meer zu Ende erzählt, hatte eine kahle Steilküste, an der er Heimweh litt und fror, zu *seiner* Küste gemacht und zu *seinen* Gestalten jene Barbaren, die ihn bedrängten und in die Verlassenheit von Trachila vertrieben. Und Naso hatte schließlich seine Welt von den Menschen und ihren Ordnungen befreit, indem er *jede* Geschichte bis an ihr Ende erzählte. Dann war er wohl auch selbst eingetreten in das menschenleere Bild, kollerte als unverwundbarer Kiesel die Halden hinab, strich als Kormoran über die Schaumkronen der Brandung oder hockte als triumphierendes Purpurmoos auf dem letzten, verschwindenden Mauerrest einer Stadt.[13]

Und dann, wenn eine Geschichte zu Ende erzählt ist, was dann? Sich abwenden und gehen? Aber wohin?

Zuerst über freies Gelände, immer noch ungeschützt, aber den Zurückbleibenden doch allmählich kleiner und wieder unwichtiger werdend. Und dann weiter, immer weiter, bis irgendwann, am Rand einer dröhnenden Stadt oder hoch oben im Gebirge oder in einem sanften, baumlosen Hügelland der Weg ins Innere einer neuen Geschichte erkennbar wird, ein schneebedeckter oder sommerlich staubiger, von Stacheldraht oder blühendem Stechginster gesäumter Weg, auf dem der Erzähler seine Gestalt und seine Stimme wiederfinden und schließlich zurückkehren kann in die Mitte der Welt.[14]

Es ist Sommer geworden. Im Land der vielen Seen duftet es nach Heu. Menschen mähen, wenden, führen ein. Weiße Dreiecke segeln über die Wasser, die blau sind oder grün, türkis, smaragdfarben, silbergrau oder golden in der untergehenden Sonne. An den Ufern liegen Badegäste, dösen im Gras, Kinder lernen schwimmen, in den Gastgärten klirren die Gläser.

Die berühmte Fischerkanzel von Traunkirchen krönt der heilige Franz Xaver aus dem Orden der Jesuiten, der große Missionsapostel für ferne Länder. Vier braune und schwarze Gestalten sitzen zu seinen Füßen. Eine

trägt ein Band mit der Zahl 1 200 000. So viele soll er zum Christentum bekehrt haben. Welche Vergewaltigung, sagt Ransmayr, als wir über den Kirchhof gehen, der still über dem See liegt und ein Ort des Friedens wäre, dächte man nicht an die 11 973 Menschen, die im gegenüberliegenden Steinbruch zu Tode geschunden wurden wegen ihres Glaubens und ihrer vermeintlichen Andersartigkeit.

Nachmittags schwimmt Ransmayr mitunter über den See, klettert seine üblichen Routen in den ufernahen Felswänden, schwimmt wieder zurück. Auf seinen Almen grasen die Rinder, sie vertreiben die Fliegen mit den Schwänzen, reiben sich aneinander, stehen um die Tränken, suchen den Schatten an den Waldrändern.

Am Tag darauf sind wir im Toten Gebirge unterwegs.

Gehen. Schweigen, betrachten, innehalten, weitergehen. Stundenlang gehen, an welchen Orten immer. Gehen ist dem Denken gemäß, sagt Ransmayr, und dem Erzählen verwandt: weiter, immer weiter.

Wir gehen über den Schrockengrat auf den Kreuzspitz und den prachtvollen Höhenweg entlang auf den Hochmölbling. Die Täler liegen zu beiden Seiten unter uns, menschenleer und verwunschen, die Bergketten reihen sich endlos aneinander zum *Steinernen Meer.* Dohlen umkreisen uns, ihr orangegelber Schnabel fliegt ihnen voraus. Glockengeläut von verstreuten Viehherden. Im einsamsten aller Täler machen wir Rast. Wellen von warmer Luft strömen aus den Latschenfeldern und die Stunden haben keine Zeit. Die Männer schätzen die Höhenmeter, die wir bisher gegangen sind, sie streiten und lachen und W. überprüft das Ergebnis auf seiner Barometeruhr, Christoph vergleicht auf seiner.

Das Herrliche am Schreiben ist, sagt er, daß *ich* bestimmen kann, wie hoch ein Berg ist, *ich* bestimme die Dauer eines Lebens oder einer ganzen Epoche, und wenn sich Menschen samt ihren Häusern, Palästen, Schlachtfeldern und Himmeln in Sprache verwandeln, kann das bloß Mögliche schon in einigen Nebensätzen wirklich werden und das scheinbar Unzerstörbare ebenso spielend leicht wieder verschwinden. Und er spricht von der Leidenschaft und vom Zauber, wenn schon nicht *alles,* so doch wenigstens *etwas* in Sprache zu verwandeln: selbst diese fragmentarische Kartographie hat etwas – ja, von Glück.

Ohne Absicht scheuchen wir ein Rudel Gemsen auf, die in den Schattenschrunden gerastet haben. Ihre Flucht ist schnell, aber ohne Panik, leichtfüßig springen sie über die Felsen, gewinnen an Höhe und verschwinden in einer der Schluchten. Wir queren riesige, glattgeschliffene Steinplatten, über denen die Hitze steht und die übersät sind von funkelnden Muscheleinschlüssen, Perlmuttspuren versteinerter Meere, wie Lily sie unter dem Fuß hatte.

Nichts kann bleiben.

Beim Abstieg denke ich an Ransmayrs *Auf und davon!* Selten ist es Flucht, meist die Sehnsucht nach An-Schauung des Fremden, wohl wissend, daß auch dies nur ein Anfang ist, daß es nie genug sein wird, denn das Ziel ist immer jenseits. Aber wohin immer er reist, wovon immer er berichtet, es dient dem Öffnen des Blicks. Er hat niemanden missioniert, niemanden gezählt. Er kommt, um zu schauen, zuzuhören und zu lernen, um zu bewundern und zu danken. Was er von den Reisen zurückbringt und überallhin wieder mitnimmt? Die Erkenntnis, daß es keine Hierarchien von Völkern und Kulturen gibt. Und „eine gewisse Immunität gegen Ideologien und alle Arten von Dogmen". Aufklärung. Lumières. Licht.

Im Quellwasser der Steyr waschen wir Staub und Schweiß von der Haut. Sieben Mal tauchen wir unter, das macht frei und leicht für das Neue.

W. und ich werden nach Hause fahren in unsere Mansarde im Toten Gebirge, wo unsere gemeinsame Geschichte begann. Wir werden sie nicht zu Ende erzählen. Wir wollen sie leben.

Und Christoph Ransmayr wird zu seinen Almhütten im Land der vielen Seen zurückkehren, zu den besonderen Menschen auf einem der vielen Höfe, zu seinen Tieren, Wiesen und Wegen, einem gemauerten Marterl und zu seinen Teleskopen. Vielleicht brennt in der unteren Hütte Licht und er wird erwartet. Er wird John Surmans Saxophonsolos auflegen und die Wut und den Schmerz darüber vergessen, daß wir auf der Bühne des Daseins Bestien und Engel zugleich sein können, Helden und Verräter, und er wird aus der *letzten Welt* eine neue, tröstlichere erstehen lassen durch die Verwandlung in Poesie. Und später wird er vielleicht zur oberen Hütte gehen, die nachts den tieferen Himmel hat, die samtweiche Finsternis. Er wird mit sich allein sein und die Melodie des Firmaments hören. Erst gegen Morgen wird er den Schlaf suchen und in seinen Träumen an neue Geschichten streifen und bisher ungedachte, lebenstrunkene Bilder entwerfen, und er wird sie irgendwann niederschreiben in der Magie seiner Sprache. Und die Menschen werden sie weitererzählen wie alle Geschichten, die je erdacht wurden, und sie

werden zwar nicht für alle Zukunft unvergeßlich bleiben und ganz gewiß nicht für die Ewigkeit, aber zumindest bis zu jenem Tag, an dem das Gedächtnis ihres letzten Zuhörers erlischt.[15]

Tristan, Tarrenz und Tamangur

Seillans, in der Nähe von Nizza. Brennende Sonne, azurblaue Küste. Dunkel war es im kleinen Raum der Villa, es war kalt, es war Januar. In seinem „Mönchszimmer" starb qualvoll Bruce Chatwin, der Weltenreisende und Spurensucher im Unbekannten. Die neu aufgestellten Kalender zeigten das Jahr 1989.

Fünf Jahre später kam ein anderer Rastloser nach Seillans. Er kam aus Tirol. Er nahm Quartier in einem Haus, in dem der Dadaist Max Ernst gelebt hatte. Der junge, zwei Zaunlatten hohe Mann hatte beschlossen, Schriftsteller zu werden, jetzt ein „richtiger". Im heißen, lichtprallen Sommer des Jahres 1994 schrieb er seinen ersten Roman: *Finis Terrae*. Gleich am Anfang ging er ans Ende.

Er hatte bis dahin zwei umfangreiche Bild- und Text-Bände über Dadaismus veröffentlicht, die als Sensation galten, und Gedichtbände, die die Liebe und den Tod besangen. Der erste hieß *Macame* und verwies in Titel und Form auf Arabisches. Der junge Mann, er war gerade dreißig, war zwar in Landeck am Inn geboren, aber nach mehreren Ortswechseln in Tunis aufgewachsen. Zu Hause wurde Deutsch gesprochen, in der Schule Französisch und das Leben auf der Straße war arabisch. Der Klang, die Musik, das Fremde blieben das Prägende für immer.

Als er mit zehn Jahren nach Tirol zurückkam, war es zu spät, um ein Heimatgefühl zu entwickeln. Zum ersten Mal jedoch in diesem Land der Berge und engen Horizonte erfuhr er es in der Literatur: als er, noch als Student, entdeckte, daß der Kreis um die Dada-Künstler Max Ernst, Hans Arp, Tristan Tzara, Paul Éluard und André Breton zwei Sommer lang im tirolerischen Tarrenz verbracht hatte und er sich in das Spiel ihrer Sprache, Ideen und Bilder verlor. Jetzt erst war Raoul Schrott angekommen.

… wort das keine wurzel hat und keinen stamm
der widerspruch sub rosa ich habe deine brauen nicht
geflochten deine wimpern nicht gekämmt dein haar nicht
gesagt[1]

Wir sehen uns im Gasthof Sonne in Tarrenz, hatte Raoul am Telefon gesagt. Tarrenz? Ich mußte den Ort erst auf der Landkarte suchen. Schrott hat viele Wohn- und Lebensorte, Nordafrika etwa, Landeck und Innsbruck, Paris, Südfrankreich und Wüstengegenden und Irland und und … Zu Hause ist er im Grunde nur in der Sehnsucht und der Sprache. Tirol und seine südwestlichen Grenzlande sind konstante Wiederkehr-Landschaften. Und so sind wir hier, im vierhundert Jahre alten Gasthof Sonne, wo sich die Dada-Dichter und -Künstler eingemietet hatten und sich täglich am runden Stammtisch zusammenfanden. Das hat eine schöne Konsequenz. Hier hat alles angefangen.

Zum einen ist DADA, nicht nur als Bewegung, sondern auch als Geisteshaltung, historisch geworden; die Zeit der großen Umbrüche scheint vorbei, was sich jetzt anbahnt, ist die große Dekadenz, die mit einem fast manischen Bestreben nach Rationalisierung einhergeht … Das, was sich an gegenwärtigen Parallelen zu Dada herziehen läßt, steht mit der allzu großen Betonung des Absurden, des Nihilistischen, der so süßlich penetranten Betonung der Ausweglosigkeit an sich, im krassen Widerspruch zu den Absichten Dadas, die an der Oberfläche spielerisch und provokant wirkten, dahinter sich jedoch mehr als nur doppelbödig zeigten.[2]

Was der Vierundzwanzigjährige in der Einleitung zu *DADA 21/22* schrieb, war zugleich Lebensentwurf seiner selbst und Abgrenzung zu postmodernen Strömungen. Fortan war er auf der Suche nach einer inneren Balance im Antagonismus verschiedenster Kräfte, wandte sich gegen die Vorherrschaft der Rationalität und erprobte seinen eigenen Grenzgang zwischen Leben und Kunst. Reiste durch die Welt der Länder und Literaturen, der Sprachen und Mythen, kam zu Gilgamesh und Homer, Ultima Thule, Tristan da Cunha und in die Fünfte Welt der staubigen

Wüstenleere des Tschad und sucht, wo immer er ist, in der verwirrenden Vielfalt seiner Figuren sich selbst:

> … alle leihen sie mir ihre Maske, um mich durch sie sagen zu lassen, was ich bin, besser, was ich sein möchte, nein, was ich gerne gewesen wäre.[3]

Der Gasthof Sonne im rätoromanischen Ortskern von Tarrenz liegt direkt an der Durchzugsstraße von Imst über den Fernpaß und Reutte nach Bayern. Es ist später Samstagnachmittag, dichter Verkehr, es war ein prächtiger Tag zum Skifahren, jetzt sind alle auf dem Heimweg. Nur ein paar Reisende verirren sich in die Wirtsstube für ein Bier oder eine Leberknödelsuppe, bevor sie weiterfahren. Raoul, W. und ich an unserem runden Erkertisch, dessen Platte zwar neu, dessen Gestell aber noch aus der Dada-Zeit stammt, haben es gut. Wir können bleiben.

Dada in Tirol? Die waren doch in Zürich, Köln, Paris, New York! Raoul Schrott machte die sensationelle Entdeckung, daß sich die Gruppe zwischen 1921 und 1923 in Tarrenz zusammenfand – zwei entscheidende und produktive Jahre. Salzburg und Innsbruck waren überfüllt, Tarrenz war abgelegen und billig. Für das Geld, das in Paris gerade für einen Kaffee reichte, konnte man hier eine Woche leben, hieß es scherzhaft.

Die Dadaisten waren wie eine Bande von anarchistischen Gauklern in jene Germanistik-Seminare eingebrochen, die den Studenten der Komparatistik längst zu langweilen begonnen hatten. Auch ein England-Aufenthalt an der Universität von Norwich, wo W. G. Sebald lehrte, hatte nicht die Befreiung gebracht. Er war auf der Suche. Er las Albert Camus und vertiefte sich in die Surrealisten. In beiden fand er eine Sprache, die nichts mit der alltäglichen gemein hatte, sondern ihre Zeichen einsetzte, als wollte sie sich über etwas ganz anderes verständigen. In beiden war der Verfremdungseffekt deutlich: Wirklichkeit zu zeigen und sie gleichzeitig zu verfälschen. Das gefiel ihm.

Als er auf dem Umweg über Walter Serners geschliffene Sprache und H. C. Artmanns Idee des poetischen Actes die Figuren des Hochstaplers, des Schelms und des Schamanen entdeckte, auch die écriture automatique, das Vexierspiel aus dem Nichts und die Nähe von Literatur zu Musik und bildender Kunst, war Schrott schon im Zentrum dessen, was ihn die nächsten Jahre bannen sollte: im Dadaismus. In Paris vermittelte ihm der französische Dichter Philippe Soupault, für den er ein Jahr lang arbeitete, den Zugang zur berühmten Bibliothèque Doucet, wo der Nachlaß der Surrealisten und Dadaisten aufbewahrt wird. Es war eine Fundgrube der Sonderklasse, aus der der Student mit dem Enthusiasmus der Jugend aus Tausenden Texten, Briefen, Manifesten, Fotos, Zeichnungen und Bildern seine Dissertation erstellte. Sie wurde schließlich zu zwei großformatigen Prachtbänden ausgebaut, die 1988 und 1992 im Haymon Verlag erschienen. Aufsehenerregend war nicht nur die Entdeckung des Tirol-Bezuges, sondern auch die Methode, anhand von zwei Jahren ein Gesamttableau zu entwerfen: Dadaismus als Ausgangspunkt der Moderne und zugleich als Endpunkt einer humanistischen Tradition.

Hier am runden Tisch der „Sonne" erstehen die Bände durch Raouls Interpretationen zu bewegtem Leben. Er zeigt und verweist und erzählt, wer wen und wie befruchtete und wie das Spiel mit Worten, Formen und Farben zugleich ein Protest gegen die herrschende Gesellschaft war, was auch für ihn selbst gelte. Liest eine Textstelle von Max Ernst vor:

> DADA war ein Ausbruch einer Revolte von Lebensfreude und Wut, war das Resultat der Absurdität, der großen Schweinerei dieses blödsinnigen Krieges. Wir jungen Leute kamen wie betäubt aus dem Krieg zurück, und unsre Empörung mußte sich irgendwie Luft machen.[4]

Und Raoul erzählt weiter, wie die Dadaisten das Tiroler Manifest *Dada Au Grand Air* entwarfen, es in Innsbruck drucken ließen und Hans Arp zum 35. Geburtstag widmeten, wie sie die Kraft der Natur und Sigmund Freuds Psychoanalyse entdeckten, welche Bergtouren sie gemeinsam machten, wie im Hochsommer noch Schnee fiel, welche Liaisonen es gab und welche Dreiecksgeschichten, und wie gerade jene Jahre bereits den Keim des Auseinanderbrechens in sich bargen. Und er führt uns lachend vor Augen, wie er gemeinsam mit Gerald Nitsche – später stieß Benno Peter dazu – die schier unendliche Materialfülle selbst mit Hand zusammenschnipselte und -klebte und in der kleinen Druckerei der Familie Plangger in Landeck Tage, Nächte und Ferien verbrachte. Wie er in Michael Forcher einen Verleger fand – auch er noch am Beginn seiner Laufbahn –, der ihm nichtsahnend und großzügig freie Hand ließ, und daß es für beide der Start in internationale Anerkennung wurde.

Viele Fotografien zeigen die Dadaisten in Tarrenz. Sie stehen im Obstanger des Gasthofs Sonne, sie gehen schwimmen oder bergsteigen, umarmen sich und die Frauen, stellen sich in Pose und machen ihre Späße. André Breton war hier auf Hochzeitsreise, Max Ernst hat Paul Éluards verführerische Gala geliebt, die später weiter zu Salvador Dalí ziehen wird. Die Zimmer sind kaum verändert. W. und ich machen kein Licht, bevor wir schlafen gehen. Der Blick ist derselbe wie damals: auf die geschwungene Holzverzierung des Dachfirsts, die Lochmuster des Balkons und den Tschirgant unter dem Mond.

Es war nicht die Angst oder die Nacktheit, es war nur ihr Körper, der mir zu schwer war, daß ich nicht wußte, wo ihn anfangen, weil da nichts war, das ich wiedererkannte von mir. Er war groß und weit wie die Erinnerung, die Erinnerung an Landschaften, in denen ich mich verloren hatte, weil sie mit jedem Jahr wechselten und meine Eltern von einem Ort zum anderen zogen, Orte, die ich einen nach dem anderen wieder aufsuchte und doch nichts wiederfand, außer Männer, mit Männern zu schlafen, das war einfach, es brauchte kein Zimmer dafür, die Erregung blieb in mir, sie reichte nicht weiter hinaus … es war etwas, wo es keine Scham gab, man bei sich blieb und nichts einen in Frage stellte.[5]

Der Archäologe Ludwig Höhnel, die Hauptfigur von Raoul Schrotts erstem Roman *Finis Terrae*, schreibt dies in seinen Aufzeichnungen. Alle Grundmelodien, alle Motive für Schrotts spätere Werke sind hier bereits angelegt: die kunstvolle Anordnung von Materialkonvoluten aus Briefen, Notaten, Nachlässen, Logbüchern und historischen Quellen, die Überschneidung von Realität und Fiktion, Zeiten und Orten, ihre Verknüpfung zu romanhaftem Geschehen, die Themen um Liebe und Tod und die Sucht nach Entdeckungen.

Ich sitze allein beim Frühstück. W. liest noch im eben erschienenen Logbuch *Die Fünfte Welt*, das uns Raoul gestern abend mitgebracht hat und das seine Expedition zum „letzten weißen Fleck auf dem Atlas", dem Länderdreieck zwischen Tschad, Sudan und Libyen, beschreibt. So spannend, sagte W., da kann ich jetzt nicht aufhören. Raoul wird später kommen, Innsbruck ist derzeit vorübergehend sein Lebensmittelpunkt. Draußen rollt der Urlauber-Verkehr, diesmal in südliche Richtung, in die Tiroler Skigebiete.

Ich habe Zeit, bin gut verortet. Viele Bücher habe ich um mich herum aufgelegt, schaue nach, überlege. Es ist hilfreich, vom Kleinen aus das Große zu denken. Unser runder Erkertisch ist das Zentrum für Raoul Schrotts Weltreisen.

Die Reisen zielen auf eine undefinierbare Weite, auf Meer, Wüste, Horizont und Zenit. Oder sie benennen konkrete Orte rund um den Erdball: Buchara, Youf Ehakit, Monreale, Bishop's Luck, Poros, Lissabon, Laas, Jakarta … Reisen sind Lust, Abenteuer und zugleich Wegmarken der Einsamkeit. Meist gehen sie an ein Ende: der Welt, des Wissens und der eigenen Möglichkeiten. Menschen tauchen auf, forschen, sammeln, mühen sich, folgen der brennenden Sehnsucht nach Erkenntnis und Nähe und gehen verloren in den tausend Rätseln des Seins und der Zeit. In kontrastreichen Stimmen verwirbelt Schrott Weltgeschichte und Individuum zu einem Ganzen, in dem Leben und Sterben in ein Bündel von Mythen, Hypothesen und Landschaften eingebettet sind, verwoben in greifbarer Sinnlichkeit. Denn was mich, bis heute, an der Literatur interessiert, sagt Raoul, ist das Taktile, daß man sie riechen, schmecken, spüren, sehen und hören kann.

Ich sehe ihn als Kind durch Sidi Bou Said nahe Tunis gehen. Er ist geblendet vom Meer und der Brechung des Lichts, die Straßen sind laut, die Blüten orientalisch, die Kleider bunt, sie wehen im Wind, es riecht nach Gewürzen, noch versteht er die Sprache der Menschen nicht, aber sie singt in seinem Ohr, sinkt in sein Gedächtnis. Schönheit hat immer auch etwas Fremdes.

Durch das Fremde hindurch gibt es ein Ziel: Selbsterkenntnis.

Als hätte ich erst eine Geschichte erfinden müssen, nur um mir nicht in die Augen sehen zu müssen. Als bedürfe es all dieser Kulissen und Fassaden. Als hätte ich schon immer unter einem Bann gestanden.[6]

Schrott ist ein leidenschaftlicher Spurensucher, ein Träumer der Verführungen. Auch ein Grenzgänger zwischen Poesie und Naturwissenschaft, zwischen Homer und Albert Einstein, Dante und Nils Bohr, der modernen Hirnforschung und der eigenen Kraft zur Deduktion, so abenteuerlich vielwissend, daß ihn manche mit dem Wort „Genie" in Verbindung bringen. In *Finis Terrae* vergleicht er Gedanken mit den Schichten eines Gesteins, definiert er Empfindungen als Eigenschaft der Materie und stellt den Menschen in die Zwangsläufigkeit der Naturgesetze. Im Roman *Tristan da Cunha*, der auf der entferntesten, abgelegensten aller Inseln zwischen Brasilien, Afrika und der Antarktis spielt, wird er zum Geographen, Geologen, Historiker, Landvermesser und zum Erforscher des Eises, der nautischen Dämmerung und der astronomischen Nacht. Und im Gedichtband *Tropen. Über das Erhabene* setzt er sich mit der geometrischen und der physikalischen Optik auseinander, mit den Phänomenen von Licht, Wellen und Quanten, mit Spiegelungen und, als eines von vielen Beispielen, dem Schatten, den die Erde auf die Atmosphäre wirft – und ich lese und überfliege …

die pinien auf dem fels lodern schwer auf
in grünen schwaden · dann ist das meer ein ölgetränkter
fetzen stoff von dem die gischt sich ihre streifen reißt

während das wasser gegen den geradelauf
der sonne zurück zur hafenmauer brennt
ein tanker unter der brücke einer dämmerung · es greift

über auf die gestapelten stämme der wolken und wirft
ihre schatten tief in den osten …

        … es ist als sähe man die erde
in der drehung feuerfangen …[7]

Was liest du denn da, fragt Raoul und lacht und zieht seinen Schaffellmantel aus, bestellt einen großen doppelten Espresso und gibt mir einen Stein, der noch warm ist von seiner Hand und mit weißen Linien im Schwarzen gezeichnet.

Später gehen wir eine Allee entlang, die der Lieblingsspaziergang der Dadaisten war. Sie führt vom mittelalterlichen Schloß Starkenberg, das heute zu einer Brauerei geworden ist, zu einem kleinen See. Im Winter kann man hier eislaufen, sommers im Quellwasser baden. Arp, Breton, Ernst, Éluard und Tzara hatten die Badehütte gemietet. Tzara ist mir der liebste, sagt Raoul: „... eleganter Sprung in die andere Sphäre; Bahn eines wie ein klangvoller Diskus vorgeworfenen Wortes Schrei ..." Tzaras Muttersprache war Jiddisch, seine zweite Rumänisch, seine dritte Deutsch, seine Gedichte aber schrieb er in hochartifiziellem Französisch.

Die Allee ist kahl, Laub auf dem Weg. Die Wiesen im Winterlicht. Das breite Tal der Gurgl liegt tief unter uns und gelbbraun unter den Schneebergen. Schöne Grafik der verstreuten Heustadel. Die Landschaft erinnert mich an die Moorebene im Süden von Salzburg, wo H. C. Artmann in seinem holunderumstandenen Haus lebte und einmal Schrott als gelehrten Poeten bezeichnete: „Wenn ich heute anfangen könnte, würde ich gerne dort weitermachen, wo er ist." Es war eine Wahlverwandtschaft. Auf Artmanns Rat hin lernte der Jüngere Gälisch. Aber da war Raoul Schrott längst schon auf dem Pfad der vielen Sprachen, Dialekte und Sprachinseln, der lebenden und untergegangenen, der europäischen und der fernen Völker im Norden Afrikas und des Orients. Auch hier geht er ans Ende, das ein Anfang ist: zum Gilgamesh-Epos, das dreitausend Jahre vor Christus im Zweistromland entstand, das er mit zwei Altorientalisten gewagt aus dem Akkadischen übertrug und ihm seine eigene, zeitnahe Gestalt gab. Schon 1997 hatte er mit einem Kompendium Aufsehen erregt, das er *Die Erfindung der Poesie* nannte, *Gedichte aus den ersten viertausend Jahren*. Er endete mit walisischer Poesie aus dem 14. Jahrhundert, ging zurück über arabische und hebräische Dichter zu den irischen Mönchen, römischen und griechischen Beispielen und begann mit den ältesten Überlieferungen, der Lyrik der sumerischen Dichterin Enheduanna.

> Sein wort
>> bricht die kornähren
>> von ihrem langen halm
>
> Sein wort
>> steigt über die dämme
>> und überflutet die felder
>
> Sein wort
>> fällt die stämme
>> der thala und der tamarisken ...[8]

Das Wort und die Götter und die Machtlosigkeit des Menschen – das ist es doch, was uns immer noch bewegt, sagt Raoul und wir stehen frierend am Geländer des Dadaisten-Teiches von Tarrenz. Und W. lenkt das Gespräch auf die Griechen-Nachdichtungen, wir haben die Aufführung der *Bakchen* des Euripides im Wiener Burgtheater gesehen. Nicht Wort für Wort, sondern Sinn für Sinn übersetzen, das sei ihm wichtig, sagt Raoul. Das Altgriechische ist ihm nahes, eigenes Leben. In den Mythen, Dichtungen und Philosophien findet er die farbige Lebendigkeit, die er überall sucht. Seit Monaten arbeitet er an einer Übertragung von Homers *Ilias*. Und fortgerissen vom Thema, erzählt er von seinen jüngsten Theorien über das Rätsel der Heimat Homers, die so noch nie gedacht wurden und Disparates so schlüssig zusammenfügen, daß nichts anderes mehr möglich scheint. Und auf dem runden Erkertisch in der „Sonne" zeichnet uns Raoul die Geographie seines Forschungspuzzles auf, wo alle Indizien wie in einem Kaleidoskop zusammenfallen, wir sind sprachlos, und lachend fügt er hinzu: Aber ihr dürft noch nichts verraten, das wird …

Ja. Es wird eine große Aufregung werden im Bücherfrühling 2008.

Wenn der Text gut ist, dann ergibt sich aus ihm eine unerschöpfliche Fülle von Bezügen, Querverweisen, Ambiguitäten, Anspielungen, Interpretationen, als wären die paar Sätze wirklich Knotenpunkte eines Netzes, mit dem sich alles und nichts fangen läßt, weil es ohnehin wieder durch die Maschen schlüpft – aber das ist zumindest etwas.[9]

sagt Raoul Schrott in seiner Grazer Poetikvorlesung 1997. Da war er bereits tief eingetaucht in sein bisher umfangreichstes Romanwerk: *Tristan da Cunha*. Fast ein Jahrzehnt hat er daran gearbeitet. Um dieses Buch schreiben zu können, ging er nach Irland: um diese Landschaft, die Küste, die Menschen dort zu sehen, zu studieren, zu spüren, Ähnlichkeit zu simulieren. Auf der Insel Tristan da Cunha im Unendlichen des Meeres zwischen drei Kontinenten war er nur wenige Stunden gewesen. Denn nur einmal im Jahr, zur Weihnachtszeit, kommt das Postschiff, vielleicht dazwischen einmal ein Transporter für Antarktisforscher. Das wäre ihm zu lang, zu unsicher gewesen. So kam er mit der RMS ST. HELENA und fuhr am nächsten Tag wieder ab. Und entwarf einen Roman, der glauben läßt, er hätte immer dort gelebt.

Tristan da Cunha. Allein der Klang des Namens faszinierte ihn, der die mittelalterlichen Gestalten aus Gottfried von Straßburgs Versepos *Tristan und Isolt* liebt seit je und alle früheren Fassungen kennt, die noch plastischer sind. Die großen Liebenden, die große Geschichte der Sehnsucht. Das war sein Stoff. Und die Insel sein Mikrokosmos, der Ort, wo die ganze Welt durchgeht, sagt Raoul am Tisch in Tarrenz, Gletscher, Land, Insel, Meer, Vulkan. Obskures Objekt der Begierde. Und die Lust, vier Erzählperspektiven in vier Schicksalen ineinanderzuschachteln, wie Kammermusik zu instrumentieren. Am liebsten unter-, mit- und nebeneinander, er hat alles mit Kurzzeitgedächtnis geschrieben, sagt er.

Die Spieler des Geschehens sind: Noomi Morholt, Wissenschaftlerin, die in der Antarktis Forschungen über das Polarlicht betreibt. Christian Reval, Landvermesser, im Zweiten Weltkrieg auf Tristan stationierter

Funker und 1969 unter ungeklärten Umständen auf einer vorgelagerten Insel ums Leben gekommen. Edwin Heron Dodgson, Priester, Bruder des berühmten Lewis Carroll, soll im 19. Jahrhundert die Insel missionieren. Und schließlich Mark Thomsen, passionierter Briefmarkenhändler, der anhand seiner Sammlung die Geschichte der Insel rekonstruiert.

> In den Chimären meiner Vorstellung wird nun alles wiederaufersteh-
> hen; ich werde einer Welt Kontur geben, den Küstenlinien und Rif-
> fen rund um diese meine Insel, diesem Inbegriff der Welt und jeder
> Genesis, wie sie mit dem Wort beginnt, Zeile um Zeile, hier und jetzt,
> im Schatten, den meine schreibende Hand aufs Blatt wirft, während
> der Bleistift seinen Strich zieht, unter alles, in der Endgültigkeit jeder
> Schrift, der einzigen uns zugänglichen Unsterblichkeit.[10]

Auf Tristan da Cunha fallen Zeit und Raum zusammen in der Erzäh-lung der grundlegenden Muster unserer Existenz zwischen Hoffnung, Scheitern und dem Verlangen nach dem ganz anderen. Politisch ist es hier das Experiment einer idealen Gesellschaft, die auf den dreißig Morgen kultivierten Landes und von einer Handvoll Bewohnern in Ansätzen entsteht, „eine Gemeinschaft, die dem Prinzip der Gleichheit, der Brüderlichkeit und der Freiheit folgte, auf einer Insel, die wie jede Utopie mitten im Ozean liegt".

Der Schriftsteller Rui, der einen Roman über Tristan da Cunha schreibt, ein weiteres Alter Ego des Autors ist und Noomi Morholts letzte große Sehnsucht wird, faßt in einer Internet-Nachricht an die Polarfor-scherin, die er seine „Isolde" nennt, alle Motiv- und Motivationsstränge zusammen:

> ... eine Insel ist eben von vornherein allegorisch – letztlich für alles,
> für die Glückseligkeit und den Tod: ein Symbol für das Wasser,
> das sie umgibt, für die Luft, indem sie den Winden ausgesetzt ist,
> dem Feuer der Sonne, die ihre Zeit bestimmt, der Erde, die sie ist.
> Unerreichbar mitten im Ozean. Ein Emblem des Unbewußten und
> das mythische Bild der Frau, der Jungfrau und Mutter – oder was
> immer wir Männer in sie projizieren; warum sonst bin ich Schrift-
> steller geworden, wenn nicht dieses Eros wegen? ... Es ist in diesem

Sinne, daß Tristan, tödlich verwundet vom Riesen Morholt – um auf Dich zurückzukommen – in einem Boot ohne Segel ausgesetzt wird, ein Spielball der Wellen, an die Küste Irlands treibt, wo er zum ersten Mal seiner Isolde ansichtig wird …[11]

Für jede der Hauptfiguren gibt es eine Marah, das Mädchen, die Frau. Jede ist anders, alle werden sie gleich im Wunsch, sie zu lieben, und in der Verzweiflung, sie nie erreichen oder auf Dauer halten zu können. Isolde in immer anderen Gewändern. Liebe in allen Facetten von Begehren, Qual, Demütigung und Neubeginn, Wunschlosigkeit, Glück: „… ich will sie wollen: die Liebe." Liebesgeschichten, die an ein Ende kommen, am Ende sind. Ausdruck eines Pentagramms der Sehnsucht – das Paradies ist immer auf der anderen Hälfte der Erde.

Für Noomi ist Rui das herbeigewünscht Fehlende. „Das Desiderat meiner Liebe; *de sider-, sidus*: von den Sternen." Vergebens. Rui, der so betörende Worte für sie fand, schreibt in seiner letzten E-Mail:

Um es kurz zu machen: Ich habe eine Frau getroffen … Fühle mich verwirrt. Durch sie vervollständigt. Und in Frage gestellt. Verstehe es selbst nicht. Im Augenblick kann ich einfach nicht mehr sagen. Was nicht heißt, daß ich Dich vergessen habe. Nur daß sie Dir sehr ähnlich sieht. Rui.[12]

Raoul ist längst zurück nach Innsbruck gefahren. Am runden Erkertisch der „Sonne" habe ich W. diese Zeilen vorgelesen. Es ist Abend, der Verkehr zieht wieder Richtung Deutschland. Es ist nichts davon zu hören, die neuen Fenster sind schalldicht. Nur eine Kette von Lichtern treibt lautlos durch das alte Bauerndorf. Ich habe W. wieder einmal diesen trockenen Abschiedskommentar Ruis vorgelesen, und wieder läßt er mich ratlos zurück. W. nimmt meine Hand. Er kennt meine Wut, oder ist es Trauer, über dieses Ende. Dieses Finale einer Liebe und eines großen Romans. Und wieder debattieren wir über schriftstellerische Strategie und dramaturgisches Kalkül.

Aber es hilft nichts. Ich empfinde es als Verrat an den Figuren. Vielleicht habe ich sie zu lieb gewonnen in diesem langen, schönen Buch. Ich will sie mir nicht so sang- und klanglos aus der Phantasie, die mir Realität

geworden ist, streichen lassen. Das ist die Macht der Literatur, würde Rui/
Raoul vielleicht sagen und auf das Perpetuum von Erreichen und Verlieren
verweisen und die Selbstironie ins Spiel bringen, die er in der Literatur ein-
fordert, die Distanz, die hilft, von sich abzusehen und eine Elle zwischen
Ich und Welt zu legen. Die Rolle des Schelms, wie er sie bei den Dadaisten
fand, wäre ihm immer noch die liebste, hatte er nachmittags gesagt. Wir
waren unter den Obstbäumen des Tarrenzer Gastgartens hin- und her-
gegangen und hatten zu den Fenstern der „Sonne" hinaufgeschaut, hinter
denen sich so viele Assoziationen verbergen. Ich nehme ihm die Narren-
kappe nicht ab. Ich schlage noch einmal *Tristan da Cunha* auf und lese:

> Dieses Ich, das ewig ein anderer ist. Als erführe man es nur im Fort-
> gehen, in einer Trennung und in der Imagination eines anderen
> Ortes; die Projektion aller Einsamkeit auf das Fremde.[13]

Um mich selbst auf eine andere Spur zu führen, versuche ich das Gespräch
auf Masken und Larven zu lenken. Sie gehören zu Raouls Lieblingsmeta-
phern in allen seinen Büchern, sage ich zu W., er spricht von Blaupause,
Wachsabdruck, von Goldmasken, Maskenbällen und Kostümen und …
W. unterbricht mich. Ich hätte es wissen müssen. Er haßt Masken, er ver-
achtet oder fürchtet Menschen, die sich verbergen und denen man nicht
in die Augen sehen kann. Jeder Schriftsteller braucht das, erwidere ich,
alle seine Figuren und Geschichten sind letzlich Konfigurationen seiner
selbst. Laß uns Schluß machen, sagt W., wir haben genug diskutiert. Er
hat recht. Wir trinken noch die Flasche Rotwein aus, sehen, daß das
Leben auf der Dorfstraße zur Ruhe gekommen ist. An der Kirchturmuhr
von Tarrenz läßt sich die Zeit ablesen. Es ist spät.

Irgendwann wache ich auf. Habe sofort Raouls Satz im Ohr, den er
am Dadaisten-Tisch sagte: Ich werde oft für einen Reiseleiter oder Ski-
lehrer gehalten. Er hatte gelacht, aber es stört ihn. Vielleicht hätte er,
überlege ich, gerne eine unnahbare Aura, die der Literaturbetrieb so liebt,
nicht die des netten Naturburschen, bodenständig und berglerisch. Im
Stillen scheint es die Sehnsucht zu geben, als der zu gelten, der er ist:
Poet, Gelehrter, Kosmopolit.

Masken, denke ich. Leichter in der Literatur zu erdenken als im Leben
zu haben.

Von einer Maske seiner Kindheit hatte er uns erzählt. Sie paßte wie für ihn gemacht, die Öffnung des Mundes, der Schlitz der Augen, die Form des Kopfes. Sie war aus Zirbenholz geschnitzt. Und so kamen wir im Gespräch auf den Tamangur.

God da Tamangur. Wir hatten den Namen noch nie gehört. Er klang und schwang, und das Rätselhafte zog uns sofort an. Am folgenden Tag brachte Raoul zwei dicke Bände eines rätoromanischen Wörterbuches mit, das er sich eigens gekauft hatte, um das Wort zu entschlüsseln. Aus jeder Etymologie lassen sich herrliche Funken schlagen, sagte er: „taman" dürfte von „temere" kommen, erklärte er an unserem Erkerplatz, dem Lateinischen „fürchten". „gürer" bedeutet den Wald bannen, auch: von der Nutzung ausschließen, und hat eine Verbindung zu „giurare" – „jurer" – „gürader": die Geschworenen. Und „god" leitet sich von germanisch „wald", italienisch „gualdo", altfranzösisch „gaut" ab und wurde im Räto-romanischen zu „god".

God da Tamangur ist der höchste, geschlossene Zirben- oder Arven-wald Europas.

Ihr müßt unbedingt hin, sagte Raoul.

Für mich ist der Tamangur ein magischer Ort.

Der God da Tamangur ist von Scuol im Unterengadin erreichbar oder über die Berge vom Münstertal aus, dem graubündnerischen Val Müstair. Das kennen wir nicht, so haben wir diese Route gewählt. W. und ich haben die Tourenskier dabei, es ist stabiles Schönwetter.

Das Val Müstair ist ein verträumtes Tal. Abgelegen und unberührt im Vergleich zu den berühmteren Nachbarn Vinschgau und Engadin. Nur im Sommer brechen Horden von Motorradfahrern ein und zerdröhnen die Stille, wenn sie über die Pässe fahren: den Ofenpaß und den Umbrailpaß Richtung Stilfser Joch. Mountainbiker finden Wege bis hinüber zum Berninapaß. Traumstrecken, erzählt man uns stolz, durch Hochwälder und über Almböden, Hunderte von Kilometer. Man könnte bis Poschiavo kommen.

Jetzt ziehen sich Loipen durch die lichten Lärchenwälder, einsam. Das Skigebiet von Tschierv ist klein und so verschroben alt, daß es in seinem nostalgischen Flair berührend ist. Fast mit Bedauern sieht man die Projekte, die in Planung sind. In den stillen Orten plätschern die Brunnen, die langgestreckt sind und zwei Becken unterschiedlicher Höhe haben, niemand kann mir sagen, warum. Die Häuser zeugen von Tradition. In Malereien oder Sgraffiti erzählen sie Geschichten von Fleiß und mühsamer Bauernarbeit. Das Val Müstair ist uraltes Kulturland, das den Schrott-Kindern früh durch die Eltern vom nahen Landeck aus erschlossen wurde. Die Römer waren hier schon durchgezogen und später Karl der Große auf seinen Ritten nach Italien, zur Krönung des Königs der Langobarden oder nach Rom, dem Ziel aller deutschen Kaiser. In Müstair, das dem Tal den Namen gab und seine Entwicklung wesentlich beeinflußte, gründete er 775 ein Benediktinerkloster. Es zählt heute zu den wenigen Kleinodien karolingischer Freskenkunst und romanischer Kirchenarchitektur und wurde zum Weltkulturerbe erhoben.

Wir wohnen im Hotel Central in Valchava. Alle Tristan da Cunhas und Land's Ends sind fern. In der Stube sitzen die Einheimischen, das Rätoromanische hat einen kehligen Klang. Morgens legt die Sonne eine klare Linie über die Berge im Westen, darunter Schatten, darüber bereits leuchtender, gelbrosa Tag. Abends serviert man Heusuppe und Pizokel, auf dem schön gedeckten Tisch stehen Zweige vom Schlehdorn: sie tragen noch ihre dunkelblauen genoppten Früchte und zugleich blühen sie schon in scheuem Weiß.

Gleißend ist das Weiß auf den Gipfeln von Minschuns.

Wir sind auf dem Weg in den God da Tamangur.

Die Bergketten fallen ineinander, türmen sich auf, brechen in Fels und Gletschern, in der Ferne leuchtet der Ortler im Eis. Wir gehen mit den Fellen, hören nur unseren Atem, den rhythmischen Ton der sich hebenden und senkenden Bindung. Die Formen des Schnees sind die gleichen, wie sie Wasser und Wind im Sand zeichnen: Wellen, Rippen, Mulden, Mäander; Täler, Wächten, Schwunglinien auf den Kämmen, messerscharf.

Und über uns das große Blau. Überall nennt man es so: das große Blau. Auch Raoul Schrott hat es hier erlebt, und er hat es überall auf der Welt wiedergefunden und beschrieben, da und dort und an einem Abend in einer fernen Wüste.

Das Blau am Horizont wird größer, es beginnt umso tiefer zu leuchten, während es sich gleichzeitig an seinem Rand ins Weiß auszudünnen beginnt, der Erdschatten aufsteigt hinter mir und die ersten Sterne sichtbar werden. Im Lager drüben sehe ich unseren Fahrern beim Gebet zu und höre ihr „Allah il-Allah", höre, wie sie einen Gott anrufen, dessen Namen aus der einen Silbe Lah besteht, derselben, die auch im christlichen Hallelujah, im *houloi* der Griechen und dem *alala* der Babylonier steckt: nichts als ein Gestus, der in seiner Einfachheit alles Humane beinhaltet – Gott, der nichts als eine Singsilbe ist, ein vokalisches Apostrophieren dessen, was da ist: dieses großen Blaus.[14]

Durch den Funt da S-charl fahren wir ins breite Tal der vielen Quellbäche der Clemgia, an der Alp Astras und Dadaint vorbei, hinein in den gepriesenen Arvenwald mit dem schönen Namen Tamangur. Der rätoromanische Dichter Peider Lansel hat ihn vor nicht ganz hundert Jahren zum Mythos einer bedrohten Volksgruppe und Sprache gemacht und die riesigen, verknorrten Stämme, die der Zeit trotzen, zum Symbol des Überlebens stilisiert.

In den 1930er Jahren war der Wald für die Silber- und Bleibergwerke von S-charl fast abgeholzt, Abraumhalden fraßen sich in die Landschaft. Davon ist nichts mehr zu sehen. Der Wald ist unter Naturschutz gestellt und durch Gedichte, Lieder und Legenden weit über das rätoromanische Gebiet hinaus zu einer Art Nationalheiligtum geworden und ein Pilgerort für romantische Städter.

Jetzt, da wir im Tamangur mit den Skiern unsere Spur durch den unberührten Schnee ziehen, hat das alles keine Bedeutung. Schöpfungsstille. Kein Wind, kein Hauch. Kein Vogel. Kein Mensch. Graugrünes Nadelland. Waldlabyrinth. Die tiefhängenden Zweige der Arven streichen hart übers Gesicht. An den Stämmen mitunter kleine Kugeln von bernsteinfarbenem Harz. Tief in den Schnee eingesunkene Spuren von Hochwild, leichtere Vierhüpfer der Hasen. Kuhlen in den Mulden zur Rast. Dünne, durchsichtige Eisschilder über Almrausch und Preiselbeerkraut, die Früchte tiefgefroren darunter. Graugrüne Flechten an den Felsen, gelbe und rötliche. Umgestürzte Bäume, von Blitz, Sturm und Alter gebrochen, gesplittert im leuchtenden Orange des Holzes der Sonne hingegeben. Bizarre Skulpturen umgestürzter Bäume und verdorrter Äste. Die steilen Hänge funkeln im Gegenlicht, Bronze- und Silberplatten ziehen sich hinauf in den Himmel. Ihre Farbe ist dieselbe wie jene des Meeres bei untergehender Sonne. Vom Gipfel des Monte San Lorenzo aus sieht man den Kirchturm von Meran, hatte Raoul gesagt.

Wir müssen zurück. Hinauf auf den Pass da Costainas und hinüber, hinunter ins Münstertal. Die ersten Schatten fallen bereits auf den God da Tamangur. Das Bergesrund steht noch im Leuchten. Unsere Schritte haben viele Töne: sie rauschen, geigen, orgeln, kratzen. Mitunter sinkt die Spur ein paar Zentimeter nach und macht einen geheimnisvollen Ton, Laut wie aus dem Erdinneren. Der Schnee hat viele Formen: Pulver, Harsch, Firn und Eis, milchweiß oder überzogen mit großen Kristallen. Das breite Tal von Tamangur Dadaint, das im Sommer die paradiesischsten Almen haben muß, bleibt hinter uns. Im Frühling, hatte Raoul gesagt, wenn der Schnee schmilzt und die Erde aufbricht, ist der Duft des Zirbenwaldes ein Rausch für alle Sinne. Gemeinsam werden wir wiederkommen an diesen Ort mit dem geheimnisvollen Klang, der alles birgt, was verlockend und fremd ist.

Auf der Abfahrt kommt man durch das Dörfchen Lü. Es liegt auf einer der schönsten Sonnenterrassen der Schweizer Alpen. Sein Wappen sind drei Sensen auf blauem Grund, das die Fruchtbarkeit der drei Gemeinden Lüsai, Lüdaint und Lü bezeichnet. Es funkelt und gleißt und taut. 69 Einwohner. In der ganz mit Zirbenholz ausgestatteten Kirche wird der Gottesdienst für beide zugleich gefeiert: für Reformierte und Katholiken. Vorbei die Jahrhunderte der erbitterten Glaubenskämpfe zwischen den Dörfern und Familien. Im Tal liegt die Totenwiese von Tschierv, wo Steffa da Lay, der Hexerei angeklagt und enthauptet, 1648 begraben wurde. In den östlichen Grenzgebirgen verlief die Front des Zahn-um-Zahn-Winterkrieges von 1915 bis 1918 zwischen Österreich und Italien. Zehntausende Tote für ein paar Meter, eine Seillänge oder den letzten erstickten Schrei unter den Lawinen. In den Gedichten der *Tropen*, einer kunstvollen Stilform, in der der Blick in die Räume der Geographie auf die Figuren der Sprache übertragen wird, hat ihnen Raoul Schrott ein Denkmal gesetzt.

> … und wies mit den armen den berg hinauf
> zu dem pflock
> der materialseilbahn …
> herab kamen nur mehr die toten
> und auch nur jene
> die außer reichweite des gegners lagen
> die anderen drifteten
> hinunter zum kar
> nicht einmal umrisse mehr oder schatten
> in sieben metern von schnee[15]

Auf dem Kriegerdenkmal von Tarrenz sind die Toten mit ihren Sterbeorten verzeichnet: Col di Lana, Mte Longara, vielleicht fiel einer auf dem Passo Paradiso.

Am Dadaisten-Tisch des Gasthofs Sonne treffen wir drei uns wieder.

Wir erzählen vom Winter-Tamangur, Raoul von seiner Wüstenleidenschaft, die ihn bald wieder fortziehen wird. Die Novelle *Die Wüste Lop Nor* hab ich neben *Tristan* geschrieben, sagt er. Ich hab mich ablenken müssen, manchmal hab ich diese Stürme und den Nebel und die Kälte auf meiner Verlassenheitsinsel nicht mehr ausgehalten. Auch meine eigenen Figuren nicht. Dieser Priester, dieser Dodgson, schrecklich, in seiner

Verklemmtheit! Und dieser Zwang, mich jeden Tag von neuem in ihn hineinversetzen zu müssen! Da hab ich mir die Welt in einem Sandkorn ausgedacht, den Himmel in einer Orchidee. Und drei schöne orientalische Liebesgeschichten dazu. „Erzähl mir eine Geschichte, hatte Elif gesagt. Und mach, daß sie wahr wird ...[16]

In zwei Monaten war die Geschichte fertig. Von zehn bis zehn schrieb er am Roman, nachts an *Lop Nor*. Es tat ihm leid, als die Novelle zu Ende war. Schreiben – aber nie über sich selbst. Denn dazu

> ... bin ich bereits zu lange Tiroler, um nicht zu behaupten, daß der, der ich bin, keinen Menschen etwas angeht, und selbst noch unter Anführungszeichen Dadaist genug, um nicht zu wissen, daß das, was ich bin, niemanden interessiert, und was überdies die Literatur betrifft, so habe ich das Ich darin noch zu betonen schon immer für Koketterie gehalten.[17]

Vom Kirchturm schlägt es zwölf. Die Kellnerin bringt dampfenden Schweinsbraten für die drei Fernfahrer am Nebentisch. Auf der Durchgangsstraße ist heute wenig Verkehr. Die steinerne Kugel an der Straßenfront des Gasthofes zeigt an, daß dies einst eine Herberge für Knappen war. Im Gewölbe des Vorhauses hängen Jagdtrophäen aller Art, verstaubt und mit gläsernen Augen. Jägersprüche da und dort. Kein dadaistisches Gedicht.

Gedichte kann ich nicht als Begleitmusik schreiben, sagt Raoul. Gedichte sind mir das Wichtigste. *Hotels* waren die ersten, die er heute als eigenständig empfindet. Sie haben ihn als Lyriker berühmt gemacht. *hotels des sirènes, djerba, 1.1.93,* die letzten Zeilen:

> der weg
> hinab und der weg zurück waren ein und dasselbe
> dazwischen nur erst dein schweigen dann
> meines der vogelleib und der frauenkopf die zusammen
> für einen augenblick einen körper ergaben
> als du mir um den hals fielst mit einem wink der
> brauen · im saal deckten die kellner schon zum frühstück
> und das klirren der tassen war eine andere einsamkeit[18]

Schrotts *Hotels* reisen in den Taschen vieler Weltenbummler von Kontinent zu Kontinent. Jedes Gedicht hat eine Orts- und Zeitangabe. Das blieb ihm für alle weiteren Gedichtbände, Prosaarbeiten, Essays, Journale, für Logbuch und Weissbuch und Notat, für die Übersetzungen und die sie ergänzenden kenntnisreichen Vor-, Zwischen- und Nachworte: eine Weltkarte der Poesie.

Für mich gibt es drei Ebenen des Schreibens, sagt Raoul und schaut auf die Uhr, bald muß er wieder aufbrechen: die des Gedichtes, die der romanhaften Durchstrukturierung und die der Dokumentation, die von außen nach innen geht und möglichst genau an den Fakten bleibt. Alle: Spiegelbilder der herrlichen, dunklen Fülle des Daseins. Das Gedicht aber ist die höchste Kunst. Der sinnlichste und reflektierteste Umgang mit Sprache. Es muß Musik, Rhythmus, Farbe und Bilder haben. Suggestiv sein, um gehört zu werden. Im freien Spiel assoziieren, das habe er am Anfang von den Dadaisten gelernt: im Halbschlaf reden, die Pferde laufen lassen. Zugleich aber größte Kunstfertigkeit und Präzision in Metren, Sprach- und Stilformen: das ist die Arbeit seines Lebens. Metalepse, Periphrase, Korollarien, Hyperbel, Metonymie oder Tropen, in denen die Worte ihren Blickwinkel verlagern, weg von den Dingen und hin zu Fluchtpunkten, die weit außerhalb ihres Horizonts liegen.

Ein Gedicht ist Schnittpunkt von Welt und Ich, Emotion und Intellekt, Intuition und Logik. Und Raoul zeichnet ein schmal-hohes, leicht geschwungenes Kreuz auf die Restaurantrechnung der „Sonne", ähnlich dem seitenübergreifenden „f" des „für …", wenn er seine Bücher signiert. Ein Gedicht ist der Meteor, in dem man verglüht, sagt er und nimmt es gleich wieder zurück und verweist auf seine ironische *Wolkenputzerei*-Metapher, und da sehe ich ihn schon wieder nach den Masken greifen. Die aus Zirbenholz, die nach einem ganzen Wald duftet, könnte mit dabeisein hier auf dem runden Tisch von Tarrenz: sie ist eine Tarnkappe. Im Grunde hat Literatur für ihn nur eine Legitimation:

… das Aufbegehren gegen ein Leben in all seiner Sinnlosigkeit, ja, ich möchte fast sagen, wenn ich mir für einmal dieses unliterarische Pathos erlauben kann: in seiner kosmischen Komik und Lächerlichkeit. Literatur ist eine poetische Revolte gegen diese Absurditäten.[19]

Raoul Schrotts eigentlicher Ort ist das Wort. Und so schreibt er weiter an seinem inszenierten Maskenspiel im Nichts, schreibt über Meer, Leuchtturm und Insel, Wüste und Sturm; über Endpunkte und Anfänge, Abbilder der Jahrtausende und Splitterbilder des Jetzt. Über das Heilige und den Tod und den Sternenstaub, der wir sind; die Ferne und das Eigene, beide fremd. Schreibt über den weichenden Horizont und die Täuschung des Auges, über das Begehren und die Liebe, weil sie es ist, die allem Lebendigkeit schenkt. Schreibt über Rauschrot und Nachtschwarz. Über die göttliche Komödie, die das Leben ist.

Glas: Schattenzeichnungen an einer Wand; alles, das vom Licht ins Dunkel drängt. Mir ist es für den Sinn des Lebens noch zu früh, aber er läßt nicht locker, will wissen, woran ich glaube. Weder an das eine noch an das andere. Weshalb ich dann schreibe? Wegen dir, dem Mädchen mit seinen roten Haaren und den Augen, die nicht wissen, wohin; aber das geht keinen etwas an. Also antworte ich, daß ich an Nichts glaube, doch weil sich dran nicht gut glauben läßt, schütze ich das Licht und den Blick vor: und habe damit weder etwas gesagt noch dich verraten.[20]

Wolfgang Hildesheimer

Das Weite gesucht

Wochenlang blauer Himmel. Monatelang Winter. Hier sitzt der Tod in den holzvertäfelten Wänden und das Alpenglühen ist für andere. Wenn der Nordföhn die Viertausender herabstürzt, trocknet er alles aus, trägt er alles ab: Holz, Stein oder Fleisch. Im Garten wuchern Oregano und Basilikum. Hier im Puschlav stoßen Gletschereis und Mediterranes ungezügelt aufeinander, Durchgangstal in einem vergessenen Winkel der Welt.

Im Unbekannten ein unbekanntes Dorf, das den Charakter eines Städtchens hat: Poschiavo. Rund dreitausend Einwohner. Für mehr als drei Jahrzehnte Lebensort Wolfgang Hildesheimers. Fast sein gesamtes Werk hat er hier geschrieben und bildnerisch erarbeitet: in der Wohnung im ersten Stock der Casa Gay, einem herrschaftlichen Haus mit ehemaligen Ställen für Säumerpferde, und im Atelier am Ufer des Baches Poschiavino. La valle perduta hieß das Tal früher. Auf einem ortsnahen Hügel wurden Anfang des 19. Jahrhunderts noch Hexen verbrannt. Millemort.

Es ist Ende September. Die Sonne steigt spät über den Sassalb, den hellen Kalkstock inmitten von Urgestein. Sie streift über die Kirchturmspitzen, die Apfelbäume, die Piazza. Erst um halb zehn fällt sie in den langgestreckten Arbeitsraum des Ateliers, läßt das helle, mit Bedacht gewählte Holz warm schimmern. Auf den Milchglasscheiben der Oberlichten bewegen sich Astschatten wie ferne, groteske Tänzer. Auf einem der Tische leuchten die Farben eines Bildes auf, schwarz, grün, ocker, weiß: *Flucht*. Fliehende Vögel. Vorletzte Collage.

Die letzte trug den Titel *Totentanz*. Sie lag noch in der Presse, als Hildesheimer starb. Wenige Stunden zuvor hatte er sie seiner Schwester, die eben aus Israel zu Besuch gekommen war, gezeigt. Sie war ihm Vertraute geblieben über Emigration und Krieg hinweg. Als Kinder hatten sie im großbürgerlichen Hamburger Elternhaus Szenen aus *Lohengrin* und *Sommernachtstraum* gespielt. Und sie war von Anfang an ohne Vorurteil gegen die Entscheidung des Bruders, eine Frau aus dem Land, das sie vertrieben hatte, zur Frau zu nehmen: Silvia. Großes, stilles Paar des deutschen Literaturbetriebs. „Ich selbst besitze keine Briefe meines Mannes an mich", schreibt Silvia Hildesheimer 1999 im Vorwort zur Ausgabe der Briefe von und an Wolfgang Hildesheimer, „da wir mit Ausnahme weniger Tage die vierzig gemeinsamen Jahre immer zusammen verbrachten."

Da saßen sie also zu dritt, am Abend des heißen 21. August 1991, in der bücherreichen Wohnung der Casa Gay, tranken roten Wein, und vor dem Zubettgehen hörte Hildesheimer noch Anton Bruckners Achte Symphonie. Gegen Mitternacht erlag er einem Herzinfarkt.

Und drüben im Atelier der *Totentanz*. Vor ihm stehen wir, W. und ich, und fragen uns, ob dies Zufall war oder Ahnung. Der regulierte Poschiavino rauscht zwischen Steinmauern. In der Pergola treibt der Wind dürre Blätter in Spiralen vor sich her. Kardinalrote Äpfel glänzen im Gras. Eine Woche dürfen wir hiersein.

Puschlav. Einst Tal der Säumer, die vielfältige Waren zwischen Nord und Süd transportierten. Auch im tiefen Winter wurde gesäumt, oft mit dem Spurpferd voran, das unter frischem Schnee die alte, festgetretene Spur finden mußte. Im Süden öffnet sich das Tal dem Veltlin zu, im Rücken und an beiden Seiten ist es umringt von Drei- und Viertausendern: Piz Bernina, Piz Palü und Bellavista und weithin im Rund von Corn da Camp, Sassalb und Pizzo Scalino. Von Chur her gelangt man nur über zwei legendenumwobene Pässe ins Puschlav, den Julier und den Bernina. Oft wochenlang unpassierbar im Tosen der Winterstürme. Hier schrieb Hildesheimer seinen offenen Brief an Max Frisch, in dem er offiziell von der Literatur Abschied nahm:

> Ja, lieber Max, ich habe, weiß Gott, lange genug das Weite gesucht, aber ohne jemandem zu nahe treten zu wollen, was, wie Du weißt, ohnehin nicht meine Art ist, darf ich von mir sagen: ich habe es gefunden.[1]

Hier, in der Enge, hinter den sieben Bergen? Wo er tief, tief unter ihnen täglich die hundert, zweihundert Meter zwischen lichtdurchfluteter

Wohnung und steinschindelgedecktem Atelier hin und her ging? Durch die steinmauerngesäumten Gassen, die in den heißen Sommern Schatten spenden und in den rauhen Monaten Schutz bieten. Wo er das eine oder andere Mal am Karner am Rand der Piazza stehenblieb und durch die leeren Augenhöhlen der Totenschädel hindurch abschweifte, zu Hamlet oder zu Fundstücken auf verlassenen Stränden.

> Ich sehe immer den Schädel hinter dem Fleisch, sehe immer, durch die schönsten Mienenspiele hindurch, dorthin, wo wir letzten Endes alle gleich sind – aber eben erst letzten Endes.[2]

Jetzt blühen in den Gärten Malven und Rosen, Astern, Phlox, Rutbekia, Löwenmaul und Gladiolen. Kohl und Kraut und Fisolen wachsen üppig, Erbsen, Artischocken, Paradeiser und Ruccola. Brunnen plätschern. Glokken läuten.

Wir sind da, um Wolfgang Hildesheimer nach-zu-denken.

Diesem weltläufigen Mann, der 1916 in Deutschland geboren wurde und aufwuchs, 1933 über London nach Palästina emigrierte, dort Möbeltischlerei erlernte, 1937 an die Central School of Arts and Crafts in London ging und Malerei, Textilentwurf und Bühnenbild studierte, bei Kriegsausbruch nach Palästina zurückkehrte, sich als freier Grafiker, surrealistischer Maler und Englischlehrer durchschlug, 1943–46 als Informationsoffizier und Redakteur beim Public Information Office der Britischen Mandatsregierung in Jerusalem arbeitete, 1946 wiederum nach London ging, um seine Kunststudien fortzusetzen und durch Innenarchitektur zu erweitern, vorübergehend in Cornwall lebte, sich 1947 als Simultandolmetscher bei den Nürnberger Prozessen verpflichten ließ, um der brennenden Frage nach der Kollektivschuld nachzugehen, dies zwei Jahre lang tat und die Antwort nicht finden konnte und sich aus diesem Grund frei sah, sich in Deutschland niederzulassen, in Ambach am Starnberger See. Nach Amerika auswandern, wie es der Wunsch der Eltern gewesen wäre, wollte er nicht: schon 1949 nannte er die USA einen „Parvenuestaat ohne Tradition … der auch noch auf dem besten Wege ist, faschistisch zu werden – schon die Tätigkeit des Committee of Un-American Activities ist genug, um einen krank zu machen". 1950 nahm er zum ersten Mal an einer Tagung der Gruppe 47 teil, 1957 übersiedelte er nach Poschiavo in Graubünden und hatte zehn Jahre einen zweiten Wohnsitz in der Nähe von Urbino. Die europäische Geistesgeschichte trug er mit sich wie leichtes Reisegepäck.

Wir sind da, um diesem rätselhaften Mann nach-zu-fragen.

Ihm, der der deutschen Nachkriegsliteratur mit seinen *Lieblosen Legenden* einen satirischen Evergreen, mit den Roman-Monologen *Tynset* und *Masante* zwei der bedeutendsten Prosawerke und mit seinen Hörspielen und Dramen der Theatralik des Absurden Glanzstücke schenkte; der mit seiner Biographie Mozarts dessen Rezeption revolutionierte, von Milos Formans berühmtem Film bis zu den Deutungen von heute, der mit der Lebensgeschichte der Kunstfigur *Marbot* das Genre genial auf den Kopf stellte und 1983 aus Verzweiflung über die Zerstörung der Umwelt seinen spektakulären, vieldiskutierten Abschied von der Literatur nahm, um sich ganz in die Kunst der Collage zu versenken. Sein dichterisches Werk füllt sieben dicke Bände.

Nach-gehen.

Auf dem Friedhof der Protestanten, die hier jahrhundertelang gegen die Übermacht der Katholiken kämpften, ist Hildesheimers letzte Ruhestätte. Mauerschatten fällt auf das Grab. Efeugrün und dunkelrote Fuchsien. Kleine Gedächtnisgaben auf dem Stein aus Granit.

Warum Poschiavo? Auf der Suche nach der richtigen Höhenlage für Silvias Ohrenleiden? Um Bayerns feuchtem Klima zu entkommen? Oder dem Literaturbetrieb? Oder …? In einem Fremdenverkehrsprospekt schrieb Hildesheimer: „Das Unerwartete! Im Puschlav stößt man darauf, nicht nur in der Natur, sondern auch in den Dörfern, vor allem in Poschiavo, dem zentralen Ort, dessen Eigentümlichkeiten jeder Vorbereitung spotten."

Hildesheimer hat uns gelehrt, skeptisch zu sein. Schon 1962 schrieb er in den *Vergeblichen Aufzeichnungen*: „… das Unerwartete ist, wie ich es erwartet hatte, nicht eingetroffen." Lange, bevor es Mode wurde, stimmt er darum die postmoderne Klage über das bereits Alles-Gedachte, Alles-Geschriebene an: „Ich habe alles verworfen, was zu finden war … Es hat auch nichts getaugt, es war nichts als ein letzter ausgelaugter Rest erschöpften Stoffes, aller Stoff ist erschöpft … Ich gehe."

Er geht. Auf dem Weg ins Nichts wird er zum Dichter der unerfüllten Sehnsucht, schreibt er dem Unerreichbaren seine Apotheosen.

Wir haben Feuer gemacht im Kamin des Ateliers. Rücken zwei Stühle zusammen. Wir lesen einander aus *Tynset* vor. Das Geheimnis liegt im Ypsilon. Der Schlaflose des Romans hat den Ortsnamen zufällig im Kursbuch der Norwegischen Eisenbahnen gefunden. Wenn alle Werte zerfallen, kommt die Zeit der Kurs- und Telefonbücher, Hans Magnus Enzensberger hat sie zum Signum der 60er Jahre erhoben. Für Hildesheimer geben sie neutrale Anhaltspunkte in einer Wirklichkeit, die, wie bei Macbeth, nichts ist als ein Stegreifspiel von Irrsinn, Niedertracht und Mord. Er will nach Tynset fahren, dieser Mann, der nicht schlafen kann. Der durch das Haus irrt in dieser einen langen Nacht der Erinnerungen, in der ein Leben der Schrecknisse vorüberzieht, Gaskammern auftauchen, Gehenkte und Kabasta, der Verfolger. In der er auf Celestina trifft, die Trinkerin, die erlöst werden will, und in der das schreiende Unrecht Gottes die Ordnung der Welt obsolet macht. Der Mann liegt schlaflos in seinem Sommerbett, in seinem Winterbett. Er redet von Tynset als seiner möglichen Rettung, aber es gibt keine Rettung.

Die Topographie des Buches spiegelt Poschiavo wider. Und die Casa Gay, dieses Haus mit den vielen Geschichten und Nebenräumen, den breiten Fluren und Geräten aus werktätiger Zeit, dem Speicher unter dem Dach und dem Hinterland des Passes, auf dem der Autor den fanatischen religiösen Verführer Wesley B. Prosniczer im meterhohen Schnee erfrieren läßt. Schlaflos irrt der Ich-Erzähler durch die Räume, vertreibt die böse Stunde. Eine ist nachmittags, eine ist nachts, es werden viele gewesen sein. Lange Jahre nahm Hildesheimer Schlaftabletten und Psychopharmaka und fragte sich, ob sie seine Persönlichkeit veränderten. 1973, bei den Rauriser Literaturtagen, versuchten Hildesheimer und der Freund aus den Tagen der Gruppe 47, Günter Eich, einander an Zahl und Buntheit der Medikamente zu übertreffen, reihten sie säuberlich auf dem Tisch auf: zwölf, vierzehn, fünfzehn. Im Drama *Nachtstück* von 1963, in dem ein Mann, ebenfalls schlaflos, seiner Angst und seiner Horrorbilder Herr zu werden sucht, nennt er sie: Diäthyl-dioxo-tetra-hydropyridin, Dimethyl-amino-propyliden-dibenzo-cyclo-heptadien …

Es ist Nacht. Über dem Gebirge steht der Mond. Ich kann nicht schlafen, stehe leise auf. Stehe im Dunkeln, schaue auf das hohe Haus gegenüber, dessen Dach nach einer Weile den Mond schluckt, so daß die Kulisse nun gespenstisch im Widerschein des Widerscheins liegt. Der Sassalb hat einen Heiligenschein vor schwarzem Himmel. Ich schleiche auf Zehenspitzen in den Werkraum. Im Kamin spielt der Wind auf einer Okarina. Über dem gestapelten Holz hängt das Plakat für die Ausstellung im Stadthaus Zürich: „Die Melancholikerin". In der Vergrößerung fällt die stupende Kunst von Hildesheimers Collagieren ins Auge. Er verwendet weder Teile von Kupferstichen wie Max Ernst oder Peter Weiss noch inkongruente Abfallstücke wie Kurt Schwitters, noch arbeitet er mit proklamatorischen Elementen wie Hannah Höch oder John Heartfield. Sein Ausgangsmaterial sind meist Reproduktionen, Kunstbücher oder Kunstzeitschriften, auch Faksimiles, Kalender, Kataloge und Plakate. Er zerschneidet und zerschnipselt sie, setzt sie in hochkonzentrierter, tagelanger und oft mißlingender Arbeit wieder zusammen und gibt ihnen „einen ungeahnten Sinn, ein neues Panorama".

Hinter den beiden alten Pressen hängen Lineale und Dreiecke aller Größen, Scheren und Lupen. An das Bord, das sich über die ganze Länge des Raums zieht, sind Adressen und Telefonnummern von Freunden und Institutionen genagelt oder geklebt: Urs Widmer, Klaus Hoffer, Günter Grass, Michael Krüger, Bayreuther Festspiele, Akademie der Künste Berlin, BBC, Greenpeace … Fotografien: Einstein geigt, Abbado dirigiert, Papst Johannes XXIII. segnet …

Ich gehe zum Arbeitstisch, an dem ich ihn einst für ein Fernsehporträt filmte und an dem er, mit seiner dicken Stirnlupe über die Collage *Entschwebendes* gebeugt, vom Glück des bildnerischen Schaffens sprach, von der Schönheit als Therapie und von der Zwecklosigkeit der Literatur angesichts einer Welt, die sich zugrunde richte. Unter einer minutiös schwarz-weiß schraffierten Zeichnung ist zu lesen:

Das Unzulängliche,
hier ist's getan,
das ewig Scheiternde
zieht uns hinan.

Sich das vorzustellen: zwölf Dioptrien auf einem Auge und dann, in den letzten Monaten, noch die Gefährdung des besseren. Wenn die Opera-

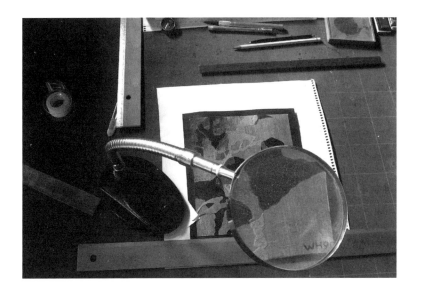

tion mißlungen wäre, sagte Silvia Hildesheimer gestern abend, hätte er über Emily Brontë oder über Shakespeare schreiben wollen. Also doch wieder schreiben? Über den großen Monolog des Macbeth, der ihn, wie Hamlet, ein Leben lang beschäftigte. Life's but a walking shadow, a poor player ...

Der Wind im Kamin spielt jetzt Flöte. Das gleichmäßige Rauschen des Poschiavino zieht durch die Nacht. Ich denke an den Brunnen an der Gartenmauer der Casa Gay,

> ... bei Tag wird er vom Tag übertönt, in der Nacht aber übertönt er die Nacht ... Nur manchmal, Sommer oder Winter, manchmal setzt der Fluß für den Bruchteil einer Sekunde aus, das Wasser spuckt und stottert, verschluckt sich, es bilden sich geringe Morsezeichen aus Stille, es huscht etwas Unsichtbares vorüber, irgendein anderer Tod mit seinen Taschenspielertricks ...[3]

Der Tod. Immer der Tod, Gegenwart von Hildesheimers Reflexion. Er sah ihn, hörte ihn, gab ihm glanzvolle Szenen.

Ablenkungen: Leidenschaft für Archive und Bibliotheken, systematisches Recherchieren. Kochen, handwerken, gärtnern. Hildesheimer mochte Gerät jeglicher Art, brauchte das Handgreifliche und das Visuelle. Für seinen *Marbot*-Roman zum Beispiel entwarf er sich mit größter Freude zwei schräge Tische, auf denen er das gesamte Geistesleben von 1800 bis 1830 festmachen und überblicken konnte. Und er liebte die Arbeit in der Erde. Im Horto hatte er sich einen großen Kräutergarten angelegt. Er ließ sich spezielle Geräte anfertigen, um besser aussämen zu können, goß und jätete und kreuzte. Und erntete mit Genuß. Er war weithin berühmt für seine Mischungen, die besonders aromatische Speisen ergaben. Welches Vergnügen, Hildesheimer zu lesen, wie er sich forttreiben läßt im Rausch der Sprache und der Bilder:

> Es war das Jahr des Basilikum und es kam, als hätte es eine Katastrophe zu verkündigen … Es machte den Garten zu einer Wildnis, wucherte unter einer stehenden Duftwolke empor, die mich betäubend umwehte, wenn ich ans Schneiden ging. Den Kopf abgewandt, zog ich die Pflanzen in Büscheln heraus, um von diesem Boden loszukommen, und schon am nächsten Tag wuchs es neu auf der gerodeten Stelle, am übernächsten rupfte und mähte ich mich erneut durch das Gewächs, immer inmitten einer dampfenden Schwere, einer Nässe, die warm aus der Erde stieg. Sie bemächtigte sich meiner Haut, meiner Knochen, ließ meinen Kopf schmerzen, und beinah versank ich zwischen dem Gesträuch, aus dem, bei meinem Vorwärtsdringen, stets ein Schwarm Fliegen auseinanderstob, Fliegen der blauschillernden Sorte, Aristokraten unter dem Ungeziefer, Insekten, die man nicht jedes Jahr zu sehen bekommt, und nur im Basilikum und im Majoran, Salbei scheuen sie, Thymian tötet sie. Ich wurde zum Opfer meiner Zucht, schließlich säbelte ich mich wütend durch das Kraut und atmete den feindlichen Balsam ein, bis ich zuletzt, beinah ohnmächtig, den Beeten entstieg, beladen von Sträußen von Grün, wie ein bekränzter Totem, als sei ich selbst einem bösen Kult nachgegangen, der seine Anhänger anlockt, um sie zu vergiften …[4]

Jetzt ist Herbst im Puschlav. Das Tal liegt in der Reife. Leitern lehnen an den Bäumen, die Äste sind voll von Äpfeln, Birnen, Pflaumen, Nüssen, Edelkastanien. Meist sind es alte Männer, die ernten. Sie lachen uns zu, beginnen zu reden, Italienisch zunächst, es ist die erste Sprache hier, dann in einem Gemisch aus Rätoromanisch und Schwyzerdütsch. Über die Steinmauern hängen Ranken sonnenwarmer Brombeeren. Hühner scharren in der Erde. Zwischen den Gassen und Wiesenwegen am Rand von Poschiavo ist noch Dorf, Bauernland. Vieh auf den Weiden, Schafe an den steinigen, trockenen Buschhängen. Die terrassierten Buchweizenfelder der früheren Jahre sind zu Wiesen geworden, die Landwirtschaft ging in den letzten Jahren drastisch zurück. Die Jungen wandern nach Chur aus, nach Sondrio, Mailand oder Madrid, manche nach Amerika.

Das war schon einmal so, als das Tal durch die Napoleonischen Kriege verwüstet und verarmt war. Die Auswanderung jedoch gab dem Dorf später das städtische Gepräge und – heute eine der Sehenswürdigkeiten – die Palazzistraße. Elegant zieht sie sich in klassizistischem Stil von Ost nach West, vorbei an dreigeteilten Gartenanlagen vor den Eingängen und Auffahrten: Nutzgarten, Erholungs- oder Ziergarten und Obstgarten. Die Bauherren waren Zuckerbäcker, die in Granada, Zaragoza, Bilbao oder Porto mit ihrem jeweiligen „Café Suizo" zu Reichtum gekommen waren und, heimgekehrt, sich prächtige Alterssitze bauten.

Wir suchen die Orte der Hildesheimer'schen Landstriche. Gehen durch Privilasco und San Cario, durch Cologna, San Antonio, Prada und Le Prese. Kirche und Kapelle, Kloster und Klause, Kuranstalt und Promenade, Steinbrücken, Mautstellen, uralte Tore. Ländliche Aromata: Stall, Vieh, Wald, Haushalt, Handwerk. Die roten Waggons der Rätischen Bahn, der Pionierleistung der ersten Jahre des 20. Jahrhunderts und in nur vier Jahren von zweieinhalbtausend vornehmlich italienischen Arbeitern in den Fels getrieben, schlängeln sich die Serpentinen hinauf, durch Galerien und Tunnels. Wenn er nicht die Bahn nahm, war das Auto – er war ein leidenschaftlicher Autofahrer – Hildesheimers Verbindung zum Norden.

Fort aus Poschiavo.

Über die Alp Grüm, vorbei am wuchtigen Palügletscher hinauf zum Berninapaß, vorbei am Hospiz, an den Seilbahnen auf Lagalb und Diavolezza, am Morteratschgletscher und hinunter ins Engadin. Ein paar Kilometer nach Pontresina – Max Frischs *Stiller* wird hier lebendig – zweigt die Straße links ab nach St. Moritz, dem Hildesheimer als St. Ignaz ein satirisches Denkmal setzte. Kurz vor Nietzsches Sils Maria hinauf auf den Julierpaß und wiederum tief hinunter nach Chur. Und weiter nach Zürich, Frankfurt, Hamburg, München. Zu Verlagen, Theatern, Ausstellungen, Freunden, Ärzten, zur deutschen Sprache. Aber schon in Chur konnte er die Papiere und Kunstkalender für seine Collagen kaufen, so auch am letzten Tag seines Lebens, als er plötzlich ganz anderes wählte und zu Silvia sagte: Jetzt mach ich etwas Neues.

Fort aus Poschiavo. Die andere Richtung, in den Süden: über Brusio, Sondrio, durch das Veltlin, die Poebene, die Emilia und Toscana zur Cal Masante, dem alten Bauernhaus bei Urbino. Einsam und weit weg vom Dummdreisten der Toscana-Manager-Seminare. Das Haus war fast eine Ruine. Hildesheimer war ein guter Handwerker, war Tischler und Innenarchitekt, kannte das Leben von Holz und Stein, hatte ein Gedächtnis für Farben, Formen und den Ton des Materials – noch nach Jahren erkannte er ein Pub in Cornwall an den Bohlenbrettern vor der Theke, an der er einst ein Ale getrunken hatte.

Sein Leben in Masante hat Hildesheimer nicht beschrieben. Vielleicht war es zu schön. Er schrieb nicht über Glück, er lebte es. Den Namen jedoch bewahrte er im Titel eines Romans, dessen Hauptfigur er von Masante fliehen und sich am Rand einer Wüste verlieren läßt. *Masante* ist Hildesheimers zweiter Monolog der Verlassenheit, ein großes, einsames Buch, das – so die Kritik – viel mehr sei als ein Roman, nämlich eine Konfession.

Norden. Süden.

Weg und heim. Fort und nach Hause.

Zurück nach Poschiavo.

Poschiavo blieb. Das Unerwartete im Vertrauten. Hier war er weit weg vom deutschen Literaturbetrieb – seine Absagebriefe an die Gruppe 47 sind legendär –, von den Eitelkeiten, Intrigen und Liaisonen, war froh, unbehelligt zu sein. Konnte den Kunstbetrieb aus der Ferne ironisieren und persiflieren. Reiste zu Ehrungen vieler Art, zu den Literaturpreisen von Georg Büchner, Bremen, der Bayerischen Akademie der Schönen Künste oder von Weilheim, wo er seine große *Rede an die Jugend* hielt. Reiste zur Eröffnungsrede der Salzburger Festspiele, zu Recherchen durch ganz Europa, in Bibliotheken, Archive, Kunstsammlungen. Fuhr nach Cornwall, Wales, Northumberland, um ein Landschloß zu suchen, das Marbot Hall werden könnte, das fingierte Zuhause seines fingierten *Marbot*. Er brauchte die konkrete Anschauung, sagt Silvia Hildesheimer, er mußte alles genau vor sich sehen, um es dann genau erfinden zu können. Fuhr ins Bergell, um sich eine Schlucht anzusehen, die er für Marbots Verschwinden als Vorbild nehmen konnte.

Bekam Besuch. Man ist zu ihm gewallfahrtet, sagt Heinz Schafroth. Schrieb Briefe, die eine einmalige Dokumentation des literarischen Lebens zwischen 1947 und 1991 sind und das Entstehen seiner Romane begleiten und kommentieren. Hörte Musik. Stundenlang Mozart. Bläserserenade C-Moll, Adagio für zwei Klarinetten und drei Basetthörner, Fantasie in C-Moll, Sonate in C-Moll KV 457 … Bach, Monteverdi, Beethovens späte Streichquartette, Bruckners Symphonien, Mahlers Sechste und Dritte, Webern und Schumanns Vierte Symphonie „Ich grolle nicht". Die kunstvolle Holzvertäfelung mit Intarsien und Malereien im Wohnraum der Casa Gay ist ein guter Resonanzraum. Fluchtpunkt in den Überlegungen über den großen Unbegreiflichen, den Täuscher, dessen größtes Blendwerk die Menschheit sei.

Geht in den Kräutergarten, erntet, kocht, trinkt roten Wein. Geht ins Atelier oder weiter über den Flußsteg hinüber zu Not Bott, dem Holzbildhauer und Freund. Geht vorbei an der Latteria, an Hotels und Restaurants, an Käsespezialitäten, luftgetrocknetem Bündnerfleisch, an Pizzoccheri, Taiadini oder mit Anis gewürzten Brasciadeli. Vorbei an den Hausbänken aus Stein und am mittelalterlichen Turm, der Gefängnis und Richtstätte war. Geht über die Piazza, die in ihrer vielfältigen Architektur auf die wechselnden Beziehungen und Bündnisse des Puschlav mit piemontesischer und Graubündner Herrschaft verweisen. Schreibt auf ein Papierschnipsel etwas über die Zeit,

> … dieser Pulsschlag, das Summen im Blut, innen das Ticken der Sekunden … nichts Merkliches geschieht und doch: einer Entscheidung wird ausgewichen, eine Gelegenheit wird versäumt, eine Gefahr wächst, ein Zögern oder ein Stillstand wird bekräftigt.[5]

Es ist Freitagnachmittag, die Stunde des Todes Christi, als wir durch dieses Poschiavo gehen. Um uns das Sprachengemisch der Einheimischen und der Touristen. Und plötzlich bricht Glockengeläut über uns herein.

Hildesheimer lebte lange genug im Schatten dieser Kirchtürme, um die Bedeutung der Glocken zu kennen: für die Zeit, das Hochamt, das Feuer, die Überschwemmung und den Tod. Für die Kinder die kleinste Glocke, die helle, klimpernde, klagende, die sie Stella Maria nennen und die von Mädchen geweiht wird, die noch vor der ersten Kommunion stehen. Für die Erwachsenen gibt es zwei Glocken, die tiefere ist für die Männer. Sie läutet länger, wenn der Verstorbene wichtig für das Gemeinwesen war. Jetzt, im Herbst, beginnt die Sterbezeit.

> Gegen Ende des Sommers rafft es die alten Leute dahin, und sofort beginnen die Glocken zu läuten,– läuten? Sie beginnen heillos, auf Teufel komm raus, zu bimmeln und rühren den Himmel auf, verscheuchen Geister, ersetzen Scheiterhaufen, eine dröhnende Inquisition ... Die Kirche ist beim Dorf und bleibt dort, schon das war ein Grund, wegzuziehen, vier Glocken ertönen ... das Echo der Mauern leitet den Ton stechend scharf ins Ohr, das Trommelfell vibriert, wirft Wellen durch den Körper hinab, dort wo nach Willen der Priester das Schuldgefühl sitzen soll, das der Gläubigen. Das der Ungläubigen wandert.[6]

Ein Grund wegzuziehen ...

Und wir fragen uns, als wir unter dem Dröhnen der Glocken durch diesen Ort in seiner italienischen Beschwingtheit und seiner Puschlaver Erdenschwere gehen, ob man hier leben wollte, zwanzig, dreißig Jahre lang und mehr. Fragen uns, wie das wohl war, dieses abgeschiedene Dasein für einen lebhaften und gesuchten Diskutanten, der Mittelpunkt gewesen war, Gesprächs- und Arbeitspartner von Günter Eich und Ilse Aichinger, von Ingeborg Bachmann, Heinrich Böll, Günter Grass, Luigi Nono oder Hans Werner Henze. Für einen, der die 68er-Bewegung durch seine undoktrinäre Denkungsart vorwegnahm, der eine Galionsfigur war und Wegbereiter einer jungen Generation. Fragen uns, ob ihm die Berge, mit denen er wenig anfangen konnte – er war kein Sportler und neigte eher den archaischen Riten der Meeresstrände zu –, nicht Kopf und Herz bedrückten und er nicht mit dem Rücken zur Wand stand. War Poschiavo Geborgenheit, Einengung oder ein Stück Freiheit? Die Möglichkeit, ganz und gar nur sich selbst zu leben, sich und Silvia und seiner Phantasie? Oder doch Verdüsterung des Weltbildes, wie es im letzten Jahrzehnt geschah, als ihn die Berichte von draußen den ökologischen Tod des Planeten prophezeien ließen?

Wir fragen, mutmaßen, wissen nichts. Sind auf der Hut.

So gehen wir „nach Hause", in sein Atelier. Vorüber an den vielen Brunnen, die Wasser geben für Mensch und Tier, Haus und Handwerk. Wir biegen in die Gasse des Palazzo Matossi-Lendi ein, zwei Frauen jäten in den Gärten, reden lachend in schnellem Italienisch, ein Mann steht auf einem steinernen Balkon, raucht, schaut in die Ferne. Grenzland, das unter den Gletschern liegt, unter den Moränen, Felsabstürzen und unter der Sonne. Das Schließgeräusch der Tür zum Ateliergarten ist uns schon vertraut. An der Einfriedungsmauer steht ein Holunderstrauch, groß wie ein Baum. Seine herabgefallenen schwarzen Beeren bedecken das Pflaster. Wenn man darauf tritt, färben sie es mit dunklem Kardinalrot. Der Poschiavino rauscht.

Drinnen haben wir leicht geheizt. Im Arbeitsraum liegt das kostbar gebundene Buch *Signatur 11*, eine Art Tagebuch mit Notaten und Zeichnungen. Viele Totenschädel mischen sich in die Ironie der Worte. Der erste Satz: „Ich kann nicht schlafen …" Später:

Schillers Idealbild, daß alle Menschen Brüder werden – das hat uns gerade noch gefehlt … Ich habe meine Identität verloren und mache mich auf die Suche nach meinem Ich. Schließlich finde ich einen ganzen Haufen von Ichs. Welches aber ist das Meine … Lieber Gott: Wenn es Dich gibt, vergib mir, daß ich Dich für ein Phantom halte. (Wenn es Dich nicht gibt, verzeih, daß ich Dich dennoch für möglich halte.)

Im Kamin spielt der Wind Oboe.

Die Septembernacht ist sternenklar. Schön für das Verschwiegene.

Wer hat den Herbst erfunden oder vielmehr: wer hat ihm den Stellenwert gegeben, den er jetzt hat? Verdammt soll er sein, der Erfinder dieser Ahnungen, dieser Störungen, die unsereins nicht mehr aus den Knochen bringt … Schreckliche Nachmittage, Nachmittage der Angst und des stillen Terrors, er lag in der Luft, senkte und hob und senkte sich wieder, drückte jedes Mal ein wenig heftiger, ohne sich eigentlich mitzuteilen, er ballte sich nicht, schwebte nur, während ich unter ihm saß, nichts Plötzliches erwartend, und einen Namen für ihn suchte, den ich nicht fand. Es war namenloser Schrecken ...[7]

Vielleicht war es Herbst, als Hildesheimer auf den Gedanken kam, den Ich-Erzähler aus *Tynset* im Folgeroman *Masante* nach Meona an den Rand der Wüste zu schicken, ins Nirgendwo. Wo der Erzähler in der armseligen Unterkunft der „dernière chance" im Chaos von Briefen, Kalenderblättern, Zetteln, Schnipseln den Faden sucht, der sich durch sein Leben zieht, und den er nicht findet. Der Ich-Erzähler ist, wieder einmal, auf der Flucht.

In seiner Vita, die Hildesheimer 1953 auf Anfrage des Süddeutschen Rundfunks verfaßte und an Heinrich Böll schickte, schrieb er, daß er während seiner Arbeit als Simultandolmetscher in Nürnberg und als Redakteur der veröffentlichten Prozeßdokumente die vielzitierte Kollektivschuld nicht gefunden habe. „Ich habe während dieser Jahre viele anständige Menschen, Opportunisten und Verbrecher kennengelernt." Außerhalb des Gerichtssaals und in den kommenden Jahren fand er viele Freunde unter den Deutschen, Maler, Musiker, Schriftsteller. Und er fand seine Liebe. Wenn er auch ein Gegner der Kollektivschuld wurde, so kannte er doch die Schuld vieler einzelner. Die *Großen* waren abgeurteilt, als er nach Nürnberg kam, Göring, Speer, Hess. Was blieb, war grausam genug: die Verbrechen der unzähligen *Kleinen*.

Das vergißt sich nie wieder. Hildesheimer war ein Kenner Sigmund Freuds, er wußte, daß sich Verdrängtes festsetzt. Er sprach wenig über seine Nürnberger Tätigkeit, aber seine Hörspiele, Theaterstücke und Romane sind Variationen unabstreifbarer Angst. Das philosophische Desiderat dieser Jahrzehnte, die Absurdität – Camus und Beckett waren ihm vertraut –, traf sich mit konkreter Erfahrung. War es in *Tynset* noch ein anonymes Telefonspiel, das biedere Bürger als Verbrecher entlarvt, benennt er sie in *Masante* schließlich als Häscher, Handlanger, Schergen, Mörder. Sie heißen Motschmann und Fricke, Gerber, Schuferle, Perchtl oder Globotschnig. Sie wirken harmlos. Sie haben Listen und Nummern. Sie tragen Stiefel und fragen zunächst nur nach dem Ausweis. Sie

kommen immer zu zweit. Und irgendwo im Norden Deutschlands sitzt jetzt einer gemütlich zu Hause, unter einer Lampe, die bespannt ist mit heller Haut …

„Mit dem Bösen ist auch das Gute gegangen, mit dem Schmerz die Bilder." Was alles ging noch verloren? Blieb nichts als Leere und Ohnmacht? Endzeit. Und der Erzähler fragt sich: „Wozu erzähle ich mir Geschichten, als sei ich nicht der, dem sie geschehen sind?" Was bleibt? Ein paar Schnürsenkel? Der Satz: „… ich möchte mich nicht schuldig gemacht haben"? Der Wunsch, ein anderer zu sein: „Tafler an Windtischen oder Erbauer einer Windorgel"?

Wir finden keine Ruhe. Gehen noch einmal durch das schlafende Poschiavo. Der Mond ist verläßlich: er steht wieder über dem Campanile. Aus einem offenen Fenster hört man das Ticken einer Standuhr. Aus einem Stall dringt das Schnaufen von Rindern. Und plötzlich haben wir die Vorstellung: gut, daß er hier beschützt war auf seinen Wegen zwischen den Bergen, den Steinmauern und den Käsesorten.

Ein letztes Glas roten Weins. Ich ziehe die Vorhänge zu. In der Pergola scheint sich etwas zu bewegen. Das Laub raschelt. Eine Maus?

Eine Ratte? Nein, nicht schon wieder ein Bild aus *Masante*! Nicht jetzt diese Fellini'sche Untergangsszene aus Venedig, in der die Menschen auf dem Karnevalsfest eines texanischen Milliardärs lachen, bis sie vor dem Palazzo Vendramin im Schlamm versinken, von einstürzenden Mauern erschlagen und von Ratten angenagt ...

Wir spülen noch die Gläser und das Abendgeschirr. Manchmal halten wir inne, wenn sich unsere Hände berühren. Der Poschiavino rauscht. In *Tynset* ist von dem Wunsch zu lesen, sich vom Mittelpunkt der Erde ansaugen zu lassen, von der Sehnsucht, in ihr zu versinken. Für den Erzähler entsteht diese Sehnsucht aus etwas Unabänderlichem, dem er nicht gewachsen ist.

Für andere mag es ein Bild der Liebe sein.

Am nächsten Morgen bläst der Föhn. Die Gipfel und Grate sind mit Tusche konturiert, in den Karen kann man das Geröll zählen, in den Schluchten die Arven, auf den Wiesen die Kuhfladen. Die Türme der Kirchen stechen ins Blau des bis zum Zerreißen gespannten Himmels. Die Äpfel im Garten scheinen vergiftet mit Rot. Der Nordföhn fällt von den Viertausendern nieder, Aufleuchter, Fackelanzünder. Herzkranke müssen ihn hassen.

Wir sind unterwegs auf den Pass da Canfinal. Gehen, Stunde um Stunde. Außer dem Bernina sind alle Pässe ringsum nur Übergänge und Wege für Tiere, Hirten, Sennen, Soldaten und – früher – Schmuggler. Die Vegetationsgrenze ist höher als in den Ostalpen, bis 2300, 2500 Meter hinauf ziehen sich hier die Weiden für Rinder und Schafe. Das Licht ist so grell, daß die Augen tränen. Die ganze Landschaft scheint mit Gold überzogen, der Gneis auf den Dächern der Sennhütten, die Farne, die Föhren, die Welt. Ein heller, sirrender Laut fliegt um die Felsen, ein Schwarm schwarzer Dohlen – eine einzige Masse, eine Bewegung hinauf und hinunter, sie stürzen sich in die Schluchten, steigen die Wände empor, segeln den Kuppen entlang, verschwinden hinter dem Grat, im Niegewesenen. Mäandernde Bäche rieseln durch die Feuchtgebiete, Moos an den Ufern, jahrhundertedick. Auf den trockenen Wiesen und in den windexponierten Felsplatten botanische Seltenheiten: Alpengrasnelke, Gefranste Segge und Rätische Rapunzel.

Der Serpentin knirscht unter den Schuhen. Auf dem Weg liegt eine Nachgeburt, stinkend, die Haut schon wie gegerbt, aber noch Blutblasen voll Leben darin. Kein Mensch weit und breit. Schafe ziehen auf halsbrecherischen Wegen über die Schuttrinnen, ihre Glöcklein sind ein fernes Lied. Warnpfiff eines Murmeltiers. Und dann, nur wenige Schritte vor der Paßhöhe, tritt plötzlich blendendes Weiß ins Bild, Kaskaden von Eis, Spalten, Abstürze, gigantische Brüche, eine Symphonie von Gletschern bis hinüber zum Piz Bernina, dessen Gipfel in Wolken ist, der Nebelschwaden über seine Flanken breitet und Sonnenseen über das Weiß streut.

Der Dichter aus Poschiavo schreibt, daß es gut sei, wenn Wünsche offenbleiben und daß Vorstellungen besser sind als Befriedigung. Die Wirklichkeit aber ist schöner als jede Vorstellung. Später werden wir voll Sehnsucht nach diesem Blick und diesem einen einzigen Augenblick sein. So werden wir beides haben, den erfüllten Wunsch und das Verlangen, ihn wiedererstehen zu lassen.

Wir reden nicht beim Hinuntergehen. Vielleicht denkt einer von uns an Hildesheimers feinen Spott über den Zustand produktiver Glückseligkeit angesichts alpiner Landschaft, an sein Diktum, daß das Wort *schön* auf die Natur nicht anwendbar sei. Aber es ist kein Tag für Skepsis. Die Bergketten um uns und jenseits des Tals schenken sich noch einmal dem Wind, dem Gold und der Stille. Der Himmel spielt mit Kobalt und Aquamarin, das Heidelbeerkraut trägt flammendes Rot, Lärchen stehen im Gelb. Ins Tal fallen die ersten Schatten. Aus dem Unterholz steigt betörender Duft. Hätte er sie nur sehen können, diese Wälder, er, der vor dreißig Jahren überzeugt gewesen war, daß es in zwanzig Jahren in dieser Gegend keinen einzigen Baum mehr gäbe und die Erde zugrunde ginge an Raubbau und brutaler Ausbeutung.

Ganz recht, ich sagte,
es sei nicht fünf vor
zwölf, es sei vielmehr halb
drei. Inzwischen ist es vier. Nur
merkt ihr es nicht. Ihr lest ein Buch
über Kassandra, aber ihre Schreie
habt ihr nicht gehört. Das war
um fünf vor zwölf. Bald ist es
fünf, und wenn ihr Schreie hört,
sind es die euren.[8]

Entlang der Wege Abertausende von Schößlingen: Föhren und Arven, Lärchen, Fichten, Eichen, Erlen, Eschen, Birken, Vogelbeerbäume und – weiter unten im Tal – Edelkastanien. Er hätte es zur Kenntnis genommen. Hildesheimer mißtraute auch eigenen Positionen.

Ich bringe es nicht fertig, mich selbst als radikal zu empfinden. Ich bin vielleicht ein kategorischer Neinsager, der allerdings immer wieder hofft, daß er zu irgendetwas ja sagen kann. Es läßt sich nicht leugnen, daß es für den ehrlichen Pessimisten nichts Besseres gibt, als widerlegt zu werden.[9]

Schritt für Schritt hinunter ins Tal. Schritt für Schritt der Versuch, diesem Skeptiker, der zur Melancholie neigte, auf die Spur zu kommen. Wurde er erst im Laufe seines Lebens zum Pessimisten? Oder war er es tendenziell immer schon? Die Wirklichkeit sei unerträglich, schreibt er im Juli 1949 aus Nürnberg an seine Eltern in Haifa. Und begründet dies mit dem sich seit langem hinziehenden Verfall der europäischen Kultur, mit der negativen Entwicklung der Großmächte Amerika und Rußland, der Korruption der Politiker und der Existenz des Nationalismus. Nicht „daß ich über diese Dinge nicht nachdenke. Aber bis zu einem gewissen Grade gelingt es mir, sie auszuschalten, sonst hätte ich mich schon längst aufhängen können."

Warum schrieb Hildesheimer immer wieder von der Flucht aus dem Leben in die Kunst? Auch dann noch, als die Prämissen zerfielen, wie in der großen Rede *The End of Fiction*? So blieb Schopenhauers Erkenntnis von der unabänderlich grausamen Ordnung der Welt, trotz der Gegenwärtigkeit des grandiosen Scheins. Ihm war er verfallen, wie alle, die das Leben lieben.

Fliehende Vögel durchziehen die Geschichten und Bilder Wolfgang Hildesheimers. Für Flucht ersinnt er immer neue Metaphern. Vom Original in die Fälschung, von der Wirklichkeit in die Täuschung, vom Sinn in die Sinnlosigkeit. Seine literarischen Figuren sind Diebe und Fälscher, Mörder, Künstler, Irrende, Fragende und Einsame. Wenig Liebende, dann meist nur Frauen. Aber: „Wie man sich selbst sieht, ist anders als wie man gesehen werden will; und wie man ist, ist ein Drittes", schreibt Andrew Marbot, bevor sich seine Spuren im Ungewissen verlieren.

Und die Musik? Sie bedeutete ihm Glück, sagt Silvia Hildesheimer, war ihm emotionale Botschaft aus einer anderen Welt. Auch Erkenntnisgewinn und Lerngegenstand. Er studierte die Kunst der Fuge, des Kontrapunkts und musiktheoretische Feinheiten, nahm Stunden bei Jacques Wildberger: „It is fascinating work and, naturally, a kind of escape, too." Da capo.

Beim Gehen läßt sich gut nachdenken und die Bilder kommen in Staffeln von Erinnerungen ... Ich sehe Wolfgang Hildesheimer an der Mauer der Gartenkapelle stehen, damals, als wir filmten. Ein Polyhistor seiner selbst sei er, sagte er. Und zog ein nüchternes Resümee über sein Werk, von den Romanen zur Mozart-Biographie, sprach von deren Scheitern und von der Konsequenz, die Biographie einer Kunstfigur zu erfinden, um schließlich mit dem Abgesang im offenen Brief an Max Frisch zu enden: „Und dann hatte ich nichts mehr auf der Palette."

Das war die eine Erklärung für den Abschied von der Literatur, der allerdings jahrelang vorbereitet war durch zunehmende Skepsis gegenüber dem Wort. Die andere, oft in Rundfunk und Fernsehen zu hören und von der Öffentlichkeit mit Bestürzung, Häme oder Unverständnis aufgenommen, berief sich auf die ökologische Zerstörung unseres Planeten. Ihr rapides Fortschreiten mache es dem Schriftsteller unmöglich, an seinen *fairytales* weiterzuarbeiten, als sei nichts geschehen. Damit radikalisierte Hildesheimer nicht nur die Forderungen der 68er nach engagierter Literatur, er finalisierte sie: die Literatur gestrichen, das Engagement belassen.

Klage und Anklage. Zunehmende Verzweiflung über die Ruchlosigkeit des Zukunftsoptimismus. Wachstum, sagte Hildesheimer, sei ein Wachstum zum Tode. Er las die Bulletins des Club of Rome und wurde missionarischer Anhänger von Greenpeace. Sein Verleger Siegfried Unseld hielt ihm entgegen, daß es noch nie so vielen so gut gegangen sei. Hildesheimer konterte, daß dies nur Menschen beträfe, die Unseld kenne. Er wolle aber, ohne für „einen Modepessimisten oder einen Untergangsknaben" gehalten zu werden, darauf aufmerksam machen, daß in Afrika täglich 40 000 Kinder verhungerten, das Land zersiedelt würde, die Wälder stürben, die Meere verseucht seien, das Klima sich durch die Rodung der Regenwälder verändere und daß all dieser Irrsinn irreversibel sei. Unseld respektierte diesen Standpunkt: „Aber bitte nimm auch meinen psychohistorischen ‚Glauben‘, daß die Menschheit, die im Laufe der Jahrtausende viele Probleme gelöst hat, auch mit den gegenwärtigen fertig werden kann."

Als wir beim Abstieg vom Pass da Canfinal auf die Wiesen der Maiensässen hinauskommen, ist der Föhnsturm heftiger geworden. Er schlägt in den Strom- und Telefonleitungen den Takt zu Mozarts Requiem. Wir haben uns am Abend zuvor eine Fernsehaufzeichnung von 1986 aus der Klosterkirche von Königsfelden angesehen, für die Hildesheimer mit alttestamentarischem Zorn die Zwischentexte bis zum Lacrimosa gestaltet, den lateinischen Text neu übersetzt und in seinem Sinne verdeutlicht hatte.

Requiem aeternam dona eis, Domine! ... Wem soll hier die ewige Ruhe gegeben werden? ... All den Verächtern menschlichen Maßes und menschlicher Würde? Den Mördern unserer Erde, den Schreibtischtätern und ihren Handlangern? Den Ausbeutern und Plünderern unseres Planeten? ... Herr, kein Requiem für sie. Allerdings auch kein ewiges Leben.[10]

Das Pathos Hildesheimers war ungewohnt. Es zeigte den Grad seiner Besorgnis. Beim Nachhausekommen suchten wir nach den letzten Worten dieser *Klage und Anklage*, den Fragen, mit denen sich Hildesheimer selbst ein Seil zuwarf:

Hoffen wir auf Einhalt der verheerenden Machenschaften und damit auf Stillstand der todbringenden Zerstörung? Spero, ergo sum? Ich hoffe, also bin ich? Mir erscheint es eher umgekehrt: ich lebe noch. Das muß wohl zu bedeuten haben, daß ich noch hoffe. Vielleicht hofft es in mir, ohne daß ich es weiß, und es ist das, was mich noch am Leben erhält? Sum, ergo spero?[11]

In der Wohnung in der Casa Gay, in deren Fenstern die Sonne ihren Weg vom Morgen bis zum Abend durchläuft, hängen Collagen von Wolfgang und Ölbilder von Silvia Hildesheimer. Meist sind es Blicke von diesen

Fenstern aus, die sie malt: die Kunst des Nichts: Blattwerk im Licht, Schnee in der Lichtlosigkeit. Vielleicht trug sie diese Bilder ein Leben lang in sich, wenn sie mit ihrem Mann durch Europa reiste, bei den Diskussionen und Banketten mit Noblesse im Hintergrund blieb oder zu Hause ihre gemeinsamen Gäste bewirtete. Vielleicht halten diese Bilder und die Collagen Zwiesprache zwischen all den Büchern und durch alle Zimmer hindurch, über den *Vogel Guricht*, über Megäre und Flucht, Auferstehung und Totentanz, Wahrheit und Wirklichkeit.

Silvia Hildesheimer erzählt von der neuen Welt, die sie sich erliest und erarbeitet, von der These, daß alles Energie sei, Wellen einer dies- und jenseitigen Kraft. Und daß manche Sprachen kein Wort für Vergangenheit hätten und manche keines für Zukunft oder für Gegenwart. Und sie sagt, man solle sich nicht irreführen lassen und ihren Mann nicht nur der Düsternis zuordnen, sondern auch der Lebensfreude und der Lust am Spiel.

Die Glocken schlagen Mitternacht, als wir uns verabschieden. Der Föhn hat sich zur Ruhe gelegt. Der Mond steht über dem Sassalb. Er scheint hier zum Arrangement zu gehören, ist durch den bergbegrenzten Blick nicht Himmelskörper, sondern höchste Zier einer perfekten Architekturkulisse mit Kirche, Karner und Piazza. Wir gehen den täglichen Weg Wolfgang Hildesheimers durch dieses Poschiavo, das ihn zum Ehrenbürger machte, was ihn gerührt und zugleich erheitert haben mag, ihn, der Heimatlosigkeit als eine Quelle seiner Kreativität ansah und der sich stets als unbürgerlich empfand.

Dieses Poschiavo im Tal der Übergänge, Durchgänge und Grenzpfähle, in dem ein Künstler anonym leben konnte. In dem er der Wirklichkeit seine weltumspannenden Fiktionen entgegensetzte, sein analytisches Denken und seine Gesellschaftssatire, seine formvollendete Sprache, seine poetische Imagination und seine entrückten Collagen. Hier, wo er sich mit der Stirnlupe dem Kleinen und Kleinsten zuwandte, der Sekundärwelt, aus der er sich eine hinreißende Szenerie erschuf, als Gegenentwurf, Disziplinierungsritus und Etappe gegen den lauten Untergang außen und die leise Lebensmüdigkeit innen.

Die Kunst der Collage war ihm erregendes geistiges und manuelles Spiel. Ist das Bild gelungen, schreibt er, verblaßt die Realität zur unzureichenden Parabel. Die letzte Collage, aus dem Plakat zu einer Andy-Warhol-Ausstellung gefertigt, gibt immer noch Rätsel auf: *Totentanz*. In seinem Zettelkasten findet sich die Notiz: „Nichts im Leben hätte auch nur den geringsten Sinn, wenn es den Tod nicht gäbe. Alles nur in Relation zu ihm."

Chi tocca muore: Wer berührt, stirbt!

Wir sitzen noch lange im Atelier. Haben uns die letzte Flasche Rotwein geöffnet und lesen einander Lieblingsstellen aus Hildesheimer-Büchern vor, blättern behutsam in den Collagen. Eindringlinge. *In the dead of the night*. Der Messingknopf der gußeisernen Collagepresse reflektiert den Schein der Lampe. Die Zettelchen entlang des Bords bewegen sich im Luftzug. Im Kamin das Pianissimo eines Basetthorns. In *Marbot* ist zu lesen: „Der Künstler spielt auf unserer Seele, aber wer spielt auf der Seele des Künstlers?"

Draußen beginnt langsam der Tag. Irgendwo kräht ein Hahn. Erste Lastwagen ziehen dem Bernina zu. Das Echo ihrer schweren Motoren verfängt sich in den Nischen und Ecken des Hauses. Wir werden packen, einen Espresso machen und uns von Silvia Hildesheimer verabschieden. Wir werden ihr danken, dieser beharrlichen, stillen Frau, die klug das Werk ihres Mannes betreut und mit über achtzig versucht, sich eine neue Welt zu entdecken. Es wird Tag sein, und wir werden die Zärtlichkeit dieser Nacht in ihn hineintragen. Und die Nähe zu einem Werk bewahren, das Spiegel einer mörderischen Zeit ist und zugleich grandioses Spiel auf der Tastatur des Lebens.

Wir werden die Serpentinen des Berninapasses hinauffahren und an der letzten Aussichtsstelle, von der aus man noch in das Puschlav hinunterblicken kann, stehenbleiben. Poschiavo, wo man dem Unerwarteten begegnet, wird fern im Grün liegen. Und einer, der hier die Weite fand, weil er sie in sich trug, schnitt und klebte einmal ein Bild, das den Titel *Dorthin* trägt. Es bezieht sich auf den Glutpunkt des Romans *Tynset*:

… und immer gezogen von meiner Sehnsucht, nirgends zu sein, dorthin, wo kein Stern, kein Licht mehr sichtbar ist, wo nichts vergessen wird, weil nichts erinnert wird, wo Nacht ist, wo nichts ist, nichts, Nichts. Dorthin —[12]

Peter Handke

Die Wälder von Versailles

Vor der Bar des Voyageurs steht der Vogelschlafbaum. Nur ihn wählen die Spatzen zur Nacht. Im Winter sind die hellgrauen Leiber kaum von den gleichfarbigen Flecken der Platanenrinde zu unterscheiden. Wenn es regnet, glänzt es durch den ganzen Baum von Nässe, der Stamm, die gedrungenen Spatzenschnäbel und die schwarzgeschrumpelten Kugeln der Früchte. Sie pendeln an ihren Fäden. Die Vögel sitzen vollkommen still. Sommers kommt es mitunter vor, daß einige von ihnen wie schlaftrunken aufschwirren. Bald jedoch kehren sie wieder zurück in die Platane auf dem Vororteplatz.

> Es war an einem klaren Wintervorabend, daß ich einmal in dieses Hinterland geriet, und, einer Bahnstrecke nach … ankam auf einem für gleichwelchen Vorort zum Augenreiben großen und eigentümlichen Platz.[1]

Nichts Vorörtliches schien das ausgedehnte Viereck zu haben, das herausgeleuchtet war aus der Umgebung von den Platzlampen, den Schaufenstern, Neonschriften und der Stationshalle oben auf der stockhohen Böschung des Damms, belebt von den in rascher Folge ein- und ausfahrenden Zügen, ihrem Signalton, den Menschen mit Koffern oder langen, hellen Brotwecken, dem Autolärm und den Helikoptern der nahen Militärflugplätze. Aus den Cafés drang der Lärm der Spielautomaten. Es gab drei Bäcker, drei Fleischer, drei Blumengeschäfte, einen Zeitungskiosk mit internationaler Presse, einen vietnamesischen Garkoch und ein nordafrikanisches Restaurant, und an Samstagvormittagen ist großer Markt.

Den eigentümlichen Platz hatte ein Wanderer vor Jahren zufällig entdeckt, als er durch die Vororte südlich und westlich von Paris gegangen war, durch Ivry, Arcueil und Montrouge, durch Malakoff, Meudon und Clamart. Und als er, der ewig Unterwegs-Seiende, hier ankam und in der Bar des Voyageurs einkehrte, wußte er, daß dies ein besonderer Ort für ihn werden könnte. Er wollte sich ein Zimmer mieten und ein Jahr lang das Geschehen auf dem Platz beschreiben, nichts als ein heller Zuschauer sein. Das Zimmer hatte kein Schreibbrett am Fenster wie im Haus seiner Kindheit im Süden von Kärnten, das dichte Laub der Platanen versperrte ab Mai den Blick, und so kaufte er schließlich ein Haus.

Peter Handke war angekommen. In Chaville, westlich von Paris. Die Vorortebahn von Paris-Austerlitz nach Versailles hält am Ort, und die Fernzüge brausen durch Richtung Brest, in die Bretagne, ans offene Meer.

So könnte es gewesen sein. So ist es nachzulesen im mehr als tausendseitigen Roman *Mein Jahr in der Niemandsbucht. Ein Märchen aus den neuen Zeiten*, auch in der Geschichte *Lucie im Wald mit den Dingsda*, im Roman *Der Bildverlust* und in den jüngst publizierten Briefen an den Freund Hermann Lenz und den Gesprächen mit Peter Hamm. Nach acht Jahren in Salzburg, drei Jahren Reisen, Wanderungen und Hotelzimmern auf dem Balkan, in Griechenland, Georgien, Japan und anderswo, ließ sich Handke, der schon einmal Paris als Wohnort gewählt hatte, 1990 in Chaville nieder. Seither lebt er hier, länger als irgendwo sonst. Und seither bricht er von hier auf und kehrt immer wieder zurück, mit stiller Freude und Erwartung. Sogar mit Sehnsucht.

Tief hat er sich in die Landschaft eingeschrieben. In diesen unscheinbaren Vorort einer Metropole, die nicht zu sehen, aber deutlich zu spüren ist, in das Myzel von Häusern, Straßen und Menschen, Waldwegen und Wäldern, die sich über die eiszeitlichen Moränenhügel der Seine nach Versailles hinziehen und darüber hinaus. Etwas von Adalbert Stifter wollte er ihnen geben, etwas „Nachsommerliches", und erzählen wie Homer – von einem Tag auf den anderen, vom Morgen zum Abend und in die Nacht.

Träumen, gehen, schauen. Überrascht werden von jedem neuen Tag. Als Chronist des Nebensächlichen öffnet sich ihm diese Niemandslandschaft zur Weltlandschaft, wie einst eine kleine leere Brücke über den mittelalterlichen Almkanal in Salzburg, über der er den Himmel ganz

Europas blauen sah. Und alles, was ist, drängt zum Erzählen: „Dieses wartet in mir, in den Fingern, den Knien, den Schultern, von Anfang an."

Die *Niemandsbucht*, in deren Herzen Chaville liegt, wird eingefaßt von einer bogenförmigen Trasse.

> Diese hat etwas von einer Mole, und das von ihr umschlossene Viertel etwas von einem Hafen, zum Beispiel von Piran auf Istrien, wo ich vor fünfunddreißig Jahren zum ersten Mal am Meer saß, als Student, nach einer großen Prüfung, und, zwischen den Kalkblökken, Stunden um Stunden, rein gar nichts mehr wußte, weder von mir und meiner Herkunft, noch von der Rechtswissenschaft, noch vom Kalkstein, erquickend unwissend war, der bloße Anschein mir genügte, ich bei nichts dahinterkommen wollte, so wie ich es mir manchmal aus tiefstem zurücksehne.[2]

Es gibt kein Zurück. Aber es gibt Wiederholung und es gibt Orte, an denen man die Freiheit des gedanklichen Vazierens leichter leben kann. „Stille, Frieden, Ereignislosigkeit." Orte, die im Unbeschriebenen genug Leere lassen, um sie mit eigenen Bildern zu füllen. Zum Beispiel mit jenem eines Mannes, der in der Bar zum Kleinen Robinson steht oder in der Bar de la Pointe, es ist spät, langsam werden die Lichter gelöscht, die Kellnerin räumt die letzten Gläser in die Spüle. Handwerker, Pensionisten und ein paar Witwer stehen noch an der Theke. Meist jeder für sich. Und trotzdem

> … ist mir nachts dort zum ersten Mal die ganze Gegend als eine Bucht erschienen, mit uns als dem Strandgut. Es war das zugleich eins der seltenen Male, daß ich die abgelegene Vorstadt als einen Teil des großen Paris hinter dem Hügelzug sah, und zwar als die hinterste, versteckteste, am wenigsten zugängliche Bucht des Weltstadtmeeres, getrennt davon durch den horizontalen Riegel der Seine-Höhen als Vorgebirge, mit der da eingeschnittenen Straße Paris-Versailles als der einzigen Verbindung hinaus zum Offenen. Und auch wir stammten dort von der wühlenden See, herein-

getrieben, -geschwemmt, -geschaukelt in einem jahre- oder jahrzehntelangen, jetzt gemächlichen, jetzt beschleunigten Wegfluten, an Tausenden von Klippen und Kaps vorbei, durch die Enge von Meudon, durch die Pforte von Sèvres, durch den ersten Seitenhals, genannt „Puits sans Vin", Brunnen ohne Wein, und noch einen zweiten Seitenhals, mit Namen „Carrefour de la Fausse Porte", Kreuzung der Falschen Pforte, in die schmalste, verwinkelteste, letzteste, für mich in ihrer Namenlosigkeit um so faßbarere Weltstadtbucht, das Strandgut mit dem weitesten Weg ...[3]

Nirgendwo sonst findet man dieses Paris beschrieben, dieses Umland, das „Nebendraußen", dieses aber so genau, daß es greifbar ist in jeder Einzelheit.

Hier lebt Peter Handke. Hier geht er barfuß durch den Garten, hört durch das geöffnete Küchenfenster die Musik eines nordafrikanischen Senders, sieht die Nachtregentropfen und die letzten Zuckungen eines sterbenden Igels. Hier spitzt er seine Bleistifte und schreibt Buch um Buch, Theaterstück um Theaterstück. Hier gründete er eine neue Familie und hier ist er wieder allein und hier geht er durch die endlosen Wälder und ...

„Und" ist Handkes Hauptwort für das Erzählen. Er hat dem kleinen Wort viele würdigende Gedanken und ganze Gedichte geschrieben, und warum nicht, denke ich, ein Anfang mit diesem erzählenden „und" ...

Und wir beide – immer noch und immer wieder W. und ich – gehen durch eine schmale, immergrüne und nur kopfhohe Finsterallee auf ein Haus zu. Wir werden ganz ruhig. Beim Eintreten öffnet ein griechischblau gestrichenes Eisentor den Blick auf einen großen, verwunschenen Garten mit alten Bäumen und Wuchergebüsch. Das Haus ist aus unverputztem Sandstein und um die vorige Jahrhundertwende erbaut, Erker und Dachfenster verraten die Geborgenheit des Inneren. Glyzinien und andere Kletterpflanzen ranken sich die Hauswände hinauf. Eine kleine Palme steht im Rondell zwischen Haus und Gartentor, und in einer Nische vor dem Stiegenaufgang liegen in einem alten Kinderwagen Stapel von Büchern, Wind und Wetter ausgesetzt, aufgeweicht und sanft zur Erde gebogen. Handke hat Pilzsuppe gekocht, köstlich mit Maronen, Karotten und Gewürzen verfeinert. Er sei ein guter Restekoch, sagt er lachend, das Miteinander des Früheren mit dem Jetzigen sei sein Geheimnis und mache erst die Fülle der Gegenwart aus.

Und wir essen draußen am ausgebleichten Zedernholztisch unter der Edelkastanie, trinken Wein aus Australien und haben viel zu erzählen, von hier und von damals, das schon lange her ist. Wir haben aus der Distanz unsere Kinder groß werden gesehen, unsere Berufe begleitet und ihre Veränderungen miterlebt. Auf dem Tisch liegen Herbstpilze, dicht an dicht: Täublinge, graue Schwefelköpfe, Wiesenchampignons, Totentrompeten und Bündel von Stockschwämmchen. Eine Monet'-sche Farbsymphonie in weiß, grau, braun, ocker, rötlich und grünlich. Dazwischen Kastanien, Nüsse, Federn, Steine, Zapfen und Zyklamen, Äpfel und Hölzer und eine Maultrommel. Am Rand ein Übungsheft, ein Dictionnaire und ein Buch in arabischer Sprache und Schrift mit Sprüchen, zum Großteil aus dem Koran. Seit sieben Jahren lernt Peter Handke Arabisch. „Labbayka!", was ungefähr bedeutet: ich bin dir da.

Vor Jahren habe ich ihn, der sich als Gesellschaftsunfähigen und -unwilligen bezeichnet, an seinem bodentiefen Gartenfenster sitzen sehen, in seinem balkanischen Holzsesselchen mit der schiefen Lehne, und Spanisch lernen. Er las Cervantes' *Don Quichote* im Original, jeden Tag einige Seiten. Er war viel allein und vergrub sich in die Bücher. Er hatte sich eingerichtet in diesem Haus, in den Walddünen und in „ihrer aufhorchen lassenden Stille". Auch jetzt ist er wieder allein, seine Frau und das Kind sind in die Stadt gezogen.

Das Entstengeln der Pilze dauert lange, sagt Handke, es ist eine Flucht vor dem Leben.

In der *Niemandsbucht* schreibt er davon, daß es nicht gut war, die Familie zu verlassen. Er schreibt von Versagen und Scheitern. Die „Katalanin" nannte er die Frau, die seine wurde, im *Märchen aus den neuen Zeiten*, und es war eine Geschichte von Liebe und Verlust. In den ersten Jahren hatten sie mehr im Vorübergehen zusammengefunden, im Anstreifen, „traumwandlerisch, als sei das Erregende mehr die Luft zwischen ihnen, die Gegenwart, die beiderseitige Fremdheit". Dann wurde es eine Weiträumigkeit wie nie, in der Mensch und Ort eins wurden. Schließlich kam die Trennung, und nur ein Dritter könnte vielleicht verstehen, warum. Bis in die jüngste *Vorwintergeschichte* mit dem vieldeutigen Titel *Kali* schreibt Handke von Schuld und der Unfähigkeit, „sich einzulassen". Schreckensträume vom Einanderfremdwerden zwischen zwei Atemzügen.

Darüber sprechen wir nicht.

Und wir tragen die Teller in die Küche und trinken starken afrikanischen Kaffee, und W. knackt Nüsse im lichtdurchfluteten Haus. Im Wohnzimmer lehnt eine alte Holzleiter, wie sie Bauern zur Obsternte an die Bäume lehnen und wie sie das Kärntner Kind zum Äpfelpflücken im Garten seines slowenischen Großvaters hinaufgeklettert sein mag; auch eine der liebenswertesten Figuren der *Niemandsbucht* sammelt Leitern: der kleinliche Prophet von Porchefontaine. Zu Hause auf dem Foto wird mir W. zeigen, daß es keine Holzleiter war, sondern eine glatte, sich verjüngende aus Bambus, und ich werde erschrecken, wie sorglos Wahrnehmung sein kann und wie schnell man sich eigene Bilder entwirft.

Leitern führen immer wohin. Hinauf? Hinüber? Wohin willst du kommen, frage ich Handke, und er antwortet: in ein Land, wo es keinen Krieg gibt.

Und im Garten von Chaville fallen die Edelkastanien zu Boden und jeder Baum hat einen Namen, die „Ostesche" oder die „Krüppelthuja", und ich nenne die riesige Zeder zum Nachbargarten hin das „Libanonland", obwohl sie aus dem Atlasgebirge stammt. Von Ferne hört man das an- und abschwellende Rauschen der Züge. Vor der ebenerdigen Lese- und Schreibkammer ist das Gras frisch gemäht.

Eigentümer sein ist keine Rolle, die ich mag, sagt Handke am Zedernholztisch. Ich bin gerne hier, aber ich kenne keinen Besitzerstolz. Zwischen Haus, Garten und Wald gibt es einen geordneten Rhythmus, der jedoch von Unfruchtbarkeit gefährdet ist, auch von Pedanterie. Vom Verrandstädtern sozusagen, dem oft nur noch in Zahlen und als Zählen tickenden Leben. Dann muß ich fort, alle fünf, sechs Wochen, muß in eine gute Aufregung kommen. Hier hab ich den gesenkten, den prüfenden Blick: welche Arbeit steht an, was ist zu reparieren, zu planen? Das Laub sollte zusammengerecht werden, der Efeu wuchert, die Quitte fault …

Ereignislosigkeit. Nicht der Sprache nachdenken, sondern der Welt nachsprechen. „Nur keine Dramen", sagt eine der Figuren in den *Spuren der Verirrten*, und fügt hinzu: „das Leben ist mehr."

Ja, was ist das Leben? frage ich W., der zu mir in den Garten kommt und mir eine Brioche bringt, weißt du, was das Leben ist? Und er sieht mich fragend an, und ich streiche ihm ratlos über den Arm. Und so flüchte ich mich in Handkes Bücher und sage, daß ihm Leben und Schreiben nicht zu trennen seien und daß ihm mit dem Schreibstoff auch der Lebensstoff ausginge. Daß er Action-Literatur ablehne, sich hingegen als „Rhythmenmensch" sehe, der den friedlichen Formen des Lebens nachspüre in Augenblicken, Wachträumen und Aufschwüngen. Daß er eine „Musik der Teilnahme" erstrebe und erst dann, wenn „die Fakten, die blinden, zu Tausenden verstruppten, sich klären und Sprach-Augen bekommen", er auf dem guten, dem epischen Weg wäre und sich damit das arme Leben zum reichen erhebe. Und an dieser Idee schreibe er seit der *Langsamen Heimkehr*, sage ich zu W., der mir die Feder eines Eichelhähers ins Haar steckt, daran schriebe er weiter bis heute.

Im Erzählen des Übersehenen das Abenteuer. Der Haarwurzelwind und die Klagelaute aus einem nächtlichen Fenster und die Verlassenheit eines Kindes und der Stadtrandidiot und die Vorortebars und …

Umkreisen des Hauses im vormorgendlichen Garten, bei anhaltendem Mondschein. Eins der immer häufigeren Flugzeuge vorbeiziehend am Mond, der Mondlichtschatten quer durch den Garten zwinkernd, so anders als Flugzeug- oder Vogelschatten in der Sonne; eulenhaft. Die von den Bodenwürmern vor dem Frost aufgeworfenen abertausend Erdhäufchen, tiefgefroren, bei jedem Schritt ein Anstoß unter den Sohlen ... Aus dem dichtverflochtenen, frostverkümmerten und verzahnten Efeulaub über der Mauer am Ende des Gartens schnellten und spritzten im Bogen die kleinen, braunschwarzen, blaubehauchten Fruchtkugeln ...[4]

Chaville ist keine Villengegend. Aber auch keiner der Vororte, in denen der Zorn arbeitsloser Jugendlicher ihre Welt in Brand steckt. Es ist ein Allerweltsort. Er entstand wahrscheinlich aus einem Flüchtlingslager, die erste Kirche wurde von Hand gezimmert. Handke liest gerne die Ortschroniken und den Historienteil in den *Nachrichten der Seine-Höhen*. Inzwischen hat er längst seine eigene vieltausendseitige, poetische Chronik dieses Hinterlandes geschrieben. Er hat seine Veränderungen aufgezeichnet, das Entstehen der Wohnsilos, Bürozentren, Supermärkte und Sportanlagen und das Leben in der wachsenden Anonymität.

Handke ist kein Fremder in Chaville. Aber er gehört auch nicht dazu. Er ist ein Niemand in der Niemandsbucht, im „Toten Winkel", einer der vielen, die hierhergezogen sind. Das ist ihm recht. Das hat er gesucht. Hier kann er mitschwingen. In der Bucht, die man vom Telefonturm aus deutlich als solche erkennen kann, tief vorgeschoben in die Horizonte der Waldhöhen, leben Menschen, die aus allen Teilen der Welt gekommen sind: Portugiesen, Nordafrikaner, Asiaten, Armenier und Russen. Viele Einwanderer, viele Flüchtlinge. Sie erinnern ihn daran, daß auch er einmal Flüchtling war ...

... und das nicht nur die paar Wochen als Kind gleich nach dem Zweiten Weltkrieg, da meine Mutter und ich, weg von meinem Vater in Wilhelmshaven, kreuz und quer durch die verbotenen Zonen Deutschlands uns durchschlugen in das nicht anders verbotene Österreich, als einziges Papier der Brief des Großvaters: Im Haus, seine beiden Söhne gefallen, sei die untere Kammer frei, und

Arbeit gebe es genug. Auch Jahre nach unserer Ankunft im Dorf Rinkolach war es, ich hätte, obwohl die dortigen Überlebenden mir fast nichts als liebe Aufmerksamkeit zeigten, kein Recht, in dem Land zu sein, wozu viel beitrug, daß in meinen sämtlichen Zeugnissen, von der Volksschule bis zum Abschluß, dem Vordruck „Staatsangehörigkeit" in wechselnden Handschriften das „staatenlos" folgte.[5]

Abends liegt das nahe Versailles im gelben, weichen Laternenlicht.

W. und ich sind fast allein unterwegs. Nur im Bahnhof, gegenüber unserem kleinen Hotel, ist ein Kommen und Gehen. Die breiten Alleen sind königlich. In den Chausseen hört man die sechsspännigen Kutschen vergangener Zeit. Alles führt, alles fährt zum Schloß. Leicht erhöht liegt es als Endpunkt aller Wege in der Nacht. Aus dem Becken von Paris geht es bergan, immer leicht bergan bis hierher, in das Zentrum der Macht, das Theater der Erinnerung. Symmetrie der Gebäude, Raffinement der Höfe, Spiel der Dächer, Glanz der Fensterfronten, Marmor und Goldschimmer von innen her – weitarmig gestaffelt zum prunkvollen Empfang der Huldigungen, Bitten, Intrigen und aller Hoffnungen. Der Nebel greift sich die Kamine. Und dann mehr. Der Zauber ist erloschen.

Am nächsten Morgen streifen wir durch den Park des Schlosses. Handke ist zu Hause geblieben. Ich bin kein Parkmensch, hat er gesagt. Ich bin ein Waldmensch.

In den Gärten herrscht die strenge Ordnung der Achsen, Wege, Brunnen und Boskette, der Labyrinthe und Statuengalerien. Perspektivegenau weg vom Schloß, hin zum Schloß. Die Platanenalleen stehen im Goldgelb. Beschnittene Eibenbäumchen in spitz und rund und konisch säumen die Treppen, Buchsbaumhecken drehen ihre Spiralen. Irgendwo unter dem Blätterdach des unüberschaubaren Parks liegt Trianon, Schlößchen Marie Antoinettes. Guillotinierte Königin. Da half kein Spiegel und kein Spiegelsaal. Lautlos ziehen Reiher über den Teich. Der Wind treibt die Rippen des Wassers rundum, rundum.

Peter Handke hat es nie zur Pracht der Schlösserstadt Versailles gezogen. Er liebt auch hier den Vorort: Porchefontaine, wo einst die Schweine zur Tränke getrieben worden sein sollen. Sein Versailles ist Gegenbild allen Hochglanzes. Es ist still und alltäglich. Gegen Tagesende ist er oft hier, wenn alles leer ist, speist in einer der Brasserien zu Abend, schaut in die erleuchteten Fenster und sieht die Menschen, wie sie hier leben, sieht das weiße Tuch, das an dem einzigen noch gedeckten Tisch eines Gastgartens den Fernzügen nachweht.

Die Adoration großer Werke oder Persönlichkeiten ist ihm prinzipiell zuwider. Mitunter erfaßt ihn Übertreibungswut dem Verherrlichungs-Betrieb gegenüber.

Schau die sogenannt unsterblichen Werke: Nicht bloß lästig unsterblich sind sie fast alle, sondern scheußlich unsterblich, und das nicht nur der Radetzkymarsch, die Bildergeschichten von Wilhelm Busch und Der Zauberberg, sondern auch die Mondscheinsonate, der David von Michelangelo, die Lady Macbeth und das Parthenon in Athen oder sonstwo. Gibt es etwas Abgetakelteres als den Bolero? Der versunkenste Schlager bringt mich besser in Fahrt. Raumfressende Unsterblichkeiten. Alle die entsetzlich Unvergessenen. Gelobt seien die Vergessenen. Wieviel erfreulicher wäre doch die Welt, wären alle die Unsterblichkeiten verstummt, verräumt und verweht … Wenn ich überhaupt etwas werden möchte, dann ein geachteter Erfolgloser, beispielhaft erfolglos,[6]

sagt eine von Handkes Figuren in den *Zurüstungen für die Unsterblichkeit. Ein Königsdrama* nennt er das Theaterstück im Untertitel. Könige von Versailles?

Ich bin ein Waldmensch, hat Handke gestern gesagt.

Jeden Tag: ein Waldweg. Ein Hohl-, Damm- oder Kammweg, der Eidechsen- und der Waldbienenweg, der Abwesenheitsweg, der Vorgeburtsweg. Er hat die Wege benannt nach Beobachtung, Ereignis oder Erinnerung. Oft geht er dieselben Wege, er liebt die *Wiederholung.* Einst hat er ihr einen ganzen Roman und ein Kompendium von *Phantasien* geschrieben.

Die Wälder um Chaville ziehen sich nach allen Seiten hin: nach Sèvres, St. Cloud oder Ville d'Avray, wo Corot seine Teiche malte, nach Louvecienne, wo Henry Miller Anaïs Nin liebte, nach Meudon und Clamart, hinauf nach Vélizy und nach Versailles und immer weiter, an Militärflugplätzen und Satellitenstädten entlang und über die Hochflächen bis Port-Royal. Alles ist Handke gleich wert, das Archaische und die zivilisatorische Gegenwart. Aus beiden schlägt er Funken für seine „Umspringbilder" und für das Spiel vom Sagen und Fragen.

Schauen, träumen, gehen. Gehen ist der Maschinist der Seele, sagt er. Zehn, zwanzig, mitunter mehr Kilometer von einem Nichtort zum nächsten. Hab Zeit, nimm Umwege, bück dich nach Nebensachen, hieß es schon im Dramatischen Gedicht *Über die Dörfer*, das mit dem beschwörenden Monolog der Nova endet:

> Wartet nicht auf einen neuen Krieg, um geistesgegenwärtig zu werden: die Klügsten sind die im Angesicht der Natur. Zeugt das Friedenskind! … Leute von jetzt: entdeckt, entgegengehend, einander als Götter. Geht ewig entgegen. Geht über die Dörfer.[7]

Wir gehen durch die Wälder.

Von Handkes Haus sind es nicht einmal zweihundert Schritte bis zu einem ihrer vielen Eingänge. Es nieselt, manchmal sind die Wege lehmig und rutschig, dann wieder raschelnd in knöcheltiefem Laub. Die Bäume stehen licht und hoch, viele Buchen, Birken, Eichen, Erlen und Edelkastanien, deren Früchte auf dem Boden einen elastischen Teppich legen.

Handke erzählt, daß 1999 ein Orkan mit fast zweihundert Stundenkilometern große Teile der Wälder verwüstete. Und in diesen Tagen, als ich das hier niederschreibe, höre ich noch das eben erst verklungene Ächzen und Krachen, Heulen und Röhren des Orkans Kyrill vom Jänner 2007, der meine Schreibmansarde im Toten Gebirge zum Angstort machte.

Und ich denke: Handke lesen. Diesen Bild-Entwerfer der Genauigkeit. Im Roman *Der Bildverlust* läßt er Szenen von Bäumen erstehen als in die Knie gegangene Krieger in einer homerischen Schlacht; beschreibt, wie die aufeinandergefallenen Giganten oft als ein einziger Stamm in einer wie transkontinentalen Linie liegen, ausgerichtet sämtlich auf einen gemeinsamen Fluchtpunkt am Ende des Erdteils; zeigt, wie in den Kratern die Ablagerungen der Jahrtausende zum Vorschein kommen: Schnecken, versteinerte Austernbänke, das Basaltschwarz einer Vulkanader. „Wo bin ich? Wann spielte das? Und was ist jetzt? Und jetzt ist wann?"

Jetzt: das war, als er es schrieb, die Zeit gegen Ende der jugoslawischen Bruderkriege. In der Geschichte des kleinen Mädchens *Lucie im Wald mit den Dingsda* zieht Peter Handke die Linien von der Orkannacht zur politischen Tagesaktualität im Bild der heimatlos gewordenen Wildtaubenschwärme.

… Vögel, ständig auf der Flucht, Flügelschlag wie ein Gewehrknattern, dann eine Salve, dann ein Kichern, dann der Federnregen von den Fluchtbäumen, Fluchten jedesmal gleich wieder abgebrochen, im nächsten Baum gleich wieder Stillhocken, und noch vor dem ganz Stillwerden da das Weiterflüchten, graue, blaue Splitter im Waldhimmel oben, Granatsplitter? Märchensplitter? … so kleine, kleine Fluchten jeweils, und so kurze, kurze Rasten jeweils, und so den ganzen Tag und so das ganze Jahr lang auf der Flucht … nie zuende geflüchtet, nie zuende geruht auf all den Fluchten … kein Ruf, kein Schrei, kein Lied, nichts als das Fluchtflattern … und derart flüchtend überleben sie, denn die Jäger suchen sie jeweils woanders, Fluchtvögel, laßt mich mitflüchten![8]

Flüchtlinge sind jene Menschen, die Handke am meisten liebt. Und Alte, Kinder und kühne Paare. Ihnen gilt, und das immer deutlicher, seine ungeteilte Zuneigung in allen seinen jüngsten Dichtungen und Traumgeschichten, bis hin zu *Kali*, wo sie sich alle wiederfinden: die Auswanderer, die Umstrukturierten, die – wie bei Ingeborg Bachmann – vom längst begonnenen, unerklärten neuen Weltkrieg Verwirrten, denen alle Lebenskraft genommen ist.

Aber noch gehen wir durch die Wälder von Versailles.

Handke kennt alle Kreuzungen, Anhöhen und Lichtungen. Unvermutet bückt er sich und pflückt Unmengen von Stockschwämmchen, die allüberall auf morschem Holz wuchern. Plötzlich hat er einen ebenmäßigen Knollenblätterpilz in der Hand, dann dreht er Wiesenchampignons aus dem Gras und gibt sie uns zu kosten. Die Schopftintlinge nimmt er für abends mit. Er kennt nicht nur die Pilze, sondern auch ihre Parasiten, jeden Wurm und wie er haust in seinem Wirt, in welchen

Gängen, Höhlungen und Wandermustern. Er weiß, wie die Pilze schmekken, wie Nuß zum Beispiel oder Schnitzel oder Schokolade.

Und außerdem war ihr Vater zuzeiten auch noch grund-, stock- und stinkhäßlich. Und besonders häßlich war er, wenn er von seinen Waldgängen kam. Und er ging oft in die Wälder und blieb dort lange. Nicht nur schmutzig von Kopf bis Fuß kehrte er dann heim, sondern auch entstellt; zum Nichtmehrwiedererkennen.[9]

So beschreibt das Mädchen Lucie ihren Vater. Ich habe das Büchlein mitgenommen und lese W. einige Passagen vor, während Handke sich im Unterholz verliert. Es ist eine selbstironische, kunstvolle Vignette, eine Geschichte für Kinder und Erwachsene und wahr in ihrem Kern wie alle Märchen. Der Vater wird verhaftet, das Kind rettet ihn durch einen Korb der geheimnisvollen Dingsda, in denen unschwer Pilze zu erkennen sind, indem sie sie dem „richtigen König" bringt. Der Vater, ein Zitterer, kommt frei, ebenso seine Mithäftlinge, die alle Flüchtlinge sind. „Die Dinger da in dem Korb waren Unschuldsbeweis wenn nur je einer. Diese Dinger, das waren die geraden Gegenstücke zu Granaten oder sonst etwas!"

Die Parabel von Krieg und Frieden erschien 1999. Sie blieb, als Paradigma für alle seine Jugoslawien-Bücher, im Schatten der Auseinandersetzung um seine medialen Stellungnahmen zu Serbien, die bis heute radikaler Kritik ausgesetzt sind. Seine ausführlichen Essays, Dramen und Feuilletons, in denen er sich seit 1991 mit dem zerfallenden Vielvölkerreich, seinem kleineren Europa, auseinandersetzte, blieben weitgehend ignoriert. Handke hat das Land durchwandert, im Krieg und im Frieden, und plädierte für Differenzierung. Die allgemeine Wahrnehmung konzentrierte sich jedoch auf die vernichtende Kritik durch die Medien, die er selbst jahrelang attackiert hatte in ihrem selbstgerechten Unwissen, ihrer „Fertigsatzpisse" und „Schlagstocksprache", ihrem „Fernfuchteln".

Wohlgemerkt: hier geht es ganz und gar nicht um ein „Ich klage an". Es drängt mich nur nach Gerechtigkeit. Oder vielleicht überhaupt bloß nach Bedenklichkeit, Zu-bedenken-Geben.[10]

Handke schrieb vom verheerenden Worteschleudern zwischen den Völkern, unserer Schuld des Zusehens und davon, daß wir den Nachbarn aus dem Blick verloren haben, es aber kein besseres Argument gäbe als „das Mögen". Schrieb, daß der Friede zum Hassen mißbraucht wurde, verfolgte die Linie zurück zum „Serbien muß sterbien" der k.u.k. Donaumonarchie bei Ausbruch des Ersten Weltkrieges und wünschte, ausscheren zu können „aus dieser Jahrhundertgeschichte, aus dieser Unheilskette, ausscheren zu einer anderen Geschichte". Schon im Roman *Der Chinese des Schmerzes* schrieb er davon, daß sich im Gesicht des Ermordeten der Mörder zeigt und mit dem Töten der eigene Tod beginnt.

In einer Spirale von Euphorie und Enttäuschung versucht Handke seit Jahrzehnten, gegen die Katastrophen der Weltgeschichte und die Deformationen des modernen Gesellschaftslebens anzukämpfen, „… vor Zorn möchte ich knirschen mit zweihundertzweiundzwanzig Zornzähnen". Beiden stellt er sein Erzählen entgegen, in dem eine lebendigschöne Gemeinschaft und ein sanft Umfassendes ihre Wunschauftritte haben. Ein Schreiben in zuneigender Aufmerksamkeit und in Geduld, das die Dauer feiert. Die Voraussetzung dafür ist die Betrachtung des Alltäglichen, die Gelassenheit der Ereignislosigkeit. Vom „Eingreifer" wurde er zum „Gernwarter" und blieb der „Erlösungsbedürftige", der „Auferstehungsbildersüchtige", der er immer war.

Laßt die Toten ihre Toten begraben. Laßt die jugoslawischen Toten ihre Toten begraben und die Lebenden so wieder zurückfinden zu ihren Lebenden.[11]

Laß uns zurückfinden zum Jetzt, sagt W.

Handke ist vorausgegangen. Es dämmert bereits im Wald. Auf dem Bahnhofsvorplatz von Chaville kehren wir noch in der Bar des Voyageurs ein. Der Patron lächelt flüchtig. Ahnung von Zuhause für einen, der oft hier ist. Wir schütteln die Nässe von den Kleidern. Handke wirft eine Münze in die Jukebox, oder ich stelle mir vor, daß er es tut, wie in allen Bars und Kaschemmen, in denen er je einkehrte und Van Morrison auflegte oder *Satisfaction* von den Rolling Stones. Er schaut auf die braunen Flecken auf seinem Handrücken. Sie haben die Form des Großen Wagens,

schrieb er in der *Niemandsbucht*. Die Spatzen suchen ihren Schlafbaum. Auf dem Damm fahren erleuchtete Züge ein und aus.

Die Zeit. Meine Zeit? Unsere Zeit? Zwar werden Tage und Jahre sein, aber die Zeit wird nimmer sein, und keine Sturmglocke wird läuten … So gehen die Rufe hin und her in den *Spuren der Verirrten*.

Streitfrage unter den Zeit-Wissenschaftlern, was wohl zuerst kam: Zeit weg, Aufgebrauchtsein des Elements der Elemente, des Grundstoffs Zeit und in der Folge das Verschwinden des Gegenüber, des Nachbarn, des Nächsten, des andern – oder umgekehrt zuerst das Verschwinden des andern, und dann das In-Atome-Zerfallen, Sich-Verflüchtigen und Erlöschen der Zeit … Es begann in den Vororten, in den Vororten der großen Städte … Vororte und Herzlosigkeit. Vororte und Zeitlosigkeit. Vororte und Andernfrost.[12]

Die andere Seite von Chaville. Die andere Seite der Gegenwart. Als wir in das Sandsteinhaus im verwunschenen Garten zurückgehen, hat der Abendstoßverkehr längst eingesetzt, ein steter Strom von Paris her stadtauswärts. Garagentüren öffnen sich automatisch oder führen ins Unterirdische. In den neuen Vierteln hängt keine Wäsche mehr im Freien, sind

Hasenkäfige und Hühnerleitern verschwunden. Die Neuzugezogenen führen ein Schattendasein, sagt Handke, nicht einmal zu ahnen soll sein, wer sie sind, was sie tun, wie sie heißen und woher sie kommen. Mit ihnen beginnt eine neue Epoche, fügt er hinzu, und es scheint, als ob Trauer in seiner Stimme wäre.

> Schon recht, daß man die Traum- und Geistererzählungen in Tibet oder die Wüstenwanderlieder der Tuareg sammelte: aber warum hatte niemand ein Ohr für die Epen und Sprechgesänge dieser alteingesessenen oder einst mit ihren Eltern aus anderen Ländern hierhergewanderten oder -geflüchteten Stadtrandleute? Kamera, Film, Video, Mikrophone auch für sie. Denn sie wurden zusehends weniger: die Hand, die dort in der letzten Woche die Läden schloß, wird diese endgültig geschlossen haben; versäumte Sage, versäumte Klage, versäumtes Liebeslied ... [13]

Später, in unserem Hotel in Versailles, im winzigen Zimmer mit dem bodentiefen französischen Fenster, lege ich Zettel in verschiedene Bücher ein, um für W. die Seiten zu markieren, auf denen Handke die Elementarteilchen der neuen Lebensart zusammensetzt. „Wer würde einmal den Laut der Verlassenheit erzählen?"

Ich lege die Bücher und den Metro-Plan auf die Bettdecke neben mir und warte nicht, bis W. von der Bahnstation zurückkommt, wo er noch die Morgenausgabe von *Le Monde* kaufen wollte. Ich bin zu müde und schlafe bald ein.

In Paris ist Sturm. Weiße und graue Wolken jagen über den Himmel von West nach Ost, diesen Himmel ohne Bergbarrieren und offen vom Meer her. Mülleimer torkeln an den Geländern der Seineufer entlang. Die Fahnen vor dem Louvre knattern waagrecht, schlagen den Lärm der ersten Herbststürme des Atlantik. Die Lautsprecherstimmen auf den Ausflugsbooten zerreißen. Die Pappeln weichen dem Druck, biegen sich auf 45 Grad. Die Menschen begrüßen sich mit drei- und vierfachen Küssen und stemmen sich schräg in den Tag. In Nôtre Dame brennen alle Lüster, alle Kerzen. Im Gemurmel eine schwebende Lautlosigkeit. Die neuen pastelligen Glasfenster des im Krieg bombardierten Wiener Stephansdomes in Erinnerung, sehen wir mit Sehnsucht das dunkelleuchtende Blau mittelalterlicher Glaskunst. Im Centre Pompidou hängt das Blau von Yves Klein.

Gestern fragte ich Handke, was Paris ihm bedeute.

Es ist der Ort, wo mein Kind lebt –

Auch Ort für Arbeitsgespräche, Kino, Freunde. Urbanität, Anonymität und ein anderes Lebensgefühl, wie er in *Gestern unterwegs* notiert.

> … in Deutschland und Österreich die Vorstellung, als seien sogar die Bäume und die Vögel Gefangene oder angekränkelt – hier dagegen erlebe ich sie, und mich, in Freiheit, hier und jetzt, am Square des Batignolles, hoch über dem belebenden Getöse unten im Gleiscanyon, und atme das Blau des Himmels über mir ein …[14]

Immer schon liebte Handke den Wechsel von Peripherie und Zentrum, Leere und Überfülle, überall, wo er wohnte. Was er 1980 am Ende seiner kleinen Hommage an den Morzger Wald bei Hellbrunn schrieb, könnte im Paris von heute sein:

> Dann einatmen und weg vom Wald. Zurück zu den heutigen Menschen; zurück in die Stadt; zurück zu den Plätzen und Brücken; zurück zu den Kais und Passagen; zurück zu den Sportplätzen und Nachrichten; zurück zu den Glocken und Geschäften; zurück zu Goldglanz und Faltenwurf. Zu Hause das Augenpaar?[15]

Als wir nach Versailles zurückfahren, ist der Vorortezug fast leer. Der Akkordeonspieler, der den Passagieren sein Zettelchen „Je suis sans abris. J'ai trois enfants …" auf die Knie legt, macht wenig Geschäft.

In der Station Meudon Val-Fleury sieht man Richtung Clamart. Ein Mann namens Condorcet wurde hier vom Pöbel verraten, im kalten März des Jahres 1794. Er war einer der glänzendsten Männer seiner Zeit, Freund von Voltaire und d'Alembert, Mathematiker, aufgeklärter Staatstheoretiker, forderte die Aufhebung der Sklaverei, die Beseitigung aller Klassenunterschiede im Bildungswesen und setzte sich für die Gleichberechtigung der Frauen und aller Menschen und Nationen ein. Als Girondisten-Freund verurteilt, konnte er jedoch fliehen, fand in einem Keller Zuflucht und schrieb in Todesangst seinen großen Entwurf über den triumphalen Fortschritt des

Menschengeschlechts und seine grenzenlose Vervollkommnungsfähigkeit. In Panik, entdeckt zu werden, floh er abermals. Drei Tage und Nächte verbrachte er in den Steinbrüchen von Clamart. Völlig entkräftet und erfroren suchte er in einem Wirtshaus Stärkung. Er wurde erkannt und verhaftet. Am nächsten Tag fand man ihn tot im Kerker.

Einmal, sagt Handke, als wir spät abends von der Absurdität des Lebens sprechen, habe er in einer Rue de Condorcet gewohnt.

Wo liegt Port-Royal, die Szenerie deines *Don Juan*?

Mit dem Auto vielleicht eine halbe Stunde, zu Fuß ungefähr vier Stunden, erklärt Handke am nächsten Morgen, über seine arabischen Bücher am Zedernholztisch gebeugt. Durch die Wälder von Versailles, über die Autobahn, durch das Tal der Bièvre, über die Hochflächen am Flugplatz von Toussus-le-Noble entlang nach Châteaufort und weiter ins Tal der Mérantaise und dann seid ihr bald in Port-Royal-des-Champs.

Es ist die andere Geographie der Ile de France. Nicht die Beletagen der berühmten Komponisten, die Salons der Dichter, die Ateliers der Maler. Es ist Handkes Innenspur.

Immer auf der Suche nach dem geeigneten Ort für sein Erzählen – ob die Weiten Alaskas, die Flüsse des Balkans, der slowenisch-italienische Karst, die Sierra de Gredos oder die Seine-Höhen und ihr Hinterland –, fand Handke im Areal des ehemaligen Klosters den offenen Raum für das Spiel seiner Phantasie. In seinem *Don Juan (erzählt von ihm selbst)* entwirft er einen Mann, der, von einem Motorrad-Paar verfolgt, sich keuchend über eine Mauer in den Garten des Wirtes von Port-Royal flüchtet und diesem seine erotischen Abenteuer an sieben Stätten der Welt erzählt.

Port-Royal-in-den-Feldern war im 17. Jahrhundert die berühmteste und berüchtigtste Klosteranlage Frankreichs. Sie war Zentrum des Jansenismus und eine der einflußreichsten Schulen des Landes, deren intellektuelle Ausstrahlung über Jahrhunderte anhielt. Racine war hier erzogen worden, und Pascal hatte an diesem Ort seine Erleuchtung, die ihn vom Naturwissenschaftler zum Philosophen der *Pensées* machte und damit die abendländische Geistesgeschichte bis in die Gegenwart so unterschiedlicher Dichter wie Bruce Chatwin oder Hartmut Lange beeinflußte.

Wir kommen von Voisins-le-Bretonneux her. W. fährt langsam, es ist ein befreiender Blick. Das Land liegt in fast vorwinterlicher Ruhe. Die Hügelalleen führen direkt in den Himmel, der sich klar über die Hochfläche der Ile de France spannt. Es weht immer noch starker Wind. Auf den Feldern sprießt die Wintersaat. Eine einsame Läuferin mit schwarzem Hund kommt die Steinmauer entlang, die die Scheunen mit den hohen Dächern von der Außenwelt abschließt. Elstern kreischen, Raben brüllen – sie sind, vielleicht, „im Zorn über den Zustand der Welt", wie in Handkes *Don Juan*. Wir sind die einzigen Besucher.

Der Innenhof der „Grange" zeigt noch die Spuren früherer Landwirtschaft: Heuböden, Ställe, Futterraufen, Schlachttische, eine Blutrinne ins Freie. Ein Nußbaum, ein großes Wasserrad und eine Glocke inmitten des Hofes. Ein einziger kleiner Vogel erzwitschert sich Lebenslust in der Stille. Gärten für Blumen, Früchte, Gemüse und Obst umgeben die Gebäude. In einem Teich stecken Eicheln in einer dicken, fettgrünen Schicht von Wasserlinsen. Auf dem Museum steht geschrieben: Hora fugit utere.

Der Eingang zur ehemaligen Klosteranlage liegt tiefer unten im Rhodontal. Er ist noch geschlossen. Wir fahren zurück nach Voisins-le-Bretonneux, essen in der Brasserie am Hauptplatz köstliche Kalbsleber. Gruppen von Firmenleuten kommen, viele Asiaten dabei. Die Gegend ist Boom-Areal der Industrie. Das größte Büro auf dem Platz ist ein Immobilienmakler.

Vom Kloster selbst ist nichts geblieben. Der „Sonnenkönig" Ludwig XIV. hat es schleifen lassen bis auf den Grund. Alle Gebäude und die Zisterzienserkirche aus dem 13. Jahrhundert wurden devastiert, die Gräber geschändet. Nur der mittelalterliche Taubenschlag mit seinem kunstvollen Gebälk hat überlebt.

Noch nie haben wir schöneres Gedenken gesehen: der Grundriß des zerstörten Klosters ist durch Lindenbäume nachgeformt. Klein gehalten und kugelig geschnitten, stehen sie da als Symbol des Überdauerns.

Wind in den Linden und duftige Ruhe. Wir rasten lange zu Füßen der Büsten von Racine und Pascal, deren Verteidigungsschriften zu Port-Royal Zeugnisse vorausweisender Gesellschaftsphilosophie blieben. Wir reden über die Brutalität jeglicher Macht. Über ihre Zerstörungswut gegen geistige Rebellion.

„Fluchtgewohnt und fluchtgeübt" hält Don Juan seine Abenteuer-Mono-
loge im Garten von Port-Royal. Er erzählt für den Wirt, der Pilze kocht
und zuhört und sich durch das Erzählte verändert. Don Juan ist kein Ver-
führer. Eher ein Retter. Durch sein Begehren setzt er das der namenlosen
Frauen frei. Im ersten Abenteuer ist er noch Zuschauer: an den Ufern eines
weiden- und pappelumstandenen Baches beobachtet er unversehens ein
nacktes Liebespaar.

> Alles, was er empfand, war ein Staunen, ein ruhiges, ein urtüm-
> liches. Und das ging mit der Zeit doch über in eine Art Schau-
> der, wenngleich einen ganz anderen als den beim unfreiwilligen
> Zuhören der Vorgänge etwa in einem benachbarten Hotelzimmer,
> welcher in der Regel eher eine Gesträubtheit, mit Haut und mit
> Haaren, war.[16]

Er sieht die Sonne auf dem Rücken der blonden Frau, auf ihren Schul-
tern, den Hüften. Vom Mann in der Mulde ist nur ein Knie zu sehen.
Und ich sehe eine ganz andere Szene, sehe, wie Handke im *Einbaum*
seiner Imagination ans Ufer der Drina kommt, des Grenzflusses ver-
feindeter Völkerschaften. Und er sagt: „Am Fluß stehen: das ist Frieden."
Er will einen flachen Stein ans andere Ufer werfen, zum Zeichen der
Zusammengehörigkeit. Er hat keinen gefunden.

Wir verlassen Port-Royal, wollen noch auf den Friedhof des Dorfes St.
Lambert, wo die Gebeine der Nonnen nach der Schändung ihrer Gräber
Frieden fanden. Auf unserer Suche stoßen wir auf ein anderes Grab in der
grüngrauen Abenddämmerung der Ile de France:

> A la personne humaine
> > aux Füsillés
> > Deportés
> > Séparés
> > Torturés   1944

Montagsleere in den Wäldern von Versailles.

Handke bewegt sich in ihnen wie in seinem Haus, jeder Schritt ist ihm
vertraut, jedes Zweig-Wegbiegen. Mit den Händen legt er eine winzige

Quelle unter dem Laub frei. Er führt uns in das Uferdickicht eines Teichs. Einmal hatte er Sehnsucht, sagt er, ein Buch ganz im Freien zu schreiben. Er fand diesen Ort und nannte ihn den „Namenlosen Weiher". Die Bleistifte aufgereiht neben sich, den Radiergummi bereit, saß er auf dem Boden, als Lehne den halbzylindrischen Klotz einer Mammuteiche, und schrieb vom Frühling bis zu den ersten Frösten, außer bei Landregen. Er sah das Werden und Vergehen des Jahres, die Paarung der Kröten, die Geschäftigkeit der Biberratten, die Eleganz der Wasserschlangen, den Flug der Hornissen. Nahe waren noch die überwucherten Spuren von Krieg: Bombentrichter und Verteidigungswälle. Am jenseitigen Ufer war sonntags lebhaftes Treiben, Kinder, Eltern, Hunde, Radfahrer, Rufen und Singen. Im Himmel Helikopter mit neuen Unterhändlern für neue Verträge.

> … ich saß zurückgelehnt, mit meiner Handschrift, und betrachtete ohne ein Wimpernzucken, warm ums Herz, die panische Welt, klar und ganz hervorgetreten hinter der üblichen, der brüchigen, schimärischen, und in der panischen Welt jene Durcheinanderschöpfung – kein Chaos – worin ich seit jeher meinen Platz fühlte.[17]

Mein Eichenohrensessel ist längst ins Wasser gekippt, sagt Handke und lacht. Wir lassen den Weiher hinter uns.

Aber wenn ich jetzt, Wochen später, an Peter Handke denke, sehe ich ihn weiterschreiben an seinem Buch des Lebens, das ein Buch des Friedens ist, des Frieden-Stiften-Wollens. Es ist ein Buch des Erbarmens und des Betroffenseins. Kein Krieg und kein Kriegslärm mehr, heißt es in *Kali*, keine Angst und kein Verlorengehen.

> Diese Stimmen, oder Laute, oder Klänge kamen aus einer anderen Zeit, und sie besagten: Wir führen keinen Krieg. Die Grillen, sie waren die Herolde, die Ausrufer des Friedens, des ewigen. Der war also möglich, immer noch?[18]

Seit *Kaspar* und seit den *Hornissen* ist er auf der Seite der Geschlagenen, der Flüchtlinge, der Einsamen und Verirrten. „Nie mehr weggehen", sagt Pablo in den *Zurüstungen für die Unsterblichkeit*,

Dableiben bis zum fernen Tod. Arbeiten. Forschen. Ja, frei nach Ben Sirach: Altere in deiner Arbeit. Nie mehr der Sieger sein, sondern der Fürsorgliche – der Schöpferische für heutzutage. Besser ein Geduldiger als ein Held.[19]

Die Geschichte ist entzaubert, schreibt Handke im *Stück zum Film vom Krieg*. Kein Himmel wird je den Gerechten tauen. Darum: sich weit machen, den belanglosen Menschenspuren und der Natur nachschreiben, Erzähler ihres Atems sein. Das ist das größere Jetzt, das Gehege der größeren Zeit.

Ich brauche keine Epoche. Das Blatt fällt ins Wasser, der Wind geht durch das Gras – das genügt mir als Zeit.[20]

Anmerkungen

Bruce Chatwin
1 Traumpfade, München 1990, S. 8
2 Auf Reisen, München 1993, S. 72, 50
3 Traumpfade, S. 355f

Paul Wühr
1 Der faule Strick, München 1987, S. 405
2 Grüß Gott. Rede. Gedichte, München 1990, S. 42
3 Der faule Strick, S. 313
4 Grüß Gott, S. 12
5 Es war nicht so. Mit vorangestelltem Märchen *Der Eisenhans* der Brüder Grimm, München 1987, S. 46
6 Grüß Gott, S. 7
7 Das falsche Buch, München 1983, S. 274
8 Das Lachen eines Falschen, Wiener Vorlesungen zur Literatur, München 2002, S. 27f
9 Venus im Pudel, München 2000, S. 676
10 Luftstreiche. Ein Buch der Fragen, München 1994, S. 67
11 Dame Gott, München 2007, S. 327

Hartmut Lange
1 Die Selbstverbrennung, Zürich 1984, S. 127f
2 Tagebuch eines Melancholikers, Zürich 1987, S. 10, 25
3 Irrtum als Erkenntnis, Zürich 2002, S. 115
4 Gesammelte Novellen in zwei Bänden, Zürich 2002, Bd. I, S. 7
5 Ebenda, S. 18f
6 Der Wanderer, Zürich 2005, S. 5, 15f

Veit Heinichen
1 Der Tod wirft lange Schatten, Wien 2005, S. 8
2 Die Toten vom Karst, Wien 2002, S. 125
3 Der Tod wirft lange Schatten, S. 64
4 Gib jedem seinen eigenen Tod, Wien 2001, S. 55
5 Totentanz, Wien 2007, S. 278
6 Der Tod wirft lange Schatten, S. 133
7 Die Toten vom Karst, S. 283

Ingeborg Bachmann, Johannes Urzidil
1 Ingeborg Bachmann, Der Tod wird kommen, Werke, Bd. 2, hg. von Christine Koschel, Inge von Weidenbaum, Clemens Münster, München Zürich 1993, S. 273, 275
2 Ingeborg Bachmann, Bilder aus ihrem Leben. Mit Texten aus ihrem Werk. Hg. von Andreas Hapkemeyer, München Zürich 1983, S. 126
3 Johannes Urzidil, Morgen fahr ich heim, Böhmische Erzählungen, mit einem Nachwort von Heinz Pollitzer, München 1971, S. 12
4 Ingeborg Bachmann, Was ich in Rom sah und hörte, Werke, Bd. 4, S. 29
5 Ingeborg Bachmann, Der Fall Franza, Requiem für Fanny Goldmann, München 1982, S. 81
6 Ingeborg Bachmann, Ein Wildermuth, Werke, Bd. 2, S. 239
7 Johannes Urzidil, Der letzte Gast, in: Morgen fahr ich heim, S. 87
8 Ingeborg Bachmann, Malina, Frankfurt/Main 1971, S. 247

9   Johannes Urzidil, Väterliches aus Prag und Handwerkliches aus New York, Zürich 1969, S. 58
10 Ingeborg Bachmann, Der Fall Franza, S. 114; Drei Wege zum See, Werke, Bd. 2, S. 429
11 Ingeborg Bachmann, Malina, S. 309; Frankfurter Vorlesungen, Werke, Bd. 4, S. 218
12 Johannes Urzidil, Blick vom Stingelfelsen, in: Bekenntnisse eines Pedanten, Erzählungen und Essays aus dem autobiographischen Nachlaß, Zürich München 1972, S. 38
13 Johannes Urzidil, Unvoreingenommener Rückblick, in: Bekenntnisse eines Pedanten, S. 184f
14 Johannes Urzidil, Denkwürdigkeiten von Gibacht, in: Morgen fahr ich heim, S. 116
15 Johannes Urzidil, Weissenstein Karl, in: Morgen fahr ich heim, S. 223
16 Ingeborg Bachmann, Brief an Oswald Döpke, 1957, in: DU, Heft Nr. 9, Zürich 1994, S. 39

Ilse Aichinger
 1 Dover, in: Schlechte Wörter, Frankfurt/Main 1976, S. 34
 2 Schlechte Wörter, in: Schlechte Wörter, S. 9
 3 Unglaubwürdige Reisen, hg. von Simone Fässler und Franz Hammerbacher, Frankfurt/Main 2005, S. 63f
 4 Subtexte, Wien 2006, S. 51
 5 Aufzeichnungen 1950–1985, in: Kleist, Moos, Fasane, Frankfurt/Main 1987, S. 50
 6 Subtexte, S. 49
 7 Kleist, Moos, Fasane, in: Kleist, Moos, Fasane, S. 7
 8 Das vierte Tor, Wiener Kurier, 1. September 1945, S. 3
 9 Die größere Hoffnung, Frankfurt/Main 1974, S. 187f
10 Rede unter dem Galgen, in: Meine Sprache und ich. Erzählungen, Frankfurt/Main 1978, S. 72, 75
11 In das Land Salzburg ziehen, in: Kleist, Moos, Fasane, S. 33
12 Eine Zigarre mit Churchill, in: Unglaubwürdige Reisen, S. 15
13 Einübung in Abschiede, in: Film und Verhängnis, Blitzlichter auf ein Leben, Frankfurt/Main 2001, S. 74f
14 Gare Maritime, in: Schlechte Wörter, S. 127
15 Verschenkter Rat, Frankfurt/Main 1978, S. 59
16 Die Maus, in: Meine Sprache und ich, S. 96
17 Kleist, Moos, Fasane, in: Kleist, Moos, Fasane, S. 11f
18 Sur le bonheur, in: Schlechte Wörter, S. 75

Peter Turrini
 1 Im Namen der Liebe, Hamburg 1993, S. 37
 2 Ein paar Schritte zurück, Gedichte, hg. von Silke Hassler, Frankfurt/Main, S. 124
 3 Manuskript der Rede, Archiv Peter Turrini
 4 Ein paar Schritte zurück, S. 120
 5 Texte, Daten, Bilder, hg. von W. Schuch und K. Siblowski, Frankfurt/Main 1991, S. 162
 6 Ebenda, S. 161f
 7 Tod und Teufel, Frankfurt/Main 1990, S. 76
 8 Jedem das Seine, Manuskript des Textbuches, Wien 2007, S. 7
 9 Liebe Mörder, Von der Gegenwart, dem Theater und dem lieben Gott, München 1996, S. 56
10 Ebenda, S. 57f
11 Rede zur Verleihung des Gerhart-Hauptmann-Preises, Turrini Lesebuch zwei, Wien 1983, S. 365

Barbara Frischmuth
 1 Die Schrift des Freundes, Berlin 2000, S. 352
 2 Ich über mich, in: Wassermänner, Lesestücke aus Seen, Wüsten und Wohnzimmern, hg. von Hans Haider, Salzburg und Wien 1991, S. 200

3 Vom Fremdeln und vom Eigentümeln, in: Unbehagen und Ambivalenzen in Kultur und Politik, Zeitdiagnosen 3, hg. von Karl Acham, Wien 2003, S. 49

4 Das Land hinter der Seewiese, in: Wassermänner, S. 207f

5 Julischnee, in: Das Buch vom leuchtenden Juli, hg. von Liane Dirks, München 2007, S. 60–78

6 Die Mystifikationen der Sophie Silber, Salzburg und Wien 1976, S. 312–315

7 Der Sommer, in dem Anna verschwunden war, Berlin 2004, S. 111

8 Einander Kind, Salzburg und Wien 1990, S. 122

9 Die Entschlüsselung, Berlin 2001, S. 43f

10 Ebenda, S. 144

11 Österreich – versuchsweise betrachtet, in: Wassermänner, S. 229

12 Die Mystifikationen der Sophie Silber, S. 153

13 Die Schrift des Freundes, S. 100

14 Vom Fremdeln und vom Eigentümeln, S. 48f

15 Die Schrift des Freundes, S. 147

16 Manuskript des Vortrages, den Barbara Frischmuth am 6. März 2007 im Literaturhaus Innsbruck im Rahmen der Raymund-Schwager-Lectures der Innsbrucker Universität hielt, S. 1

17 Mein Lieblingsort, in: Wassermänner, S. 227

18 Traumgrenze, Salzburg und Wien 1983, S. 138

Christoph Ransmayr

1 Geständnisse eines Touristen, Frankfurt/Main 2004, S. 132

2 Am See von Phoksundo, in: Die Verbeugung des Riesen, Vom Erzählen, Frankfurt/Main 2003, S. 24

3 Die Erfindung der Welt, in: Die Verbeugung des Riesen, S. 15f

4 Ebenda, S. 19

5 Die dritte Luft oder eine Bühne am Meer, Frankfurt/Main 1997, S. 11

6 Ebenda, S. 19f

7 Die Unsichtbare, Tirade an drei Stränden, Frankfurt/Main 2001, S. 85

8 Die Verbeugung des Riesen, S. 12

9 Morbus Kitahara, Frankfurt/Main 1995, S. 349f

10 Ebenda, S. 436

11 Geständnisse eines Touristen, S. 93f, 96

12 Der fliegende Berg, Frankfurt/Main 2006, S. 155f

13 Die letzte Welt, Frankfurt/Main 1991, S. 286f

14 Die Erfindung der Welt, in: Die Verbeugung des Riesen, S. 22

15 Fatehpur. Oder die Siegerstadt, in: Der Weg nach Surabaya, Frankfurt/Main 1997, S. 235

Raoul Schrott

1 sub rosa. Mit Bildern von Arnold Mario Dall'O, Innsbruck 1993 (ohne Seitenangaben)

2 Dada 21/22, Musikalische Fischsuppe mit Reiseeindrücken, Innsbruck 1988, S. 6

3 Tristan da Cunha, München 2003, S. 189f

4 in: Dada 21/22, S. 12

5 Finis Terrae, Innsbruck 1995, S. 209f

6 Ebenda, S. 230

7 Tropen. Über das Erhabene, München 1998, S. 23

8 Die Erfindung der Poesie. Gedichte aus den ersten viertausend Jahren, München 1997, S. 57

9 Die Erde ist blau wie eine Orange. Polemisches Poetisches Privates, München 1999, S. 125

10 Tristan da Cunha, S. 94f

11 Ebenda, S. 573

12 Ebenda, S. 712
13 Ebenda, S. 706
14 Die Fünfte Welt. Ein Logbuch, Innsbruck 2007, S. 43
15 Tropen, S. 197f
16 Die Wüste Lop Nor. Novelle, München 2000, S. 73
17 Handbuch der Wolkenputzerei. Gesammelte Essays, München 2005, S. 20
18 Hotels, Innsbruck 1995, S. 29f
19 Die Erde ist blau wie eine Orange, S. 125
20 Das Geschlecht der Engel, der Himmel der Heiligen, München 2001, S. 148

Wolfgang Hildesheimer
 1 Mitteilungen an Max über den Stand der Dinge und anderes, Frankfurt/Main 1983, S. 30
 2 Vergebliche Aufzeichnungen, Frankfurt/Main 1962, S. 36
 3 Tynset, Frankfurt/Main 1965, S. 84
 4 Masante, Frankfurt/Main 1988, S. 230f
 5 Ebenda, S. 109
 6 Ebenda, S. 235f
 7 Ebenda, S. 234, 236f
 8 Gesammelte Werke in sieben Bänden, hg. von Christiaan Lucas Nibbrig und Volker Jehle, Bd. 7, Vermischte Schriften, Frankfurt/Main 1991, S. 556
 9 in: die horen, Zeitschrift für Literatur, Kunst und Kritik, Ausgabe 203/3/2001, S. 51f
10 Klage und Anklage, Frankfurt/Main 1989, S. 43f
11 Ebenda, S. 64
12 Tynset, S. 185f

Peter Handke
 1 Mein Jahr in der Niemandsbucht. Ein Märchen aus den neuen Zeiten. Frankfurt/Main 1994, S. 688
 2 Ebenda, S. 76
 3 Ebenda, S. 78f
 4 Der Bildverlust, Frankfurt/Main 2002, S. 20
 5 Niemandsbucht, S. 979f
 6 Zurüstungen für die Unsterblichkeit, Frankfurt/Main 1997, S. 109f
 7 Über die Dörfer, Dramatisches Gedicht, Frankfurt/Main 1981, S. 98, 106
 8 Lucie im Wald mit den Dingsda, Frankfurt/Main 1999, S. 56f
 9 Ebenda, S. 18
10 Eine winterliche Reise zu den Flüssen Donau, Save, Morawa und Drina oder Gerechtigkeit für Serbien, Frankfurt/Main 1996, S. 124
11 Ebenda, S. 128
12 Spuren der Verirrten, Frankfurt/Main 2006, S. 65f
13 Der Bildverlust, S. 37
14 Gestern unterwegs, Salzburg und Wien 2005, S. 79
15 Die Lehre der Sainte Victoire, Frankfurt/Main 1980, S.139
16 Don Juan (erzählt von ihm selbst), Frankfurt/Main 2004, S. 33
17 Niemandsbucht, S. 828
18 Kali, Frankfurt/Main 2007, S. 155
19 Zurüstungen für die Unsterblichkeit, S. 63
20 Das Spiel vom Fragen, Frankfurt/Main 1989, S. 151

276

Textnachweis

Der Essay über Wolfgang Hildesheimer ist erschienen in: „Sinn und Form", Beiträge zur Literatur, hg. von der Akademie der Künste, 58. Jahr/2006/3. Heft, Berlin. Eine kürzere Version des Essays über Ilse Aichinger ist erschienen in: TEXT + KRITIK. Heft 175, Juli 2007

Bildnachweis

Mein besonderer Dank gilt den Autorinnen und Autoren, die in diesem Buch porträtiert sind. Weiters Ludwig Hartinger, Silvia Hildesheimer, Johan Ickx, Josy und Hans-Peter Oechsli, Joe Rabl, Andreas und Heinrich Schmidinger und Klaus Unger.

Brita Steinwendtner

278